LA MÉTHODE ELON

LA MÉTHODE ELON

LES 20 TACTIQUES POUR MÉTAMORPHOSER UN MAMMOUTH EN LICORNE

MICHAËL VALENTIN

Postface d'Anaïs Voy Gillis

DUNOD

Conseiller éditorial : Marie-Laure Cahier

Suivi éditorial : Guillaume Clapeau, Ludivine Le Gall

Couverture : Studio Dunod

Illustration de couverture de © Christopher Evans / Agence Patricia Lucas

Fabrication : Cédric Mathieu

Mise en pages : Belle Page

Picto : © Alina Oleynik – The Noun Project

11 rue Paul Bert, 92240 Malakoff
www.dunod.com

ISBN : 978-2-10-084652-8

Sommaire

Introduction

En tant qu'expert de la transformation du monde industriel, je passe le plus clair de mon temps dans l'Europe des usines, sur le terrain. Mon quotidien est fait de rencontres et c'est sans doute ce qui me plaît le plus dans ce métier. Rencontrer un dirigeant du CAC40 à 10 heures dans une tour de La Défense à Paris et s'entretenir le lendemain avec Bernard, conducteur de ligne automatisée à Romorantin dès 5 heures 30 du matin. Contrairement à ce que l'on croit souvent, l'avenir de la France des usines, et plus généralement l'avenir de notre économie et de notre société, ne se joue pas que dans les hautes sphères du pouvoir.

Dans les années 1990, en France, le discours politico-économique dominant était celui du déclinisme heureux. Les usines allaient disparaître ou se réduire à peau de chagrin en termes d'emploi et de poids économique, comme cela avait été le cas pour l'agriculture quelques dizaines d'années auparavant. Ce mouvement était décrit comme schumpétérien : la destruction des usines allait créer des millions de nouveaux emplois dans le secteur des services et des emplois de bien meilleure qualité. En effet, cette évolution était perçue comme porteuse de progrès social, puisqu'enfin l'usine, dernier symbole du travail sale, pénible, et de la misère sociale, serait évacuée de notre territoire. L'époque était au « *fabless* », une expression promue par Serge Tchuruk, alors dirigeant d'Alcatel. À l'époque, j'étais un jeune ingénieur qui faisait ses armes comme responsable de production. On me complimentait souvent sur le choix de m'engager dans une telle voie – qui plus est, pour y faire de la « prod' » – comme s'il s'agissait d'un acte de bravoure considérable. Dès cette époque, j'ai été frappé par le décalage profond entre cette doxa « politique » et ce que j'entendais dans la bouche des équipes, dans l'usine, mais aussi et surtout dans les rues des petites villes, partout sur le territoire. « Fabriquer 400 produits chaque matin, c'est dur, mais chez nous on est fiers de ce que l'on fait ; va-t-on réussir à conserver nos emplois encore longtemps ? » « Dans la ville d'à côté, l'usine a fermé. Depuis, c'est une catastrophe, les commerces de proximité ferment les uns après les autres ; comment va-t-on faire revenir les jeunes ? » « Le principal employeur maintenant, c'est l'hôpital devant la sous-préfecture : l'avenir, c'est de devenir fonctionnaire ? »

Le début des années 2010 marque une inflexion importante de la pensée collective relative aux enjeux industriels. Les chiffres du PIB industriel en France en témoignent : entre 1990 et 2000, la part du PIB industriel passe de 22 à 17 % ; la chute se poursuit encore pendant la décennie suivante (17 à 13 %), puis elle se stabilise. Pour quelles raisons ? Deux crises sont passées par là : en 2001, la bulle Internet explose ; en 2008, la pire crise financière depuis 1929 manque d'entraîner toute l'économie mondiale dans sa spirale infernale. Soudain, ce qui semblait une évidence est remis en cause. Les services ? Oui, bien sûr. L'économie de l'information ? Sans doute, c'est une tendance lourde. La fin de l'industrie ? C'est beaucoup moins sûr. Quelques voix s'élèvent alors en France et se font l'écho des positions jusque-là isolées de Jean-Pierre Chevènement à la fin des années 1990[1]. Entre-temps, j'étais devenu consultant. Les questions que les dirigeants me posaient avaient évolué. « Si on ne veut pas que l'Europe devienne la Grèce, comment peut-on redonner de la compétitivité à nos

1. Jean-Pierre Chevènement fut ministre de la Recherche et de la Technologie, puis de l'Industrie, entre 1981 et 1983. Il a été le défenseur d'une politique de protectionnisme « raisonnable », reprenant le concept de démondialisation marchande et financière au profit d'une réindustrialisation de la France dans le cadre d'un souverainisme de gauche.

usines ? » « Le secteur automobile va-t-il arrêter de creuser sa propre tombe en faisant disparaître année après année l'ensemble de ses ressources sur le territoire français ? » « L'aéronautique peut-elle prendre le relais de l'automobile ? » Sur le terrain, les interrogations devenaient aussi plus techniques qu'auparavant. « Le *lean manufacturing* peut-il sauver l'industrie française ? » « Les principes de Toyota s'appliquent-ils dans mon secteur ? »

2015. Amazon devient rentable pour la première fois de son histoire. Les nombreux oracles qui avaient prédit la mort de l'ogre, jugé incapable de parvenir à la rentabilité, en sont pour leurs frais. La pieuvre de Seattle est en train de dévorer, un par un, tous les pans de la distribution mondiale. On s'interroge : « Jusqu'où iront-ils ? Doit-on s'inquiéter de ce nouvel entrant jusqu'au fond des usines, à Bar-sur-Aube ou à Carmaux ? » La menace portée par les Gafam et autres BATX pèse comme une ombre sur toute l'économie mondiale. Sur le terrain, les remarques des équipes sont très pragmatiques et parfois paradoxales. « Quand on voit les outils informatiques dont on dispose à la maison, on se demande pourquoi on travaille encore derrière des minitels ! » « Quand je commande une machine à laver sur Amazon, je suis livré en trois jours, pourquoi est-on si lent ici pour livrer nos propres clients ? »

Une question sensible revient régulièrement chez les dirigeants industriels. Souvenir d'un bref intermède dans l'ascenseur avec le directeur des opérations d'une prestigieuse marque de luxe.

« Michaël, je peux te demander un truc ?

– Vas-y !

– Depuis quelques années, on a bien travaillé ensemble et les gains qu'on a réalisés se mesurent chaque jour en termes de taux de service, d'efficience… On a vraiment passé un cap.

– Mais ?

– Mais j'ai quand même l'impression de passer à côté de quelque chose. La donnée, le digital, les nouvelles technologies, je ne vois pas pourquoi cela serait réservé au marketing.

– Je suis bien d'accord avec toi. En l'occurrence, vous n'êtes pas les derniers pour innover sur le terrain

– Oui, mais pas comme ça. Je veux dire, OK, améliorer les process c'est vraiment dans notre ADN et avec la transformation *lean*, cela a pris une ampleur conséquente.

– Mais ?

– Mais pour faire simple, je ne pense pas qu'on va garder notre avance très longtemps si on reste statique. J'aurais besoin de comprendre qui sera le prochain Toyota… Tu le sais, toi ? »

Les portes de l'ascenseur s'ouvrent : nous ne sommes pas allés plus loin ce jour-là.

Deux ans plus tard, j'étais chez Tesla pour apprendre et codifier ce que je considère encore comme le prochain modèle industriel à suivre. J'ai eu l'occasion de développer dans mes deux ouvrages précédents[2] et dans de très nombreuses conférences l'idée que ce nouveau modèle n'est pas une simple montée de version des modèles antérieurs, mais une révolution complète dans laquelle digital et industrie s'hybrident, aussi bien au niveau du modèle d'affaires et du produit que du modèle d'organisation industrielle.

2020. « Quand la marée se retire, c'est le moment où l'on voit qui n'a pas de caleçon. » C'est à Warren Buffet que l'on doit ce grand moment de philosophie. Toutefois, il n'avait pas tout à fait tort. En janvier 2020, quand la mer se retire, le silence s'abat. On rencontre alors deux types de réactions face au mystérieux virus apparu en Chine : « tout va bien, c'est loin la Chine » ou « on ferait mieux de se préparer au tsunami ». Évidemment, comme le disait un responsable maintenance que j'apprécie

---

2. *Le Modèle Tesla*, Dunod, 2018 ; *Hyper-manufacturing : l'après lean*, Dunod, 2020.

beaucoup et qui parlait de l'anticipation des pannes, « c'est facile de gagner au loto quand on a déjà les numéros ». Sans vouloir refaire l'histoire, il n'en demeure pas moins que ceux qui avaient anticipé leur transformation digitale avant le Covid s'en sont sortis exponentiellement mieux que les autres. L'exemple iconique est Tesla, dont la capitalisation boursière a été multipliée par 15 pendant la période. Mais sous la partie visible de l'iceberg, c'est en fait toute une logique sous-terraine qui est en train d'émerger : si je ne réfléchis pas autrement aux usages qui sont faits de mon produit, si je n'en profite pas pour mieux comprendre mon client en utilisant massivement les données, si je ne passe pas à un mode agile pour itérer plus vite à partir de ces données, si je ne change pas mon modèle opérationnel pour exécuter les nouveaux modèles d'affaires qui en découlent, si je n'adapte pas mes compétences, si je ne casse pas mes silos entre la production, la *supply chain*, le marketing et les ventes… Si je ne fais pas tout cela, il y a de fortes chances que quelqu'un d'autre le fasse.

Le tsunami Covid a accéléré le tsunami de la Tech et il y a désormais de moins en moins de doute sur le modèle industriel qu'il convient d'imiter. Le « modèle Tesla » montre la voie à tout le secteur. La question dominante est désormais : comment y aller le plus vite possible ? C'est en général là que les difficultés commencent. Une chose est d'avoir compris le modèle, une autre est de savoir par quelles étapes passer et comment exécuter efficacement le plan.

Dans la plupart des enquêtes récentes, une majorité de dirigeants affirment s'être lancés, d'une manière ou d'une autre, dans une transformation visant à hybrider leur modèle de base avec le digital. Le constat d'OPEO sur le terrain (500 points de mesure sur les deux dernières années) est qu'on peut découper le secteur industriel en quatre grandes catégories :

- environ 30 % des organisations entrent dans la catégorie des « suiveurs » : elles ont compris qu'il fallait y aller mais n'ont pas encore vraiment commencé à bouger ;

- 50 % à peu près des entreprises sont dans le Marais poitevin. Elles ont réalisé plusieurs POC[3] sur des sujets variés, mais les initiatives peinent à passer à l'échelle et à démontrer un impact probant sur la performance. Souvent, la transformation arrive par les fonctions commerciales et marketing, mais elle a du mal à pénétrer les couches plus opérationnelles de l'organisation ;
- 15 % des entreprises sont des « vitrines ». Elles ont réussi avec succès un passage à l'échelle sur certains sujets et ont commencé à transformer profondément leur manière d'appréhender le digital : nouvelles compétences, gouvernance de la donnée et des projets digitaux, début de restructuration de l'architecture des données. Les premiers résultats sont tangibles et permettent de réinvestir constamment dans la poursuite de la transformation ;
- enfin, 5 % des entreprises sont passées au Teslisme. L'ADN de ces organisations a totalement changé ; elles innovent constamment grâce à la donnée dans toutes les parties de l'entreprise. Il règne dans ces organisations un esprit de start-up qui responsabilise profondément chaque individu et qui permet à chacun de rester connecté au client final, sans silo. L'organisation est concentrée sur la création de valeur et sur sa mission. Les jeux politiques sont quasiment inexistants.

Certains m'objecteront qu'il est nettement plus facile de partir de zéro comme Tesla, en mode « *greenfield*[4] », que de réaliser un « *brownfield*[5] », c'est-à-dire de transformer une entreprise souvent centenaire avec toute sa robustesse mais aussi ses rigidités.

---

3. *Proof of Concept* ou preuve de concept.
4. « *Greenfield* » ou « terrain vierge » : terme anglosaxon consacré pour décrire des projets de création d'usine à partir d'une page blanche.
5. « *Brownfield* » ou « terrain déjà utilisé » : terme anglosaxon consacré pour parler de transformation profonde d'implantation industrielle, en partant d'une base existante, par exemple pour reconcevoir totalement une usine dans des bâtiments qui existent et avec des process industriels éprouvés.

C'est cette question qui fait justement l'objet de ce livre. Comment transformer un mammouth en licorne ? Derrière cette accroche un peu provocatrice se cache en réalité une palette de nuances. Car un unicorne est certes plus agile, mais il est aussi beaucoup plus fragile. Il appartient donc à chacun de trouver son modèle unique et particulier, en positionnant son curseur entre le nouveau et l'ancien monde. Mais dans tous les cas, impossible aujourd'hui de rester immobile !

Ce qui est fondamental à comprendre, c'est que la Tech n'est pas seulement un secteur d'activité, mais une nouvelle façon de conduire les opérations de toutes les entreprises, y compris industrielles. La Tech est un *enabler*, un facteur capacitant.

La crise du Covid a joué comme un révélateur de nos fragilités de vieilles puissances industrielles, en Europe et en Amérique du Nord. Notre résilience et notre souveraineté ont été fortement questionnées. Sur les 5 200 produits importés, l'Union européenne a ainsi dressé une liste de 137 produits de base que nous ne savons plus fabriquer localement et qui sont pourtant des éléments clés de nos chaînes de valeur. En France, par exemple, 80 % des principes actifs et 50 % des protéines végétales pour l'alimentation animale sont importés. Autre exemple éloquent : l'Europe ne produit que 14 % des besoins du marché électronique mondial, alors qu'il s'agit de la zone avec le plus fort PIB.

Au-delà de ces considérations immédiates, il nous faut également préparer l'avenir. Ainsi, la France a-t-elle identifié douze marchés qui nécessitent un plan d'aides publiques, depuis le carburant jusqu'aux infrastructures de stockage de données, en passant par la fabrication additive ou le recyclage des matériaux.

Avec la crise du Covid puis la guerre en Ukraine, l'Europe a pris conscience de sa naïveté économique ; le dogme de la libre concurrence et de l'ouverture totale de son marché intérieur a pris un sérieux coup dans l'aile. Un mécanisme d'ajustement carbone aux frontières est enfin sur la table des discussions.

Mais cela sera-t-il suffisant pour recouvrer cette souveraineté industrielle régionale tant mise à mal ?

En France, le président Emmanuel Macron avait annoncé bien avant le Covid un plan pour créer vingt-cinq licornes[6] en 2017. Aujourd'hui le pays en compte vingt-sept[7]. Cocorico ? Pas vraiment ! Car sur les vingt-sept, deux seulement sont réellement connectées au secteur industriel : la pépite Exotec, fondée dans le nord de la France pour automatiser la logistique mondiale, et Ynsect qui produit des protéines et engrais naturels à base d'insectes. Comment créer davantage d'Exotec tout en continuant à transformer les entreprises industrielles existantes ? Ma conviction profonde est que le changement passera d'abord et avant tout par une transformation intérieure des entreprises, pas seulement par des incitations externes.

À l'heure où Elon Musk prend la tête de Twitter, suscitant comme à l'accoutumée la polémique, certains pourront s'interroger sur la pertinence d'une « méthode Elon » comme source d'inspiration pour accomplir ce virage. Certes, comme nous le verrons tout au long de ce livre, il est utile d'apporter des nuances à ce modèle. En revanche, loin de remettre en cause les fondements de la méthode, les événements récents ne font que confirmer l'état d'esprit, les priorités et les leviers d'action qui permettent aux entreprises les plus agiles du monde de prendre des positions dominantes sur leur marché. Après quelques jours de transformation de cette énorme entreprise qui faisait déjà office de « mammouth » dans le monde des médias, quels constats pouvons-nous faire ? Les changements d'organisation ont été réalisés dès le premier jour, un changement de cap a été engagé de façon radicale, avec de grosses prises de risque basées sur des

---

6. Une licorne est une entreprise valorisée à plus d'un milliard de dollars, non cotée en Bourse et non filiale d'un grand groupe. Cette expression a été inventée par l'investisseuse en capital-risque Aileen Lee en 2013.
7. Source : *La French Tech*, 23 août 2022.

expérimentations concrètes telles que les abonnements payants, la suppression de faux comptes ou l'adaptation du code source. Elon Musk a dépêché une petite équipe d'experts de la Tech qui travaille en direct avec lui et en boucle très courte. Chaque jour, de nouveaux changements sont tentés, avec un état d'esprit qui consiste à avancer très vite, en acceptant de potentielles erreurs. Et malgré toutes les critiques, tout cela se fait de façon décomplexée, en parfaite transparence avec le monde extérieur, car les choix opérés sont appuyés sur une vision forte : retrouver l'esprit fondateur de la plateforme, à savoir la liberté d'expression. Ériger la vitesse, l'expérimentation, la prise de risque et la responsabilisation des équipes en principes fondamentaux, accepter une forme de transgression pour servir une vision... Tous ces principes traversent la plupart des tactiques qui permettent de transformer un mammouth en licorne.

Alors, inspirons-nous de cette méthode pour le meilleur et sans le pire ! Il en va de l'avenir des usines en Europe et de notre avenir à tous.

Ce livre est le résultat de cinq années de travail aux côtés d'industriels de secteurs très variés – luxe, agro-alimentaire, chimie, automobile, aéronautique, construction de machines, industrie lourde, pharmacie, bois... – également de tailles diverses : beaucoup de grands groupes exposés à l'international, mais aussi des entreprises de taille intermédiaire et des PME qui se battent pour leur survie ou pour assurer une croissance pérenne. Cette expérience que j'ai acquise avec mes collègues d'OPEO a permis de dégager vingt tactiques éprouvées pour réussir sa transformation.

Pour bien comprendre les ressorts qui guident ces tactiques, il est nécessaire de replacer la problématique dans un contexte plus large. C'est l'objet de la première partie de ce livre, dans laquelle nous reviendrons sur le « fabuleux monde de la Tech » avec ses opportunités incroyables mais aussi ses limites. Nous y détaillons toutes les raisons qui doivent nous pousser à créer un secteur « Tech et industrie » puissant en Europe.

La suite de l'ouvrage peut se parcourir aussi bien en mode linéaire qu'en mode « *pick & choose* ». En effet, vous êtes nombreux à m'avoir confié combien, en tant que dirigeants d'une entreprise industrielle, vous manquez de temps. Vous pourrez ainsi vous focaliser sur les chapitres qui sont vraiment importants pour vous. Des fiches-synthèse vous permettent de survoler le contenu de ces chapitres. Vous trouverez aussi de nombreux témoignages inspirants aussi bien de start-up industrielles que de la Tech qui ont beaucoup à nous apprendre sur l'hyper-croissance qui caractérise les nouveaux modèles d'affaires, ainsi que des témoignages d'industriels qui ont commencé le voyage. Certains aspects de ces modèles peuvent être surprenants, contrenatures, voire disruptifs. Dans tous les cas, il est devenu incontournable d'apprendre à s'en inspirer pour réussir dans un monde aux ressources finies où tout va de plus en plus vite.

Partie 1

Hybrider industrie et Tech, clé d'une Europe forte et pionnière

En jouant comme un révélateur de nos faiblesses industrielles cachées (masques, principes actifs, terres rares, semi-conducteurs, mais aussi colza et paracétamol), la crise du Covid a montré combien l'industrie était centrale dans les enjeux politico-économiques : souveraineté, résilience des chaînes de valeur, circuits courts… Juste après la pandémie, la guerre en Ukraine et ses conséquences ont continué à mettre en lumière nos dépendances sur le plan énergétique comme sur le plan des chaînes de valeur. La réflexion sur l'avenir du secteur industriel est devenue un élément indissociable de la réflexion sur l'avenir des peuples européens. Dans les pays occidentaux, la plupart des élections récentes ont mis sur le devant de la scène des thématiques en lien avec la souveraineté, le protectionnisme économique et la demande de reprise d'un pouvoir local par les peuples, la classe moyenne en tête : Brexit, Trumpisme, Gilets jaunes, Zemmourisme, Melonisme…

Simultanément, les confinements liés à la crise sanitaire ont permis une explosion des services liés aux technologies numériques qui a largement bénéficié aux géants de la Tech. Travailler à distance, se faire livrer n'importe quoi, en temps réel et à très bas prix, s'est généralisé au point de devenir une nouvelle norme. En échange de ces services, nous livrons, souvent sans nous en rendre vraiment compte, des données capitales à ces Titans qui les utilisent pour disrupter des pans entiers de l'économie. Ce faisant, nous risquons de sacrifier à terme une grosse partie des emplois qui nous font vivre. C'est une sorte de mouvement-miroir de celui des années 1980, quand nous avons petit à petit accepté les délocalisations pour acheter moins cher, tout en sacrifiant notre secteur industriel et une bonne partie des emplois directs ou indirects qui y étaient associés.

En sus de ces évolutions, l'été 2022 aura permis de sanctuariser les enjeux climatiques et environnementaux. Il y a aujourd'hui un quasi-consensus pour les considérer comme la priorité absolue des décennies à venir : nous avons collectivement besoin de pivoter vers un modèle économique plus soutenable.

Pour cela, les États doivent redevenir stratèges et impulser une vision inspirante, notamment sur les aspects touchant aux infrastructures et à l'énergie, à l'instar de ce qui se fait en Chine. Mais l'exécution de terrain ne peut plus se décréter seulement depuis les hautes sphères comme ce fut le cas dans les années 1960 : le changement doit aussi passer par la création d'entreprises industrielles d'un type nouveau, bien plus agiles et soutenables.

L'Europe se heurte à quatre menaces : d'abord, la part relative du PIB industriel dans les anciennes puissances européennes décroît par rapport aux nouvelles nations industrielles. Ensuite, la Chine et les États-Unis dominent outrageusement la bataille technologique mondiale et ont donc pris une longueur d'avance. Troisièmement, la Tech telle qu'elle existe dans ces deux écosystèmes porte en elle un certain nombre de menaces pour les libertés individuelles et le modèle social. Enfin, la démographie européenne en berne pèsera sur les comptes sociaux et le dynamisme créateur du continent.

Hybrider le monde de la Tech et celui de l'industrie dans chaque entreprise constitue une opportunité unique de répondre à l'ensemble de ces quatre défis. Cela passe par la création de start-up industrielles qui deviendront des licornes. Le mouvement est en route et prendra plusieurs années pour s'amplifier. Cependant, le chemin le plus court est encore de transformer les entreprises existantes pour qu'elles se « licornisent ».

Chapitre 1

Airbus, conseil de la concurrence… et si on changeait de logiciel ?

À chaque crise, une formule claque dans les médias : « On va faire l'Airbus de… ». Airbus de l'hydrogène, Airbus des batteries, Airbus des nanotechnologies… Bientôt un Airbus du Cloud ?

Le souci de cette formule n'est pas tant la référence à Airbus qui est un succès industriel incontestable. C'est plutôt qu'il s'agit d'une formule paresseuse et anachronique, qui en dit long sur l'incompréhension de la révolution économique à l'œuvre. Si nous avons besoin de sources d'inspiration, il vaudrait mieux aller les chercher dans les écosystèmes qui montrent la voie : Silicon Valley, Chine, Corée du Sud, etc.

Chine, États-Unis : David, Goliath et les petits frères européens

La domination économique des États-Unis cède progressivement la place à un duel avec la Chine qui menace de dépasser le leader dans les dix ans à venir. Quatorze fois sur seize dans l'histoire, une telle rivalité entre puissances a débouché sur une guerre si l'on en croit l'analyse du politiste américain Graham T. Allison qui parle du piège de Thucydide[1]. L'enjeu est donc majeur et pas seulement de nature économique.

Si l'on se concentre maintenant sur la Tech, l'écosystème de la Silicon Valley apparaît comme le Goliath du secteur (554 licornes). Mais là aussi, derrière ce mastodonte, on trouve un gros David chinois qui prend de plus en plus d'ampleur notamment dans la vallée de Shenzhen (180 licornes). La question pour nous, Européens, est simple : dépendrons-nous de Goliath et David ou allons-nous construire notre propre destinée ? Quelques autres écosystèmes montrent la voie : Israël, Brésil, Canada, certaines régions en Inde (64 licornes) et en Asie du Sud… En Europe, il existe une scène dynamique dans certains pays, tels que la Finlande pour la cybersécurité et l'automatisation ou les pays baltes pour la cyberdéfense. Toutefois, même en cumulé, Allemagne, France et Royaume-Uni (93 licornes au total) pèsent à peine la moitié du poids de la Chine[2] (figure 1.1).

---

1. Allison G.T., *Vers la guerre : la Chine et l'Amérique dans le piège de Thucydide ?* Odile Jacob, 2019.
2. Chiffres issus de CB Insights, mars 2022.

Figure 1.1 – Répartition des licornes dans le monde

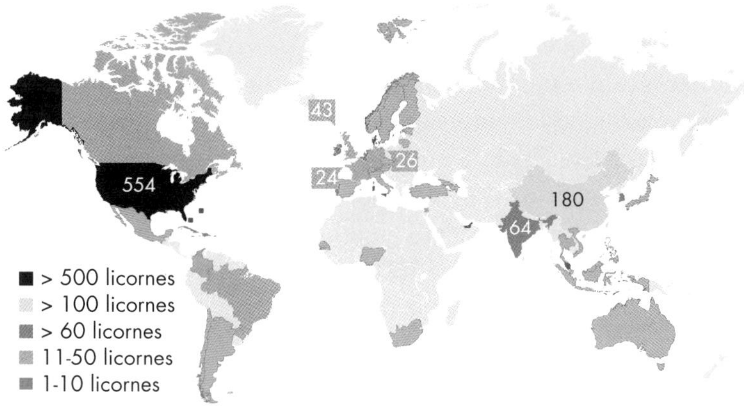

Source : CB Insights, 30 mars 2022.

Côté industriel, la répartition des forces est moins polarisée, avec trois groupes de nature différente dans lesquels on retrouve des pays européens à des stades de maturité variés (figure 1.2).

- Les entrants de la fin du XXe siècle, la Chine et la Corée du Sud, sont ceux qui se développent le plus vite, avec des PIB industriels autour de 30 % et une robotisation qui galope : 800 robots pour 10 000 ETP[3] en Corée du Sud contre seulement 175 en France. Ces nouveaux entrants ont quelques compagnons en Europe de l'Est, comme la Slovaquie, la Tchéquie ou la Pologne, dont l'activité industrielle a explosé après la chute du mur de Berlin, notamment grâce à l'automobile et à l'aéronautique.
- Le deuxième groupe est constitué des valeurs sûres que sont l'Allemagne et le Japon. Ce sont les deux pays stars de la deuxième moitié du XXe siècle qui ont su bâtir un système

3. Équivalent temps plein.

industriel résilient, en fournissant « les machines qui font les machines » aux autres. Ces deux pays ont un PIB industriel de plus de 20 %.

- Enfin, le dernier groupe rassemble les « belles endormies », c'est-à-dire toutes les vieilles nations industrielles qui ont en partie manqué le tournant de la fin du XXe siècle : États-Unis, Royaume-Uni, Italie, France. Bien entendu, il y a des disparités importantes dans ce groupe, entre l'Italie par exemple qui fait plutôt bonne figure et « colle » au groupe précédent, avec une valeur ajoutée industrielle sur PIB de presque 20 %, et la France où ce taux n'est que de 14 %.

Figure 1.2 – Classement 2020 des pays selon le poids de la valeur ajoutée industrielle sur PIB

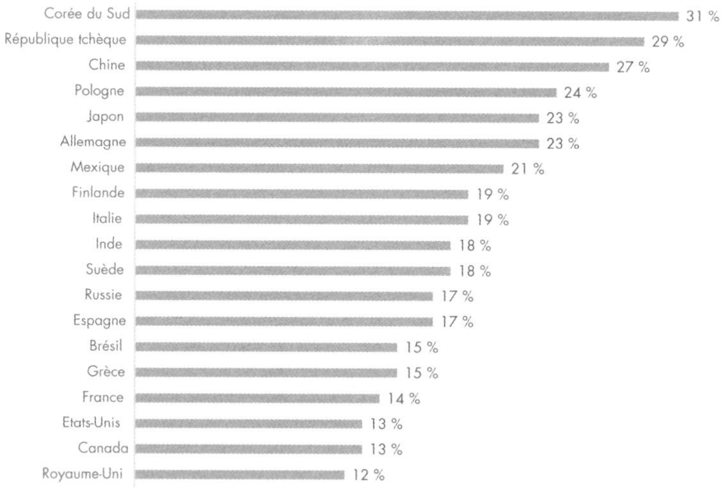

Source : Accenture, 2020.

Globalement, en 2020, les nouveaux entrants (Chine, Corée du Sud, Inde, Russie, Mexique, Brésil, Vietnam et Europe de l'Est) représentent 50 % du PIB industriel mondial, faisant jeu égal avec tous les anciens pays industrialisés (États-Unis, Europe de l'Ouest et Japon) (figure 1.3), alors qu'en 1990 ces trois derniers ensembles représentaient à eux seuls 93 % du PIB industriel mondial !

Figure 1.3 – Nouveaux entrants dans le PIB industriel mondial et leur progression

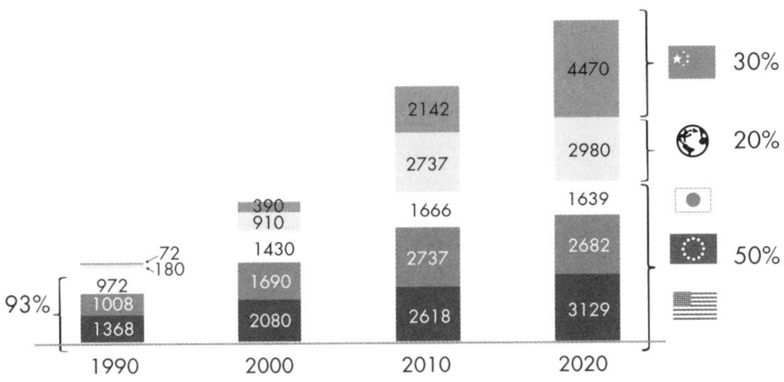

Source : Accenture, 2020.

En conclusion, l'Europe est loin d'être distancée dans la course industrielle mondiale si on regarde le continent dans son ensemble en faisant abstraction de ses notables disparités. En revanche, dans le secteur de la Tech, le continent ne rivalise pas encore avec l'américain Goliath et le chinois David.

Disruption, inflation, pénuries, protectionnisme, climat : le capitaine d'industrie au cœur des tourmentes

Avant le Covid, un doute pouvait subsister : « Tesla ? Ils ne gagnent pas d'argent ! » « Amazon ? OK, mais cela reste de la distribution ! » « Space X ? Au final, ils n'ont rien inventé, ils ne font que réutiliser des technologies existantes. » Pourtant, après deux ans de pandémie, le doute a disparu. Les valeurs boursières de la Tech ont explosé pendant cette période chahutée, avec pour point d'orgue la capitalisation de Tesla qui a été multipliée par 15 en 24 mois. Certes, la fin de 2022 montre une nette correction de l'emballement pour ces valeurs sous l'effet d'une inflation galopante et de la remontée des taux d'intérêt. Mais la tendance de fond reste profonde et son influence sur l'économie mondiale déterminante : la Tech continue à manger le monde et le secteur industriel n'est pas épargné.

Parallèlement, la crise sanitaire suivie par la guerre en Ukraine a fait apparaître des phénomènes tels qu'une demande volatile, une tension sur les approvisionnements de matières premières et de l'énergie, une augmentation démesurée des prix du transport et des matières premières – le prix du container a par exemple été multiplié par 7 depuis le début de la pandémie et l'inflation moyenne de la zone euro était de 10 % en août 2022 –, des menaces de rationnement d'énergie… Tous ces ingrédients semblent encore conjoncturels, mais pourraient bien devenir notre « *new normal* ».

D'autres phénomènes qui étaient déjà présents avant le Covid s'amplifient également avec le temps : la démographie en berne dans les pays riches, l'écart de plus en plus important entre la richesse produite par les métropoles et celle des territoires périphériques, les frustrations liées à l'inflation sur le pétrole et le gaz sans possibilité de changer rapidement le mix énergétique, les tensions autour des flux migratoires… Tous ces éléments amènent les classes moyennes à formuler une demande de protection qui se manifeste par des choix politiques orientés vers des propositions plus autoritaires.

De même, les tensions sur les recrutements et la difficulté d'accès aux compétences rares ne font que s'aggraver. Le phénomène connu sous le nom de Grande démission aux États-Unis serait plutôt dans d'autres pays comme la France une « grande rotation », beaucoup de salariés ayant tenté, à l'issue de la crise sanitaire et en profitant de la reprise économique, de trouver de meilleures conditions de travail ou des rémunérations plus élevées. Cela s'ajoute aux difficultés de recrutement antérieures dans l'industrie, du fait d'une inadéquation structurelle entre l'offre et la demande de compétences, et du manque d'attractivité du secteur tant pour des raisons d'image que de conditions de travail. Cela atteint un tel point que la plupart des dirigeants que je croise affirment aujourd'hui privilégier « le savoir-être » aux compétences techniques pour embaucher, tant l'exercice d'adéquation entre la demande et l'offre est devenu difficile.

Enfin, bien entendu, les incendies de l'été 2022 et toutes les catastrophes localisées que nous vivons mois après mois ont montré, si cela était encore nécessaire, que la crise climatique commence à réellement s'emballer, avec des signes palpables par tous. Les conséquences pour l'entreprise industrielle sont multiples, mais la plus visible à court terme est la difficulté à intégrer les nouvelles générations dans le modèle d'organisation existant : nombreux sont les dirigeants qui rapportent des cas de jeunes recrues quittant l'entreprise après quelques semaines seulement parce qu'elles ne souhaitent pas se déplacer en avion, parce qu'elles pensaient télétravailler davantage ou parce que les valeurs de l'entreprise ne correspondent pas à leurs attentes.

L'entreprise industrielle se situe à la croisée de toutes ces évolutions économiques et sociétales lourdes. Le défi à relever est donc immense pour chaque dirigeant. Et, en même temps, cette période de menaces peut aussi se transformer en une série d'opportunités uniques, à condition de créer les bonnes conditions.

En finir avec la politique industrielle « paracétamol »

Pour faire face à toutes ces évolutions, une politique industrielle de long terme s'impose. Les investissements sur les infrastructures sont des choix dont les retours se font souvent sentir à cinq, dix ou vingt ans. Les premiers à avoir compris l'importance d'une politique industrielle visionnaire sont les Chinois qui proposaient, dès 2015, un plan « systémique » afin de continuer à rattraper l'Europe et les États-Unis, puis de les dépasser.

Ce que la Chine a fait et continue de faire dans le secteur de la mobilité illustre cette stratégie patiente, comme un reflet du jeu de go qui est avant tout un combat de positions. Étape 1 : acquérir le savoir-faire des Occidentaux et des Japonais en les forçant à des joint-ventures pour leur permettre d'avoir accès à son marché intérieur. Étape 2 : une fois les savoir-faire de base acquis, réflexion d'ensemble. Puisque, compte tenu de leur avance centenaire, vouloir rattraper les constructeurs occidentaux sur le moteur thermique paraît un combat perdu d'avance, devenons les champions du véhicule électrique. Nous disposons d'une ressource stratégique (les terres rares, élément clé de la fabrication des batteries) dont nous allons en outre nous élargir l'accès grâce à notre politique africaine. Par ailleurs, notre population est insatisfaite du niveau de pollution qui règne dans les grandes villes. Étape 3 : exécution du plan. Toutes les forces du pays convergent pour atteindre l'objectif. Le législateur impose aux grandes villes des niveaux de pollution qui obligent le recours au véhicule électrique (ou le retour à la bicyclette). Parallèlement, il devient de plus en plus long de faire immatriculer un véhicule thermique. Les constructeurs sont incités à fabriquer des batteries grâce aux aides de l'État. Ceux qui réussissent le mieux sont accompagnés pour continuer à croître. Étape 4 : la Chine interdit la vente de voitures électriques sur son sol si la batterie n'a pas été fabriquée sur place. Étape 5 : le pays facilite la construction d'une « *giga factory* » de Tesla et crée alors un effet catalyseur sur le plan des compétences. Enfin, un pont se fait naturellement entre l'accès aux matières premières, la fabrication des voitures et le secteur de la Tech en plein boom. La voiture propose ainsi de plus en plus d'interconnexions avec son environnement et donc de nouveaux usages pour la population urbaine en quête de moyens de mobilité hybrides et de services pour faciliter son quotidien.

La boucle est bouclée. Les milliards de yuans qui sont mis dans le plan sont réinjectés en permanence pour créer plus de valeur et bientôt la balance commerciale du pays en bénéficiera. Le marché automobile électrique chinois représente aujourd'hui 45 % du marché automobile électrique mondial, alors que le marché automobile chinois ne représente que 13 % du marché total ; 58 % de leur marché du neuf est maintenant électrique contre 27 % en Europe et 11 % aux États-Unis ; 98 % des bus en Chine sont déjà électriques. Moralité : les voitures électriques chinoises vont bientôt envahir nos rues. En témoigne le dernier salon de l'automobile qui s'est tenu à Paris en 2022 avec une présence massive des BYD, Xpeng et autres Nio.

On ne peut que s'incliner devant la puissance d'une stratégie industrielle systémique, bien exécutée, qui suit la chaîne de valeur depuis le contrôle des matières premières jusqu'à l'utilisateur final. De la même façon, les États-Unis commencent à emprunter la voie d'un protectionnisme ciblé avec, notamment, le *Buy American Act* qui favorise les entreprises américaines dans les appels d'offres publics.

Dans la situation d'incertitude où nous nous trouvons, il semblerait que les paris opérés par l'État stratège chinois et l'État pragmatique américain s'avèrent pour le moment gagnants.

En Europe, les nations ont suivi des chemins plus sinueux, comme l'Allemagne avec sa décision de supprimer le recours au nucléaire du jour au lendemain qui l'a rendue très dépendante du gaz russe, ou la France avec ses hésitations sur le nucléaire. Elles souffrent davantage de la volatilité ambiante. Sans vouloir jouer les devins, il est probable que les tensions sur les matières premières et l'énergie continueront à s'amplifier. Cela renforce le besoin d'une politique industrielle ambitieuse et visionnaire.

De façon salutaire, la crise sanitaire a joué comme un détonateur en nous faisant prendre conscience (s'il en était encore besoin) de l'importance de la souveraineté industrielle. Incapables que nous sommes de produire du doliprane de façon totalement autonome, l'iconique molécule est devenue le symbole des errements industriels passés de la France. À l'inverse, aux États-Unis, Donald Trump a pris lui-même la tête de l'initiative pour financer le vaccin contre le Covid en invitant tous les grands acteurs du secteur autour de la table dès le mois d'avril 2020, avec une contrepartie claire : être servi en premier. Résultat : c'est une start-up américaine (pourtant fondée par un Français !), Moderna, qui a trouvé le vaccin en premier, pendant que nos champions nationaux avaient du mal à tenir leurs promesses dans les temps.

Toutefois, les vertus de l'industrie ne s'arrêtent pas au fait de produire des masques, des respirateurs, du paracétamol ou… de la moutarde et du papier toilette. Le besoin d'industrie a des fondements bien plus larges. En France, 75 % de la R&D et 80 % de la balance commerciale proviennent du secteur industriel. Une économie forte ne peut se passer à long terme d'un excédent commercial et d'une capacité d'innovation. À cela s'ajoutent trois effets fondamentaux : l'industrie est l'un des secteurs les plus productifs avec un effet d'entraînement sur la productivité de tout le pays ; un emploi créé dans une usine génère mécaniquement 1,5 autre emploi dans l'industrie et 3 emplois indirects ; la proximité entre le lieu de développement d'un produit et son lieu de fabrication est un facteur d'agilité et donc de compétitivité en permettant des itérations rapides entre conception et production.

Le secteur industriel joue ainsi un rôle de catalyseur pour toute l'économie d'un pays. Mais alors, pourquoi avons-nous laissé notre industrie s'effondrer ?

Il faut d'abord nuancer quelque peu. Après deux décennies de forte baisse, la part du PIB industriel en France s'est stabilisée sur un plateau entre 2010 et 2020. La baisse n'en reste pas moins spectaculaire. Au-delà de l'idéologie du « tout service » déjà évoquée en introduction, une véritable politique de « la poussière sous le tapis » a parfois été préférée afin de délocaliser les activités trop coûteuses ou polluantes, comme l'assemblage automobile ou la fabrication de certains principes actifs pharmaceutiques. Un chiffre symbolise bien cette ligne politique : les groupes industriels français font 2,5 fois plus de chiffres d'affaires depuis leurs filiales à l'étranger que depuis la France. Ce ratio n'est que de 1,3 pour les Allemands, de 1 pour les Italiens et de 0,5 pour les Espagnols[4]. De fait, la pollution importée ou réimportée reste massive : « Ici, on produit propre, mais on consomme sale. »

Autre raison : au niveau européen, le discrédit pesant sur toute forme de politique industrielle au profit d'une politique de la concurrence « pure et parfaite » a privé l'Europe de la possibilité de former des groupes de « classe mondiale », en retoquant plusieurs projets de fusion : Alstom-Siemens, Ryanair et Aer Lingus, Essilor et Luxottica... La logique de la concurrence pure et parfaite défendue depuis les années 1990 par les instances européennes mérite d'être revisitée. Tout a été fait, depuis trente ans, pour favoriser le consommateur au détriment du producteur, en jugulant l'inflation. La fabrication a perdu contre la consommation et l'usine a perdu contre l'entrepôt.

Comment désormais se priver d'une vraie stratégie industrielle à l'heure où la bataille pour le leadership mondial se joue entre les États-Unis et la Chine et où nous sommes menacés de jouer les seconds rôles ? Aujourd'hui, des réflexions prennent enfin forme, avec notamment l'enjeu d'une taxe carbone aux frontières de l'Europe qui permettrait de poser sereinement la question du retour compétitif de certaines industries amont (chimie ou industrie lourde notamment). Et les prémices d'une véritable politique industrielle pour l'Europe sont posées : un plan batterie et microélectronique a notamment été défini en 2018 et une nouvelle stratégie industrielle a été proposée par la

---

4. Lenglet F., *Rien ne va mais...*, Albin Michel, 2022.

Commission européenne en mars 2020 avec pour ambition de financer des « alliances » sectorielles permettant d'améliorer la compétitivité européenne dans des domaines allant de l'hydrogène propre aux satellites. Suite au Covid, 137 produits avec une trop forte dépendance externe ont été ciblés comme prioritaires dans l'effort de relocalisation. Mais ira-t-on assez vite ?

Formellement, le plan européen paraît bien gréé. En outre, chaque pays n'a pas attendu la Commission européenne pour bouger depuis dix ans et pour accélérer depuis le Covid. À commencer par l'Allemagne qui avait tiré la sonnette d'alarme dès 2010 avec son plan industrie 4.0 en réaction à ce qu'elle pressentait comme une invasion des Gafam dans l'automobile. Après le Covid, le gouvernement allemand a décidé de relancer un plan stratégique à 2030, même si avec la guerre en Ukraine le pays fait désormais face à une crise d'approvisionnement énergétique sans précédent. Approche différente mais tout aussi engagée au Royaume-Uni (certes, hors Union européenne mais avec lequel nos échanges industriels restent très tactiques). Le gouvernement britannique a poursuivi le plan débuté en 2017 qui se basait sur cinq thématiques : les idées, les hommes, les infrastructures, l'environnement et le local. En France, après les 34 plans d'Arnaud Montebourg devenus les dix plans d'Emmanuel Macron et, enfin, le plan France 2030, le sursaut se transforme petit à petit en une politique industrielle véritable. Il s'agit maintenant d'accompagner tout le tissu industriel, en ciblant prioritairement la croissance des PME et le développement des ETI via plusieurs bras armés que sont Bpifrance, les Régions et de nouveaux dispositifs financiers, en plus de ceux déjà en place. En termes de contenu, le Covid a aidé à cibler des sujets de souveraineté et de résilience avec quelques 1 021 produits stratégiques à réindustrialiser ou à relocaliser sur les 4 927 importés (figure 1.4).

Figure 1.4 – Classification des importations françaises selon leur vulnérabilité

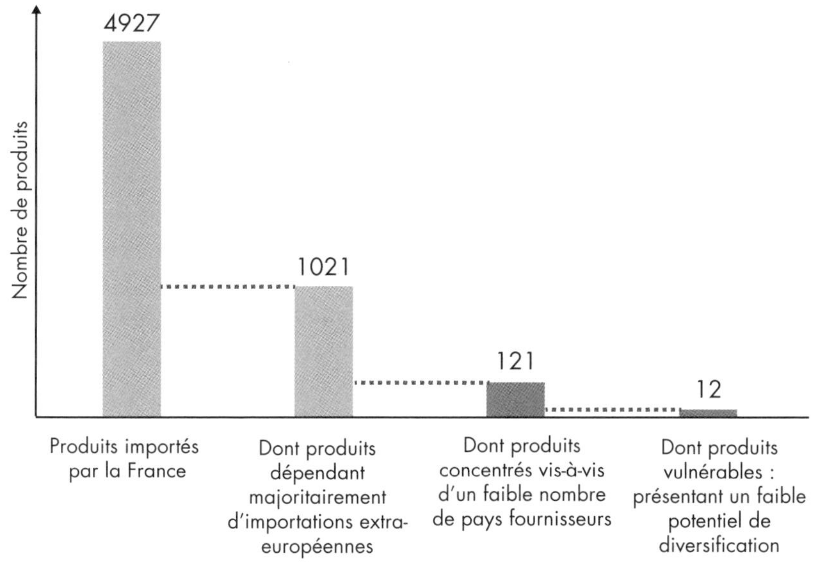

Données 2018 sur un total d'environ 5 000 produits (SH6) et calculs DG Trésor.

Source : BACI, 2020.

Pour préparer l'avenir, douze domaines sont donc ciblés pour la recherche et le co-développement public-privé : les carburants durables, l'infrastructure de stockage de données, les éoliennes en mer, le photovoltaïque, le bâtiment innovant, le recyclage des matériaux, le recyclage des déchets, les produits biosourcés, le e-learning, la fabrication additive, les batteries, la microélectronique pour l'intelligence artificielle embarquée. En tout, 35 % des 100 milliards d'euros du plan d'aides publiques reviennent au secteur industriel, alors qu'il ne représente que 14 % du PIB. Le précédent plan ne consacrait que 11 % de ses fonds au même secteur. Il y a une prise de conscience indéniable.

La doxa de l'État évolue aussi et les institutions publiques se positionnent désormais davantage comme des partenaires que dans une logique d'État actionnaire ou d'État régulateur passif. Cette évolution est d'autant plus nécessaire que les écarts entre les secteurs se sont creusés à la faveur de la crise sanitaire puis de la guerre en Ukraine. Pendant la crise du Covid, l'agro-alimentaire et l'industrie pharmaceutique ont connu une forte croissance, tandis que l'aéronautique a profondément souffert. L'automobile, de son côté, est mise à mal par des transformations structurelles, telles que la mutation vers le paradigme électrique et l'accélération digitale. Avec un déficit de 15 milliards d'euros dans la balance commerciale, le secteur automobile est en effet passé de la seconde place des avantages comparatifs de la France en 1990 à la quinzième place en 2020[5]. Avec la crise en Ukraine, c'est désormais au tour de l'agro-alimentaire de trembler. Il n'y a plus de secteur protégé. Résilience et agilité deviennent des données d'entrée d'un système industriel performant. Il est de plus en plus important de pouvoir rapidement s'implanter dans de nouvelles zones ou au contraire de réduire la voilure pour se redéployer ailleurs, transférer des lignes de produit, ré-internaliser des process ou, au contraire, se mettre à les sous-traiter. Nombre de ces leviers sont dans les mains des entreprises, mais l'État peut plus ou moins bien accompagner le mouvement. À titre d'exemple, le délai moyen pour faire naître en France un nouveau site industriel est de plusieurs années (18 mois dans le meilleur des cas, 24 à 36 mois en moyenne). La même action en Chine peut se faire en 3 mois. Si nous voulons réindustrialiser, il faut revoir tous nos processus administratifs.

Les États peuvent et doivent prendre un rôle déterminant en faveur de la réindustrialisation de l'Europe pour faire revenir

---

5. Emlinger C., Jean S. et Vicard C., « L'étonnante atonie des exportations françaises : retour sur la compétitivité et ses déterminants », *CEPII*, n°24, février 2019.

les productions de base, pour développer de nouveaux secteurs industriels, de nouveaux modèles d'affaires et accompagner la transformation des modèles existants. Leur rôle est surtout essentiel en matière d'infrastructures qui servent l'industrie autant que les services : à quand un AWS[6] local pour créer une véritable infrastructure de stockage de données, un réseau 5G partout sur le territoire à l'image de ce que font les Suisses ou les Chinois ? À titre d'exemple, l'Union européenne comptait 112 000 antennes 5G en mars 2022, alors que la Chine en a déjà installé plusieurs millions.

Pendant longtemps l'Europe a été influencée par le paradigme allemand. Le modèle industriel allemand reposait sur le gaz russe en entrée et le marché chinois en sortie. Ce sont les Allemands qui ont poussé à limiter l'inflation et à réduire les barrières douanières aux frontières de l'Europe, avec deux intérêts bien compris : garantir les pensions des retraités allemands et permettre à leurs champions industriels à l'exportation de ne pas subir de rétorsions des Chinois et des pays asiatiques. Aujourd'hui, avec la reprise de l'inflation, la fin de l'approvisionnement en gaz russe, la fermeture nouvelle de la Chine et la crise climatique, ce paradigme a du plomb dans l'aile.

Une politique industrielle qui serait centrée seulement sur des actions symboliques ou qui s'appuierait sur la création de futurs « Airbus » n'apparaît donc plus du tout adaptée à la situation actuelle : il faut poursuivre les plans stratégiques pour investir sur les infrastructures et les technologies du futur, tout en créant les conditions pour que le secteur se régénère grâce aux entrepreneurs.

6. Amazon Web Services : il s'agit de la marque regroupant les services Cloud d'Amazon.

Europe vieillissante : la Tech à la rescousse ?

L'industrie en Europe est vieillissante à plusieurs titres.

D'abord parce que l'industrie y est née il y a deux cents ans : les usines sur le continent sont donc nécessairement le fruit de l'histoire, avec une logique de strates qui se sont accumulées les unes sur les autres. Cela crée nécessairement de la dette technique.

Ensuite, parce que la démographie de la plupart des pays européens s'effondre : peu de pays parviennent à maintenir un taux de fécondité permettant le renouvellement des générations (2,05 enfants par femme). Quelques pays sont particulièrement touchés comme l'Italie (1,27 enfant par femme) ou l'Espagne (1,24 enfant par femme). Certains chercheurs affirment même que c'est l'ensemble de la population mondiale qui va commencer à reculer à partir de 2050 pour se stabiliser autour de 7 milliards d'individus ou moins en 2100[7]. En France, le basculement aurait lieu autour de 2045. Envisager des créations d'usines massives passe forcément par le recrutement et le développement d'une main-d'œuvre qualifiée pour les piloter et pour les développer. Mais si la démographie joue contre nous, cela risque de compliquer sérieusement l'équation.

Comment faire de ces deux handicaps une force ?

La première idée est de robotiser massivement, à l'instar de ce qu'ont fait la Corée du Sud et le Japon, leaders mondiaux sur ce sujet. Les gains de productivité permettraient alors de faire fonctionner des usines avec moins de main-d'œuvre. Ensuite, il y a le levier de la « servicisation » du secteur industriel qui permet de créer plus de valeur pour chaque unité de produit vendu sans forcément consommer plus de ressources.

---

7. Bricker D. et Ibbitson J., *Planète vide : le choc de la décroissance démographique mondiale*, Les Arènes, 2020.

Sur cet enjeu on peut dire que les États-Unis et la Chine ont gagné la bataille du début du XXIe siècle.

Mais la bonne stratégie est de passer directement à la bataille suivante : celle d'une Tech au service de la planète, appuyée sur un modèle industriel multi-local en réseau, où l'homme reprend toute sa place. Ainsi, nous pouvons espérer opérer un saut de modèle sans forcément essayer de rattraper le retard pris sur la robotisation et la « servicisation ». C'est le fameux principe du *leapfrog* : si vous êtes un pays en développement désireux pour la première fois d'équiper votre pays en téléphonie, vous n'allez pas repasser par toutes les évolutions précédentes : téléphone filaire, fax, mobile sans Internet, smartphone connecté… Vous allez mettre directement en place un réseau 5G avec des smartphones de dernière génération.

Cette nouvelle industrie se fera dans une forme de continuité avec le passé pour certains procédés, mais réclamera aussi des technologies et des métiers industriels nouveaux : miniaturisation des machines, *computer vision*, automatisation avancée, biotech, nouvelles énergies, nouveaux matériaux… Sauter directement dans le train de ces innovations permettra à l'Europe de commencer son *leapfrog*.

Par l'hybridation de l'industrie et de la Tech, nous sommes déjà capables – et nous le serons de plus en plus – de créer de nouveaux modèles d'affaires centrés sur la donnée, circulaires et qui s'appuient sur un appareil industriel boosté par la puissance de l'intelligence artificielle, voire de créer de nouveaux secteurs industriels. Antoine Hubert, PDG de Ynsect, est l'illustration vivante de ce changement de paradigme. Son entreprise, qui est en 2022 une des seules licornes industrielles françaises, réalise son passage à l'échelle : elle va démarrer son premier « mégasite » industriel pour fabriquer des protéines à partir de scarabées et projette d'en ouvrir dix autres dans le monde dans les années à venir. La force de son modèle ? Une mission qui correspond parfaitement aux aspirations de la société, un état d'esprit pionnier pour créer le marché en même temps que le modèle d'affaires, un produit complexe scientifiquement qui s'appuie sur des compétences pointues en biotechnologie, le tout bâti sur un système industriel à la pointe où la donnée et le *machine learning* permettent une compétitivité et une agilité maximales pour répondre à l'évolution de la demande.

Comment attirer les talents qui permettront de développer cette nouvelle industrie ? D'abord, nous conservons des fondamentaux : l'Europe forme depuis toujours d'excellents ingénieurs. Mais notre continent dispose aussi d'un avantage unique par rapport à la Chine et aux États-Unis : la sensibilité écologique y est plus aiguë et le modèle social plus généreux, avec une qualité de vie reconnue dans le monde entier. Notre culture scientifique, notre culture sociale et notre sensibilité croissante pour les sujets écologiques nous offrent l'opportunité de faire différemment.

À l'inverse, le modèle américain de Tesla auquel nous faisons référence dans le titre de ce livre, est loin d'être parfait : difficultés de gouvernance, relations sociales parfois tendues ou peu respectueuses des individus, produit pensé sans intégrer systématiquement le recyclage ou le réemploi, etc. Quant à la Chine, son régime autoritaire représente peut-être un modèle pour la stratégie industrielle, mais il ne l'est pas du tout sur les autres plans.

Chapitre 2

La Tech, miracle ou village « Potemkine » ?

Au XVIIIe siècle, la Russie est toute-puissante mais son peuple meurt de faim. Pour ne pas perdre la face lorsque l'impératrice Catherine II visite les campagnes du pays, son ministre et favori Grigori Aleksandrovitch Potemkine demande à ses équipes de créer de toutes pièces des villages en carton-pâte. Un monde bien organisé où les paysans sourient et mangent à leur faim dans de jolies isbas colorées.

Il est tentant de faire un parallèle entre cette histoire et la montée du pouvoir de la Tech partout dans le monde. La Tech colore le monde avec des couleurs chatoyantes, mais la réalité est bien moins glorieuse. Face à des dirigeants surpuissants, va-t-on finir par perdre les citoyens au passage, éradiquer la classe moyenne et se contenter d'un simulacre de démocratie, avec des marionnettes noyées dans un confort quotidien mais anesthésiées par une tour de contrôle tentaculaire qui dicte aux masses ses idéaux et impose sa doxa aux politiques ? Ainsi le village-monde deviendrait une sorte de village Potemkine et les puissants de ce monde pourraient se satisfaire de ce nouvel ordre « parfait ».

Une course de dératés… pour éviter de disparaître ?

Selon un article de la *Harvard Business Review* de janvier 2022[1], 52 % des entreprises du classement Fortune 500 de l'an 2000 ont soit disparu, soit été rachetées. La même étude anticipe que pas moins de 75 % des entreprises du même Fortune 500 seront sorties du classement d'ici à 2027 ! La Tech accélère tous les mouvements : ce qui par le passé prenait quinze à vingt ans se produit maintenant en quelques années.

Ce nouveau paradigme a des côtés menaçants. Aucun dirigeant n'a envie de disparaître ou de se faire chahuter violemment par un nouvel entrant. Mais il recèle aussi un vaste champ d'opportunités. En effet, le nouvel entrant secoue le secteur d'activité traditionnel, poussant tous les acteurs à s'adapter ou à disparaître. Cela a été le cas pour les acteurs de la grande distribution qui face à Amazon ont dû revoir leur stratégie et leurs process. Walmart, le plus gros acteur mondial, a bien failli totalement disparaître à la fin des années 2000.

Un exemple de transformation réussi : le cas Walmart

À la fin des années 2000, Amazon commence à percer « sérieusement » aux États-Unis. Après les livres, le géant s'attaque à d'autres champs de la distribution. Le e-commerce gagne des parts de marché chaque jour, donnant un avantage toujours plus important à Amazon qui a bâti son modèle sur ce canal de distribution. Conséquence ? Les acteurs existants sont menacés de perdre leurs marges, voire de disparaître. C'est le cas de Walmart, numéro un du secteur de la grande distribution aux États-Unis.

1. Dening S., « Four Different Takes On 'Digital Disruption' », *Harvard Business Review*, janvier 2022.

Dans un premier temps, l'acteur passe par une phase de déni. Lui succède une phase de transformation digitale « classique » qui génère des gains mais insuffisants pour faire face à la menace. Aujourd'hui, bien des entreprises du secteur manufacturier sont encore dans cette phase d'adaptation.

Mais face au « mur », le top management de Walmart décide de prendre un virage radical, en remplaçant une bonne partie de ses principaux cadres par des ressources venant du monde de la Tech et en adoptant une méthode de transformation plus rapide et ambitieuse, centrée sur la donnée. Il transforme simultanément le système managérial et l'outil opérationnel.

Aujourd'hui, l'organisation de Walmart est calquée sur celle d'Amazon, avec des entités autonomes et agiles connectées par des micro-services.

Pour les entreprises industrielles qui n'ont pas encore vu émerger l'Amazon ou le Tesla de leur secteur d'activité, il est sans doute encore temps de réagir sans devoir passer par la case « disruption rapide ».

Monétisation des *datas*, démonétisation des politiques ?

Quid d'un monde où certains dirigeants d'entreprises sont plus influents et plus puissants que des hommes politiques ? De tout temps, les grands dirigeants d'entreprise ont influencé les décideurs politiques, mais la Tech a massivement renforcé ce phénomène.

D'une part, parce que les fondateurs de ces organisations tentaculaires sont devenus tellement riches qu'ils peuvent directement influencer les politiques publiques, soit par les moyens engagés dans le lobbying, soit par la distribution de leur propre fortune via des fondations. C'est ce que fait Bill Gates par exemple. Les montants investis se comptent en dizaines de milliards de dollars, mais ces investissements, quasiment de l'ordre de ceux d'un petit État, se font totalement en dehors du contrôle des citoyens, sur la base d'une simple décision individuelle.

D'autre part, parce que les « produits » que ces géants de la Tech mettent sur le marché sont souvent des plateformes qui génèrent un volume d'abonnés en croissance exponentielle. C'est ainsi que l'application TikTok, créée en 2016, compte déjà plusieurs milliards d'utilisateurs. Avec une telle audience, il devient possible d'influencer largement les opinions. Il s'agit là du principe même de ces plateformes qu'est le « donnant-donnant » : gratuité des services contre données personnelles et données d'opinion. Dès lors, ces données permettent de cibler très précisément des groupes de personnes en fonction de leurs affinités et de leurs groupes d'appartenance. Les élections présidentielles de 2017 aux États-Unis, comme le référendum sur le Brexit, ont montré qu'il était possible d'influencer des pans entiers de la population, en postant simplement des contenus ciblés dans un sens ou dans un autre.

La Tech entraîne donc une forte concentration du pouvoir entre les mains de quelques personnes. Le classement des personnes les plus riches de la planète le rappelle sans cesse : Jeff Bezos, Bill Gates, Elon Musk se partagent les premières places aux côtés d'entrepreneurs de « l'ancien monde » comme Warren Buffet, Carlos Slim ou encore Bernard Arnault.

La Tech contre la classe moyenne ?

Depuis les années 1970, la capacité de stockage de l'information double tous les 18 mois à coût constant. Ainsi, cela ne coûte littéralement plus rien de capter, stocker et traiter l'information. La conséquence immédiate en est que toute tâche répétable a de moins en moins de valeur. Mais cela implique aussi que chaque progrès réalisé par un être humain peut profiter instantanément à tous les autres grâce au mode « réseau ». On s'est habitué aux images d'Épinal de l'automatisation de masse des tâches physiques avec ces gros robots de plus en plus agiles qui remplacent avantageusement les hommes pour toutes les tâches pénibles et répétables au sein des usines. Ce qui est nouveau, c'est la propagation de ce phénomène à de nombreuses tâches immatérielles. Les débats autour des emplois menacés par l'automatisation devraient donc basculer dans les années à venir d'emplois dits « manuels » à des emplois dits « répétables ». Cela concerne des pans entiers de métiers que l'on n'imaginait pas menacés, notamment des millions d'emplois de « service » : guichetier dans la banque de détail, technicien de laboratoire, agent immobilier, expert-comptable ou encore radiologue mais aussi, en usine, contrôleur qualité, méthodiste ou technicien de maintenance… Autant d'activités où l'homme ne pourra bientôt plus rivaliser avec l'intelligence artificielle, qui capitalise sur l'ensemble des savoirs et savoir-faire humains, qui se met à jour en temps réel et qui profite d'algorithmes cent fois plus puissants que le cerveau. Si l'homme conservera sa valeur pour toutes les tâches qui nécessitent une empathie importante et des connexions interpersonnelles nombreuses, il est légitime de s'interroger sur le bilan net de cette mutation : cela va-t-il générer de l'emploi ou au contraire faire disparaître tout un pan du marché du travail, actuellement occupé par la classe moyenne ? Les métiers manuels non répétables seront, eux, moins touchés par cette révolution. Ainsi en va-t-il des métiers de service à la personne, des activités sur chantiers ou en usines d'assemblage complexe, qui nécessitent un coup de main particulier ou une dextérité fine.

À terme, la société pourrait donc ressembler à un trognon de poire. D'une part, quelques très riches qui influencent les masses, de l'autre, une armée d'exécutants qui réalisent les tâches manuelles complexes non répétables, cette « classe ancillaire » que Jérôme Fourquet décrit dans son ouvrage *La France sous nos yeux*[2], composée de logisticiens, de chauffeurs VTC et de divers services à la personne. Entre les deux ? Une sorte de néant. La disparition de la classe moyenne pourrait advenir

2. Le Seuil, 2021.

dans le silence général, avec des conséquences destructrices sur l'équilibre social de chacun des pays développés.

C'est pourquoi plusieurs hommes politiques et surtout une grande majorité des élites de la Silicon Valley militent pour l'émergence d'une forme de revenu universel, permettant à une masse d'individus cloitrés devant Netflix de survivre en consommant un minimum. Le tout dans un contexte de fragmentation de la classe « ancillaire », dans lequel les syndicats et les mouvements corporatistes de défense concertée auront quasiment disparu. Dystopie ? Pas si sûr !

Transhumanisme, planète, inclusion, wokisme : la Tech, une idéologie politique ?

Le digital polarise les débats. Les algorithmes des principales plateformes communautaires (Facebook, TikTok, Twitch, YouTube...) sont faits pour maximiser le nombre de « vues » et le nombre de « clics ». Leur objectif est avant tout commercial : générer du trafic permet de vendre de la publicité plus chère. Les interfaces, à l'aide de savants designers, sont conçues pour favoriser l'addiction la plus forte possible à travers une envie irrésistible de participer. Si par miracle vous parvenez à vous en détourner, les plateformes sauront vous récupérer par toutes sortes de moyens directs et indirects, comme vous rappeler l'anniversaire de vos amis, vous laisser entendre qu'il se passe des choses follement excitantes dans votre communauté dont vous vous êtes bêtement exclu ou vous donner des informations si détonantes que vous ne saurez résister à l'envie d'en savoir plus (clic !). Cependant, l'un des effets les plus pervers des plateformes est celui de créer des « bulles de filtre », c'est-à-dire des cercles plus ou moins fermés où l'on privilégie, sans forcément en avoir conscience, les personnes qui pensent comme nous et qui s'échangent le même type d'informations. Ce qui renforce nos convictions de départ via le biais cognitif dit « de confirmation ». Selon ce biais bien connu, les êtres humains tendent à surévaluer les informations qui confirment ce qu'ils pensent déjà et à éluder celles qui montrent le contraire. Dans un système où chaque personne est connectée de préférence avec des personnes qui pensent comme elle, ce biais fonctionne à plein. Ainsi le débat s'appauvrit et chacun campe sur ses positions, de manière de plus en plus radicale et de moins en moins nuancée. Comme le dit Étienne Klein : « les gens qui parlent sans nuance donnent l'impression d'avoir raison[3] ». Et comme le politique a du mal à suivre la vitesse avec laquelle le débat (ou plutôt l'absence de débat) se fait dans ces cercles déconnectés les uns des autres, l'expression populaire passe de plus en plus par la rue et de moins en moins par les urnes.

On pourrait penser superficiellement que la Tech est agnostique et « a-morale », comme l'est le capitalisme[4]. En réalité, la Tech propose bien une vision « politique » du monde. Il suffit pour la saisir de s'immerger quelques mois en Californie, plus particulièrement dans la Silicon Valley. Dans la plupart des organisations de la « vallée », une forme de vision du monde est partagée sans que cela ne fasse débat, puisque celle-ci fait partie intégrante de la mission que ces entreprises se donnent. Quelques-unes de ces convictions s'expliquent, de manière pragmatique, par le fait qu'elles servent directement la prospérité de ces organisations. On croit à la diversité, par exemple, parce que le marché auquel ces entreprises s'adressent est d'emblée mondial. Il est donc nécessaire de constituer des équipes diverses par leur origine et leur compréhension du monde. De même, certains combats idéologiques soutenus par la Tech peuvent s'expliquer par le désir opportuniste d'être en phase avec les générations Z

---

3. Brut, « L'importance de la nuance selon Étienne Klein », *youtube.com*, 21 juillet 2021.
4. Comte-Sponville A., *Le Capitalisme est-il moral ?* Albin Michel, 2004.

et Alpha[5] qui représentent leur principal vivier de primo-utilisateurs. Militer pour la liberté de genre, le wokisme[6] ou encore la défense de la planète font donc partie de leurs préoccupations. En outre, la Tech de Californie est imprégnée de certaines valeurs propres à cette région depuis les années 1960 – contre-culture, pensée libertaire, *new age*, mixité ethnique… – qui s'hybrident avec d'autres valeurs et principes propres aux États-Unis comme la liberté d'entreprendre et de s'enrichir, la liberté d'expression, la méfiance à l'égard de la régulation publique, la pudibonderie à l'égard du moindre sein dénudé et, en contrepartie, une forme de large tolérance à la violence.

D'autres convictions, en revanche, relèvent d'une forme de « religion » très particulière. Ainsi l'aspiration à une vie éternelle, désignée aussi par le terme de « transhumanisme », est considérée comme une évidence et un progrès déterminant pour l'humanité. C'est un mythe de la science toute-puissante, capable de faire reculer toutes les limites, y compris celles de la mort biologique, comme un reflet du fantasme de toute-puissance qui habite les tycoons de la Valley. Parmi les centaines de milliards dépensés dans la recherche et l'innovation par les géants de la Tech, une part non négligeable est au service de cet objectif. Au passage, cela permet de s'attaquer effectivement à des sujets tels que les maladies rares ou les dysfonctionnements du cerveau, mais le sujet mériterait au minimum un débat démocratique de la société : par exemple, jusqu'où peut-on aller dans la modification du génome humain ? Où commence l'eugénisme ? Si des progrès phénoménaux sont réalisés pour repousser l'espérance de vie de plusieurs dizaines d'années, on constate qu'aux

---

5. Génération Z (ou GenZ) : personnes nées entre 1997 et 2010. Génération Alpha : personnes nées à partir de 2010.
6. Ce terme d'origine anglo-américaine qui signifie « éveillé » désigne le fait d'être extrêmement conscient des problèmes liés à la justice sociale et à l'égalité, en lien avec des questions identitaires (liées à la race, au genre, à l'orientation sexuelle, etc.).

États-Unis l'espérance de vie a globalement régressé[7]. Elle a baissé de 2,7 ans entre 2019 et 2021, mais le pays « décroche » en fait depuis quarante ans du fait de la crise des opioïdes, des maladies cardiovasculaires et d'un système de santé défaillant. Preuve s'il en est que la science ne fait pas tout !

L'un des autres axes de recherche du transhumanisme est la conquête de l'espace au sens large, celle-ci pouvant permettre de sauver à terme les spécimens les plus « valables » de l'espèce humaine (les génies de la Tech évidemment !), au cas où la science se révélerait en définitive impuissante à sauver celle-ci des effets sur Terre de son propre fantasme démiurgique. La conquête de Mars, les vols habités et la cryogénie représentent quelques-uns des champs de recherche récurrents, que les lanceurs d'Elon Musk mais aussi les sauts de puce de personnalités richissimes dans l'espace peuvent en partie permettre de financer.

Avec ces quelques exemples, on a l'intuition que la vision « politique » des géants de la Tech aux États-Unis est fortement biaisée par leur propre vision du monde. La Tech reste néanmoins un levier incontournable et incroyablement puissant pour relancer l'industrie. Comment en profiter sans tomber dans tous les écueils associés ? Pouvons-nous tirer parti de la prochaine vague d'innovations qui verra l'industrie s'hybrider avec la Tech pour penser et définir des limites au système sans détériorer ses apports pour la compétitivité ?

---

7. Barbieri M., « La baisse de l'espérance de vie aux États-Unis depuis 2014 », *Population et sociétés*, n° 570, octobre 2019.

Chapitre 3

Une Europe tech-industrielle : un défi souhaitable et incontournable

Les deux premiers chapitres ont détaillé plusieurs raisons qui devraient nous inciter à questionner une évolution sans limite du secteur de la Tech. Or, nous soutenons l'idée que la Tech est nécessaire pour rendre l'industrie européenne à nouveau compétitive. L'hybridation de la Tech et de l'industrie peut-elle être considérée comme une menace ? Il faut tout d'abord comprendre que la relation entre les deux secteurs est bijective : la Tech a besoin d'industrie et l'industrie a besoin de la Tech. Ensuite, il est utile de comprendre comment le mécanisme d'hybridation mène à des ruptures profondes aussi bien au niveau des modèles d'affaires que des chaînes de valeur et des modèles d'organisation industriels ; cela constitue une menace potentielle mais aussi des opportunités uniques pour se renouveler.

Pour illustrer cela, nous reviendrons sur le cas du secteur automobile en Europe qui constitue un excellent exemple de la forme que prennent d'ores et déjà toutes ces mutations qui petit à petit concerneront chaque pan du secteur manufacturier.

Pas de Tech sans industrie

Depuis quarante ans, la Silicon Valley s'est construite pas à pas pour devenir le berceau du secteur de la Tech. Inutile de détailler en quoi Google, Apple, Amazon, Méta et Microsoft ont pris une position dominante sur leur marché, soit en créant de toutes pièces de nouvelles « verticales », soit en en disruptant les acteurs existants. Le secteur de la Tech aux États-Unis est ainsi deux fois plus dynamique que l'économie globale. En 2020, la croissance des emplois était de 10,4 % pour la Tech contre 4,3 % pour l'ensemble de l'économie, et même de 12,4 % si on se concentre spécifiquement sur les métiers directement liés au logiciel[1].

On oublie cependant souvent le fil conducteur qui a amené ce petit territoire à devenir le plus dynamique de la planète. La Valley doit son nom au silicium, composant de base des processeurs intégrés dans tout ordinateur. Boosté par l'émergence des premières puces électroniques, l'écosystème local a fait éclore plusieurs entreprises grâce à des relations très étroites entre les universités, les chercheurs et les investisseurs[2]. C'est ainsi que Hewlett et Packard s'associent pour créer l'un des premiers empires industriels du secteur informatique. Suivront ensuite IBM puis Microsoft, Apple, Facebook, etc. La Silicon Valley est donc avant tout une terre d'industrie, avec des laboratoires électroniques de pointe, des usines et des entrepreneurs pionniers dans un nouveau secteur, qui va permettre de créer un pont entre les produits physiques et le secteur des services, centré sur les flux d'information.

Sans cet investissement de départ massif dans la recherche et le développement et sur les usines à proximité qui ont permis

---

1. Atkinson R.D., « How the IT Sector Powers the US Economy », *Information Technology & Innovation Foundation*, septembre 2022.
2. Weil T., « Des histoires de la Silicon Valley », *Entreprises et histoire*, vol. 1, n°58, 2010.

d'innover en boucle courte, c'est sans doute ailleurs qu'auraient émergé les nouvelles technologies et le secteur de la Tech. Aujourd'hui, la plupart des pays développés ont compris qu'il était urgent de créer les conditions pour qu'émerge localement une dynamique similaire. Les intérêts sont multiples : créer de l'emploi local, développer les compétences du futur, accélérer la transition digitale des entreprises dites traditionnelles, garantir la souveraineté des données et donc, à terme, protéger les opportunités de nouveaux modèles d'affaires. Sans parler des questions purement régaliennes liées à la confidentialité et à la protection des données sensibles.

C'est ensuite à Shenzhen en Chine qu'il faut aller chercher pour trouver des entreprises comparables aux Gafam. Vus d'Occident, les BATX (Baidu, Alibaba, Tencent, Xiaomi) restent pour le moment sous le radar car plutôt cantonnés aux marchés asiatiques. En réalité, ces géants sont comparables à leurs homologues américains avec souvent un spectre d'action plus large et une volonté de créer des « super apps » capables de fusionner les fonctionnalités de plusieurs applications spécialisées. La taille du marché chinois les a évidemment aidés à un passage à l'échelle rapide. Mais c'est une fois encore la proximité entre l'industrie et les capacités technologiques qui a permis l'émergence de ces géants. Car l'écosystème local est époustouflant : dès qu'une idée d'innovation est lancée, les opportunités de développement sont multiples, avec un mode de fonctionnement en réseau et des entreprises industrielles capables de pivoter très vite, en mode agile. Le berceau de l'électronique « bon marché » qui a vu naître la plupart des gadgets et jouets des trente dernières années est devenu l'un des territoires les plus fertiles de la planète jusqu'à développer des géants comparables aux Gafam. Pour créer un nouveau produit en Chine, inutile de passer du temps sur un long et ennuyeux cahier des charges, tout se fait sur un mode fluide. Ghislain Étienne a ainsi fondé Pink Mobility pour développer des scooters électriques en France après un long séjour en Chine en tant qu'expatrié. Quand il rapporte son expérience, son premier étonnement, une fois de retour en France, a été de constater la rigidité des pratiques de sous-traitance. « En Chine, on ne vous fait pas payer une étude ou un prototype, tout est fait pour que la mise sur le marché aille le plus vite possible, en mode agile. » C'est avec cet état d'esprit que l'Empire du Milieu est en train de construire une véritable alternative aux Gafam. Un écosystème où il est possible de construire des tours de cinquante étages en quelques semaines. Un chiffre résume la situation d'hyper-croissance du pays : en 2013, la Chine a consommé autant de béton que les États-Unis pendant tout le XXe siècle ! Si on veut suivre, il faut donc adapter notre capacité de collaboration au sein de l'entreprise mais aussi et surtout à l'interface entre les entreprises. Et cela passe par une porosité bien plus forte entre l'industrie ou *hardware* et la Tech ou *software*.

« Chez nous, on fait des pièces » : plus d'industrie sans Tech ?

La Tech a donc besoin de l'industrie pour éclore. Les exemples de la Silicon Valley et de Shenzhen sont éloquents à ce titre. La réciproque est-elle vraie ? *A priori* la réponse est non. La transformation de la matière n'a pas attendu le digital pour se développer. Et même pour se révolutionner de multiples fois depuis l'invention de la machine à vapeur il y a deux cent cinquante ans. Aujourd'hui encore, des pans entiers du secteur industriel vivent très bien sans dépendre du digital. La valeur ajoutée industrielle est alors d'abord physique et dépend d'innovations indépendantes du digital et de la donnée : nouveaux matériaux, machines, procédés avancés, méthodes d'organisation de classe mondiale.

Qui plus est, l'industrie n'a pas attendu l'ère des start-up pour évoluer. Dans les années 1980, les usines ont notamment été pionnières dans la mise en place des premières solutions informatiques. À l'époque, il n'y avait pas encore de produits logiciels « sur étagère » et des grands groupes comme IBM ont pu créer des systèmes complexes sur mesure pour automatiser le plus possible les processus industriels et commencer à connecter les métiers les uns aux autres. Petit à petit, ce mouvement a donné naissance à de gros systèmes standardisés, notamment les ERP (*Enterprise Resource Planning*). Deux transfuges d'IBM ont notamment été les premiers à comprendre qu'un nouveau besoin était en train d'émerger : économiser les heures d'études passées à faire du « sur-mesure » pour proposer un produit paramétrable et plus rapide à installer. Et ils ont créé SAP.

Aujourd'hui, disposer d'un ERP constitue la base d'une structure industrielle. Cela permet notamment de connecter les ventes au planning industriel et d'automatiser énormément de flux, qu'il s'agisse des flux physiques (approvisionnements, production...) mais aussi des flux d'information pour alimenter la fonction finance interne. En retard l'industrie ? De prime abord, pas du tout ! Malheureusement, quand on y regarde de plus près, avoir eu raison trop tôt peut devenir un désavantage. En effet, la dette technique ou « *legacy* » informatique qui s'est accumulée dans l'industrie depuis trente ans est considérable. Les gros systèmes qui ont permis la performance passée créent énormément de rigidités, constituant autant de verrous difficiles à faire sauter. Car l'avènement de la Tech a tout changé avec sa nouvelle façon de créer de la valeur grâce à la donnée.

Premier souci pour l'industrie : les données sont souvent encapsulées dans ces gros systèmes qui les rendent difficilement accessibles. Deuxième souci : les systèmes sont peu ou pas interconnectés. En conséquence, la même donnée peut se trouver dans deux à dix systèmes différents, avec parfois des valeurs unitaires différentes, générant énormément de pertes de temps pour reconstituer la réalité à partir de ces données. Troisième souci : la donnée est perçue comme un domaine « régalien » du service informatique, lui-même considéré comme une boîte noire par la plupart des industriels. Pour toutes ces raisons, le secteur industriel est mal préparé à intégrer la révolution de la donnée. Cela peut décourager les équipes, depuis le top management jusqu'au terrain. Pourtant, le potentiel de création de valeur est « gargantuesque ».

Premièrement, sur la *top line*. Maîtriser ses données de bout en bout permet d'envisager de nouveaux modèles d'affaires : logiciel « *as a service* », maintenance prédictive et support au dépannage pour un constructeur de machines et pour la plupart des fabricants d'équipements d'origine (ou OEM[3]) ; remanufacturing et réemploi pour tout le secteur des biens de consommation durables ; allongement du cycle de vie, etc. Au-delà des multiples exemples, le plus important sur la *top line* est de changer la manière avec laquelle l'industriel communique avec son client et apprend à le connaître directement, sans devoir passer par le vecteur des anciennes enquêtes marketing. C'est l'effet « brosse à dents » : chaque fois que le client se sert du produit, vous avez accès aux données d'usage correspondantes. Vous pourrez alors comprendre ce client à un niveau de détail tellement fin que vous pourrez améliorer le produit en permanence pour multiplier les chances de le fidéliser durablement et de créer de la valeur.

Bien entendu – mais cela est plus classique – la Tech permet aussi d'améliorer la performance des opérations de toute l'organisation et donc de la *bottom line*. Il s'agit d'être plus efficient au quotidien dans chaque fonction, mais aussi et surtout de mieux interfacer les fonctions entre elles, jusqu'aux partenaires de l'organisation dans une logique de « réseau » : fonctionner en mode ouvert est un gage d'accès aux meilleures expertises disponibles sur le marché.

Dès lors, le métier de l'industriel cesse d'être de « faire des pièces et puis c'est tout ! »

---

3. *Original Equipment Manufacturer* : sous-traitant qui propose une pièce ou un composant s'intégrant dans un équipement d'une autre entreprise.

Transformer les mammouths, avons-nous le choix ?

La Tech n'est pas un secteur, c'est un *enabler*. Quel est le point commun entre Uber, Airbnb, Tesla et Amazon ? Ils ne créent pas un nouveau secteur d'activité (transport, hôtellerie, automobile, distribution), ils font totalement différemment de ce qui se faisait jusque-là dans chacun des secteurs existants. La Tech, c'est la nouvelle façon de concevoir et de réaliser des opérations, donc de conduire une entreprise. La réponse courte à la question « avez-vous le choix ? » est donc vite trouvée : non ! En revanche, rien ne nous oblige, nous Européens, à construire un secteur industriel augmenté par la Tech avec les mêmes ingrédients sociaux et culturels que ceux qui prévalent aux États-Unis ou en Chine.

Voici six raisons très concrètes qui justifient l'hybridation du modèle industriel classique avec celui de la Tech.

Les deux premières raisons ne sont pas véritablement des choix, mais relèvent plutôt de la survie.

- **L'automatisation des tâches répétables.** Nous l'avons dit, les tâches répétables n'auront bientôt plus aucune valeur. Le *Chief Digital Officer* d'un grand groupe français l'a bien résumé : « Dès que je dois faire la même tâche plus de trois fois, j'estime qu'il faut l'automatiser. » Ainsi ceux qui continueront à exécuter ces tâches en mode manuel sortiront petit à petit de leur marché.
- **La vitesse.** Dans le monde digital, « *the winner takes all* ». Pourquoi ? La croissance incrémentale ne coûtant presque rien, il est possible de proposer une forme de gratuité pour les fonctionnalités de base et de se rémunérer uniquement sur les fonctionnalités avancées (principe appelé *freemium*). Le produit gratuit permet à l'usager de s'habituer aux fonctionnalités qui dès lors deviennent de plus en plus indispensables.

Pourquoi irait-on ensuite voir le deuxième entrant ? Ce mécanisme permet d'acquérir une position dominante sur le marché, à l'image de Google avec son moteur de recherche. Le premier gagne quasiment tout le marché. Dans ce contexte, la valeur « vitesse » n'est plus seulement un argument pour prendre davantage de parts de marché que ses concurrents, cela devient une question de survie. La bonne nouvelle, c'est que le digital est à la fois la cause de ce nouveau paradigme mais aussi sa solution.

Les raisons suivantes sont celles qui permettent d'effectuer un « saut » ou un « pivot » dans le modèle d'affaires.

- **La transparence.** Le troisième virage que le digital permet de prendre est celui de la transparence. Si celle-ci peut entraîner de nombreuses dérives, sur les réseaux sociaux notamment, c'est aussi un progrès majeur pour le consommateur et pour le citoyen : grâce à la continuité numérique, il est de plus en plus facile de « tracer » la vie d'un produit et de ses composants. Cela permet de contrôler comment la transformation s'est faite, où elle s'est faite, donc son impact, par exemple en matière d'empreinte carbone ou de qualité de l'emploi. Dans les chaînes de valeur les plus critiques comme l'agro-alimentaire ou la pharmacie, cette traçabilité devient un ingrédient indispensable et a très nettement fait progresser chaque maillon de la chaîne. À terme, avec l'industrie circulaire, la traçabilité deviendra un ingrédient majeur du succès pour pouvoir recycler, réemployer, remanufacturer les composants d'un produit et ainsi créer de la valeur sans repasser nécessairement par tout le cycle de la transformation de matière[4].

---

4. Richa G. et Ledoux E., *Pivoter vers une industrie circulaire. Construire un futur avec une nouvelle génération d'entreprises*, Dunod, 2022.

- **La connaissance du client et la réponse à ses attentes**. C'est l'effet « brosse à dents » que nous avons déjà évoqué précédemment. C'est lui qui donne sa force au modèle Tesla par rapport aux autres constructeurs : être capable en temps réel de récupérer des téraoctets de données sur ce que fait avec sa voiture chacun des deux millions de propriétaires de Tesla et pas seulement quand le véhicule passe au SAV.

Les deux dernières raisons concernent l'optimisation des opérations.

- **Le mode réseau**. Une des conséquences principales du mode réseau est un développement exponentiel du savoir grâce à une capitalisation instantanée de toute amélioration opérée en un point unique du réseau afin que chaque acteur en profite. À titre d'exemple, si un opérateur améliore son temps de cycle de cinq secondes grâce à une idée très concrète dans son atelier d'assemblage à Bar-le-Duc, l'ensemble des 100, 500, 1 000 ou 10 000 postes équivalents dans le monde pourront copier cette idée dans les minutes qui suivent et donc le progrès passera instantanément à l'échelle. Quand on additionne ce phénomène sur l'ensemble des fonctions d'une entreprise, on voit l'effet que cela peut produire. Pour illustrer ce changement, les équipes de Toyota, qui sont sans doute les plus douées depuis trente ans pour faire ce qu'ils appellent du « Yokoten » – c'est-à-dire de la standardisation d'améliorations à l'échelle – avouent que l'exercice est l'un des plus complexes de leur système et qu'il est encore largement perfectible, même chez le numéro un du *lean management*.
- **La course aux talents.** Le Covid a accéléré les problèmes de recrutement et de fidélisation. Le secteur industriel connaissait déjà de nombreux métiers en tension du fait d'une inadaptation structurelle des compétences par rapport aux emplois proposés, mais le phénomène s'est encore aggravé depuis 2020. En France, selon la DARES, en juillet 2021, le niveau

de démission de CDI était supérieur de 19,4 % comparé à 2019 et les ruptures anticipées de CDD étaient supérieures de 25,8 % au niveau de 2019. Notre perception de terrain est que la réalité de ces phénomènes est très segmentée. La reprise post Covid s'est faite en « K » selon les secteurs, mais aussi et surtout selon la maturité digitale préexistante avant la crise. Ainsi, ceux qui grâce à la digitalisation ont recommencé à croître très vite et à prendre des parts de marché ont enclenché un cercle vertueux qui leur permet d'attirer des talents, ce qui accroît encore leur compétitivité. En revanche, les acteurs positionnés sur la barre descendante du « K » connaissent de grandes difficultés car ils n'arrivent plus à recruter les équipes pour suivre la demande. Aujourd'hui, dans bien des usines, les équipes sont encore condamnées à travailler derrière des « minitels ». Ceux qui ont commencé à remplacer les minitels par des applications agiles, sur des *devices* mobiles, donnent une image plus positive d'une industrie tournée vers l'avenir et attirent davantage.

L'auto européenne : histoire à méditer pour mieux se préparer

Il y a donc de multiples bonnes raisons d'accélérer la transformation digitale de son entreprise. Pourtant l'effort à faire est conséquent et la tentation de procrastiner est grande. Si tel est le cas dans la vôtre, prenez conscience de la vague qui approche et qui risque de vous emporter. Le tsunami qui a ébranlé la photographie, la musique, l'hôtellerie, le cinéma et la distribution, se rapproche des usines.

Comme souvent depuis un siècle, le secteur automobile est un point d'observation exceptionnel pour les évolutions en cours. Amazon a pris des parts dans Rivian, le concurrent américain de Tesla ; Google a passé un accord avec Renault pour apporter de l'*infotainment* dans les voitures ; Amazon encore a passé un accord avec Stellantis pour « les logiciels et la mobilité » (en clair sur les nouveaux modèles d'affaires lucratifs du secteur) ; Apple serait en train de construire une voiture avec Kia pour 2024 ; Facebook et Google ont tous deux des projets plus ou moins avancés sur la voiture autonome ; et enfin Tesla est en train de prendre une position dominante sur le marché de l'électrique[5], lui-même en ultra-croissance depuis la sortie du Covid.

Au-delà de l'arrivée des Gafam, le secteur automobile tremble, car ce qui permettra d'être leader à l'avenir n'a plus grand-chose à voir avec ce qui permettait de l'être auparavant. Exit la course aux plateformes multimodales, à la profondeur de gamme, aux économies d'échelle, à la déconcentration verticale pour se concentrer sur l'assemblage… Les codes de Tesla sont exactement inverses : être le plus intégré possible pour être agile, ne proposer que quelques carrosseries pour simplifier les process, se diversifier par le logiciel, investir dans des « *giga factories* ». Il s'agit de repenser la voiture pour qu'elle puisse intégrer des montées de version, ce qui suppose de repenser tous les calculateurs (passer de plus de 50 calculateurs à un seul et unique système d'exploitation équivalent de l'iOS d'Apple). Il s'agit encore de revoir toute l'organisation du travail, car innover pour répondre aux attentes des Millenials ne se fait pas avec des armées d'ingénieurs qui *designent* chacun des *workpackages* dans une hiérarchie à onze niveaux. Ce qu'il faut, c'est plutôt un esprit de *squads*, composées de quelques personnes fortement motivées, en mode start-up, avec une vision entrepreneuriale et une capacité à faire des itérations ultra-rapides sur le produit lui-même.

5. Les ventes de Tesla ont été multipliées par deux entre 2019 et 2020 et à nouveau entre 2020 et 2021.

Prenons un exemple. Si je souhaite développer l'auto-partage, il faut que je facilite le transfert de clés entre propriétaires et locataires en toute confiance. Dès lors, cela faciliterait le process de pouvoir ouvrir la voiture avec un smartphone et de pouvoir transférer la capacité de déverrouillage sur un smartphone tiers pendant une durée limitée. Je pourrais aussi ajouter à mon process un transfert d'argent sécurisé. On voit alors qu'une idée *a priori* simple nécessite de concevoir un système entier, depuis l'architecture du service jusqu'à tous les modes de communication.

Le secteur automobile n'est qu'au début du passage du gué. Les années qui viennent risquent d'être décisives pour les acteurs traditionnels du secteur, avec beaucoup de nouveaux entrants comme les constructeurs chinois nés du nouveau paradigme « électrique + digital ». Un dernier chiffre pour achever de convaincre les récalcitrants : la marge de Tesla culmine à présent entre 13 et 18 % là où celle du meilleur (Toyota) tourne autour de 7 %.

Partie 2

20 tactiques pour réussir sa métamorphose

Figure 2 - Le papillon de la transformation

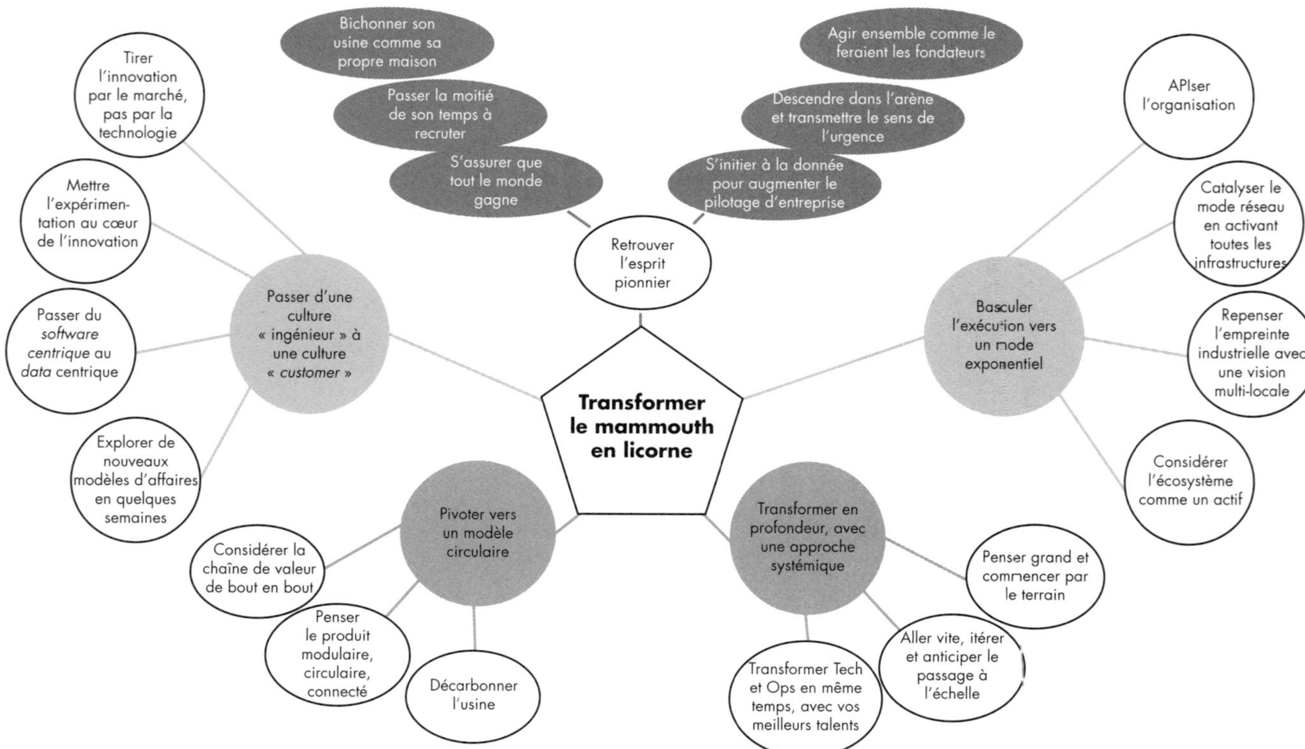

Source : Michaël Valentin, 2023.

Chapitre 4

Passer d'une culture d'ingénieur à une culture *customer*

Points-clés des tactiques 1 à 4

- L'une des caractéristiques de l'innovation *data-driven* est de viser un effet « brosse à dents », c'est-à-dire une adoption accélérée du produit/service par le client/utilisateur, centré autour des données que celui-ci fournit, ces dernières permettant d'améliorer en continu le produit. Ce cercle vertueux est à la source des réussites des nouveaux modèles d'affaires. Ce produit/service répond généralement à un problème épineux pour le futur client, à une « friction insupportable » qui n'a jamais pu être résolue : par exemple la qualité du transport de particuliers dans les métropoles dans le cas d'Uber.
- Pour identifier ce problème « insupportable » et la manière d'y répondre, il est nécessaire de partir de données concrètes recueillies auprès des usagers et non de l'expertise ou de la connaissance accumulée dans le passé. Il ne faut pas non plus se contenter d'écouter les discours des clients comme dans le marketing classique, mais observer les comportements des utilisateurs en situation. Il existe une vaste boîte à outils d'analyse des comportements des utilisateurs : *user research, personae, user journeys,* fonctionnement par hypothèse, *Minimum Viable Product* (MVP) qui représentent autant d'étapes à suivre jusqu'à trouver l'adéquation (le *fit*) entre le problème à résoudre, le produit/service et le marché solvable.

- Chaque étape d'expérimentation donnera lieu à des mesures qui permettront de pivoter autant de fois que nécessaire jusqu'à trouver le bon modèle d'affaires. Pour trouver la solution satisfaisante, la capacité à itérer rapidement est clé, de même que le souci de simplifier les fonctionnalités du produit, de manière à trouver un équilibre entre valeur d'usage pour le client et vitesse de mise en marché.
- Les données existent déjà dans les organisations, dans les usines en particulier, mais sont le plus souvent fragmentées, redondantes et non homogènes, réparties entre divers systèmes d'information spécialisés (production, relation client, finance, logistique, etc.). Pour dépasser ces inefficiences, il est nécessaire de passer à une organisation *data-centric*, dont les objectifs sont de décloisonner, simplifier et automatiser tout ce qui peut l'être, de façon à connecter les flux physiques et les flux de données de bout en bout.
- Ce sont ces flux de données qui permettront ensuite d'optimiser les opérations, d'une part, et de fonder les nouveaux modèles d'affaires, d'autre part. Parmi ces modèles, la « servicisation » du produit physique et les applications digitales vendues en mode SaaS sont les plus fréquentes, mais il en existe des dizaines d'autres.

« Je ne comprends pas : j'ai le meilleur logiciel du marché, cela fait un an qu'on est dessus sans relâche avec les meilleurs ingénieurs du secteur. » Cette discussion, je l'ai eue récemment avec plusieurs grands industriels qui essaient de pivoter pour se lancer dans de nouveaux modèles d'affaires innovants. La vague touche prioritairement les secteurs des biens de consommation et d'équipement mais se propage petit à petit à l'ensemble de l'industrie : la plupart des dirigeants ont compris que la « servicisation » autour du produit était un important levier de croissance, notamment par la monétisation des données. Mais tous sont confrontés à une même difficulté : la méthode d'innovation pour créer des modèles d'affaires digitaux est radicalement différente de toutes les habitudes du secteur. Pour faire simple, il s'agit désormais de partir de problèmes vécus par les clients et non plus de prendre comme point de départ les actifs internes à l'entreprise ou, pour le dire autrement, de passer d'un flux poussé par l'organisation à un flux tiré par le marché.

Tactique 1 : tirer l'innovation par le marché, pas par la technologie

Qu'est-ce qu'un actif ? Une technologie, un savoir-faire, une expertise, des compétences, des process internes… Malheureusement, aujourd'hui, tout actif du passé peut devenir une « dette ». En témoignent toutes les entreprises qui ont été disruptées ces dernières années par de nouveaux entrants sortis de terre en quelques mois. L'exemple d'Accor Hotels illustre parfaitement cette transformation : l'ancien paradigme qui consistait à détenir en propre un parc immobilier titanesque partout dans le monde et à employer des armées de personnes a volé en éclat avec l'émergence d'Airbnb. Pourquoi ? Car Airbnb est revenu à la source du service d'hébergement : que veulent profondément les clients ? Accéder à n'importe quel quartier d'une ville, réserver un hébergement en quelques clics, se sentir comme à la maison, ne pas avoir besoin de passer dix minutes à l'accueil en arrivant, vivre des « expériences » variées. Ce qui est arrivé dans l'hôtellerie peut arriver à n'importe quel secteur : la société change trop vite pour que les actifs du passé soient systématiquement la bonne réponse aux aspirations des clients. La seule façon de créer de la valeur est de changer de méthode : empathie, itération rapide, innovation basée sur l'expérimentation, décloisonnement total de l'entreprise. La culture de l'ingénieur a vécu, il faut la compléter et l'amplifier par une culture du client, afin de bâtir de nouveaux actifs, puis créer des ponts avec les actifs existants.

Comprendre l'effet « brosse à dents »

À première vue, le monde des licornes est une sorte de paradis enchanté où il suffit de se pencher pour ramasser les milliards. Qonto, Doctolib, Alan, ManoMano, BackMarket, Exotec… On ne compte plus le nombre de *success stories* où les fondateurs parviennent en quelques années à atteindre le fameux seuil symbolique du milliard de dollars de capitalisation boursière. Comment expliquer cet engouement ? L'une des raisons, généralement encore incomprise, est la décorrélation entre la croissance des revenus et celle des moyens qu'il faut pour les générer. Nous avons déjà cité Airbnb ; Facebook est un autre exemple très parlant avec 91 % de marge opérationnelle et un coût marginal d'acquisition de nouveau client quasiment nul. À l'échelle, le modèle n'a donc pas de fin. Toutefois, derrière cet océan bleu, en à peine quinze ans, Méta, la maison mère de Facebook, a déjà résisté à deux vagues d'innovations qui auraient pu entraîner sa banqueroute rapide : le passage du texte à l'image (Instagram) et celui du forum de discussion à la messagerie instantanée (WhatsApp). Rien n'est donc facile. Même les meilleurs doivent en permanence se remettre en question, ce qui passe par des investissements majeurs à chaque étape, débouchant parfois sur le Graal, à savoir un coût d'acquisition de client quasiment nul et une croissance exponentielle hyper-rentable. Le mécanisme qui permet d'enclencher ce phénomène est un cercle vertueux spécifique à l'innovation basée sur la donnée : plus vous avez de données sur le comportement de vos utilisateurs, plus vous pouvez développer et entraîner des algorithmes puissants, ce qui génère une meilleure expérience pour l'utilisateur, qui va donc se servir encore davantage de votre produit. Cela va permettre de générer plus de revenus, d'attirer plus de talents et surtout de générer plus de données pour boucler la boucle.

Comment enclencher cette mécanique vertueuse ? Il ne s'agit pas de magie ou de chance, mais plutôt de trouver le bon problème à résoudre afin que l'utilisateur ne puisse plus se passer du produit. Pour résumer, on commence généralement par « le bas » du cercle vertueux : celui de l'expérience que l'on propose au client. Et cette proposition consiste le plus souvent à réduire une « friction » insupportable de sa vie quotidienne. Prenons l'exemple d'Uber. L'observation de départ est simple : dans la plupart des métropoles, l'expérience de la réservation et du transport en taxi était calamiteuse. On ne trouvait pas de taxi, on passait par une centrale d'appels, l'attente était variable et l'information sur cette attente inexistante ; enfin, le chauffeur de taxi ne prenait pas toujours la carte bancaire. Uber a dépensé des millions d'euros pour résoudre chacun des « points de douleur » de l'expérience « taxi » afin de créer une application dont les gens ne pourraient plus se passer. Ce qui est recherché ici est le fameux effet « brosse à dents » : un outil digital qui soit utilisé plusieurs fois par jour, afin de créer cette fameuse génération de données qui enclenche le cercle vertueux. Néanmoins, les voyageurs fréquents ne sont pas si nombreux et l'application a du mal à devenir rentable. Comment trouver un secteur proche de la mobilité qui permette d'enclencher encore plus vite l'effet brosse à dents ? La réponse est venue par l'analyse d'une activité encore plus quotidienne que les déplacements urbains, à savoir l'alimentation. C'est ainsi qu'Uber Eats, une application qui a bien plus de chance d'être ouverte presque chaque jour par les populations ciblées, à savoir les jeunes CSP+ des grandes métropoles, a totalement explosé pendant le Covid. Autre exemple : le paiement en un clic d'Amazon pour faciliter l'acte d'achat. Toutes les recherches réalisées autour de l'acte de paiement montrent en effet que c'est un instant de tension important pour le client qui peut l'amener à renoncer. C'est en grande partie ce facteur qui a créé l'effet brosse à dents pour l'application Amazon, auquel il faut ajouter l'énorme profondeur de gamme que propose le géant de la distribution et la qualité de sa logistique.

Figure 4.1 – Cercle vertueux de l'innovation *data-driven*

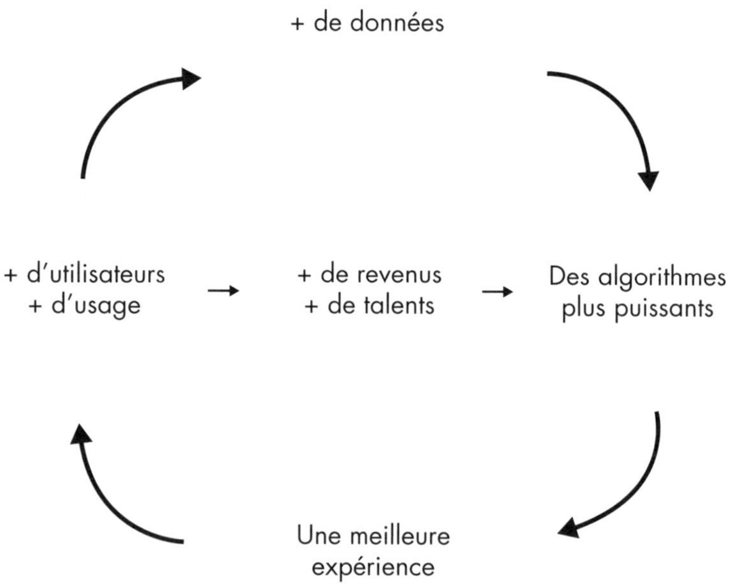

Accepter que le boss ne sache pas ce que veut le client

Retour sur mon client préféré : « Je ne comprends pas pourquoi nous n'arrivons pas à vendre notre logiciel. Je suis certain que c'est la bonne solution, je connais mon marché et j'ai défini moi-même les principales fonctionnalités. Cela fait un an que l'on bosse dessus. Il n'y a plus qu'à le vendre maintenant. » Je me souviens encore de cette conversation dans ses moindres détails. Cela m'avait frappé, parce qu'il y avait beaucoup de sincérité dans ses propos, avec une vraie forme d'humilité face à la question sous-jacente : « Pourquoi les recettes que j'applique depuis quinze ans ne fonctionnent-elles pas avec le digital ? » Il y a en effet de quoi s'interroger. Car un directeur général ne le devient pas par hasard. Pour le devenir, il faut avoir réussi par le passé une succession de paris et de décisions gagnantes.

L'un des aspects les plus contre-intuitifs du nouveau monde est que la réponse ne vient plus d'en haut. Cela s'explique de plusieurs façons. Premièrement, l'accès facile à une masse considérable de données rend la mémoire ou l'expérience moins cruciale pour la prise de décision. Deuxièmement, le niveau de granularité nécessaire pour comprendre les aspirations changeantes des clients rend les catégories classiques du marketing obsolètes : agréger les données d'âge, de sexe et de catégories socioprofessionnelles peut même conduire à des contresens. Par exemple, dans le domaine de la mobilité, une femme de 50 ans, CSP+, cadre dans un grand groupe, mariée avec trois enfants et qui vit dans le centre de Paris, aura potentiellement des aspirations proches de celle d'un jeune homme de 22 ans, célibataire, qui vient de commencer à travailler dans le secteur de la culture au centre de Londres. Tandis qu'une femme de 50 ans, également CSP+, notaire, mère de trois enfants et qui vit à Épinal, aura des problèmes de transport qui se rapprochent davantage de ceux d'un jeune homme de 22 ans qui vient de commencer à travailler comme boulanger à Lons-le-Saunier. Enfin, pour construire un service « brosse à dents », chaque détail compte. L'idée n'est pas suffisante, c'est la façon dont elle sera exécutée qui permettra d'amorcer le fameux cercle vertueux de l'innovation.

Les cimetières sont bondés de start-up qui avaient une « super idée ». Réussir à transformer l'idée en un produit qui réponde à un vrai besoin de l'utilisateur, là se trouve le vrai challenge. En conséquence, ce n'est plus le boss qui sait, mais l'utilisateur. Jeff Bezos résume ce constat par la célèbre phrase : « Si vous avez des données, nous déciderons à partir des données ; si vous avez une opinion, on prendra *mon* opinion. » Sous-entendu : la seule façon de bien décider est de posséder des données. Pour créer de nouveaux modèles d'affaires, les seules données pertinentes sont celles qui viennent de la recherche sur les utilisateurs. À titre d'exemple, il faut environ 1 000 heures de recherche de terrain cumulées pour créer un logiciel basique de type SaaS à destination des usines, avec une méthode rodée et des personnes formées. Conclusion : un plan de bataille qui viendrait uniquement d'en haut, défini après quatre réunions de deux heures avec le comité de direction, n'a strictement aucune chance de fonctionner. Il faut accepter de se jeter à l'eau et faire confiance à ce que l'expérimentation permettra d'apprendre.

Être obsédé par le problème plutôt qu'adorer le produit

Si l'on descend d'un étage, les équipes qui développent un produit digital rencontrent fréquemment d'autres écueils. Le premier d'entre eux est de trop aimer leur produit. Pourquoi ? Développer une application, un logiciel, une plateforme, représente un travail complexe avec de très nombreux allers-retours et une vraie difficulté pour prioriser les fonctionnalités à créer. La tentation est alors grande de s'isoler du monde extérieur, en mode « tunnel », pour parvenir à achever le produit sans être perturbé. Pourtant, plus les équipes restent entre elles, plus l'effet d'appropriation sur le produit est fort : « C'est notre bébé, hors de question qu'on nous l'abime. » Or, pour obtenir l'effet brosse à dents, il faut au contraire être en permanence au contact des utilisateurs et recueillir leurs feedbacks afin de cerner en finesse leurs problèmes et la façon dont on pourrait les résoudre. Il est souvent nécessaire de faire le deuil de son « bébé ».

Quand l'équipe est focalisée sur la résolution des problèmes de l'utilisateur, il peut arriver que la solution finale retenue soit très éloignée de ce qui était prévu au départ par les concepteurs. À l'extrême, la solution pertinente n'est peut-être même pas une application digitale : en avançant dans la recherche utilisateurs, on peut parfois finir par se rendre compte que le marché correspondant au problème à résoudre est trop petit ou inaccessible pour des raisons réglementaires ou sociétales. Chez OSS Ventures, par exemple, le start-up studio – qui est une société sœur d'OPEO – a en moyenne besoin de huit itérations pour trouver le « *product-market fit* ». Et dans un cas sur deux, il faut pivoter car le problème à résoudre ne correspond pas à un marché adressable ou n'est pas celui que l'on avait imaginé au départ.

Le but d'une start-up est de rechercher un modèle d'affaires rentable, pérenne et scalable. Cela se fait avec des fonds initialement limités et sur la base de paris pris tout au long de la vie de la start-up, en fonction de ce que les investisseurs estiment être une prochaine étape pertinente vers la réalisation de l'objectif. L'équipe de développement n'a donc pas de temps à perdre sur un produit qui ne répondrait pas ou seulement partiellement au problème de l'utilisateur. Ainsi, trop aimer son produit, c'est prendre le risque de s'entêter et de refuser le pivot qui permettrait d'aller chercher le modèle d'affaires pouvant passer à l'échelle de façon rentable. Si vous avez déjà investi une année entière sur une application, avec quatre personnes à temps plein ou plus, qui ont travaillé à développer des fonctionnalités selon un cahier des charges établi par le dirigeant, cela rend une décision de pivot très hypothétique, voire inenvisageable, car l'investissement réalisé est déjà conséquent : comment lâcher son bébé après s'y être (et y avoir) autant investi ? Mon expérience montre pourtant que ces situations sont malheureusement encore trop fréquentes. Cela n'a rien de surprenant car l'inclination naturelle de l'industrie est de construire à partir de l'expertise plutôt qu'à partir du marché.

Tirer l'innovation de bout en bout, en cassant tous les silos

L'intégration est l'un des principes les plus incompris dans l'approche dite « teslisme ». La majorité des personnes y voit d'abord et avant tout une intégration « verticale », c'est-à-dire capitalistique. Elon Musk intègre en effet plus de valeur ajoutée dans ses murs que tous ses concurrents, depuis les sous-ensembles de la voiture jusqu'aux fournisseurs de machines industrielles qui servent à produire la voiture ou aux logiciels d'intelligence artificielle pour l'autopilote. Beaucoup assimilent cette intégration à une volonté de contrôle et y voient dès lors une preuve de fermeture.

Une journaliste m'a récemment challengé sur ce sujet : « Être plus gros, n'est-ce pas un inconvénient, un risque de lenteur supplémentaire ? » La question est pertinente. En réalité, l'intégration chez Tesla est aussi horizontale entre les fonctions et s'appuie sur des modes de leadership centrés sur la vitesse de décision, la collaboration et la responsabilisation des équipes. Ce sont ces deux intégrations combinées qui permettent d'être plus rapide. L'intégration verticale permet de définir une architecture de produit centrée sur la donnée et donc une adaptabilité maximale du produit. L'intégration horizontale est calquée sur l'architecture des données, elle-même calquée sur celle du produit. Concrètement, l'organisation est pensée en petites équipes très mobiles, qui ont un périmètre d'action de bout en bout, depuis le marketing jusqu'à la production et la vente en passant par le développement produit et la supply chain. L'idée est donc de fonctionner par modèle d'affaires. Quel est l'avantage ? Là où beaucoup de constructeurs, et d'autres entreprises classiques, créent une structure à part pour l'innovation afin de lancer de nouveaux modèles d'affaires, l'organisation de Tesla incube directement ses équipes d'innovation. En d'autres termes, ses équipes font partie de l'organisation cœur et leur mode de fonctionnement n'est pas jugé « innovant », c'est juste le modèle normal pour créer de la valeur : chacune des équipes dispose de la marge de manœuvre et des expertises requises pour avancer à la vitesse d'une start-up.

Lorsqu'on crée une structure à part pour générer de l'innovation, le problème est qu'on obtient, d'un côté, des personnes qui traitent de sujets « glamour » et qui sortent de nombreux modèles d'affaires qui « pourraient marcher » et, de l'autre, le reste de l'organisation qui continue de fonctionner selon un cycle en « V ». Cependant, quand il s'agit de connecter les nouvelles idées aux actifs existants de l'entreprise (en l'occurrence pour un constructeur lorsqu'il s'agit de modifier l'architecture électronique ou informatique de la voiture), on se heurte à un immense silo. Les contraintes de la partie *hardware* de la voiture ne sont pas intégrées dans la définition du nouveau modèle d'affaires ou, en sens inverse, il existe des freins très forts pour que toutes les adaptations requises par les équipes « innovation » (qu'on appelle le *backlog* dans le jargon informatique) soient prises en compte par l'organisation cœur qui comprend les experts du produit et du process.

Tactique 2 : mettre l'expérimentation au cœur de l'innovation

Une fois que le flux d'innovations a basculé en mode « tiré » par les utilisateurs, il reste la question de la méthode : comment s'y prendre concrètement pour créer un nouveau produit à partir des données récoltées en direct, sur le marché ? L'un des écueils courants est hérité de la longue tradition industrielle du développement de produits : comme les systèmes physiques sont souvent complexes par nature et coûteux à prototyper, la tentation est grande de réfléchir en salle, à partir de remontées diffuses et en s'appuyant sur des avis d'experts, mais de façon déconnectée du terrain. Dans ce domaine, il y a beaucoup à apprendre du *design thinking* qui impulse une façon de procéder radicalement différente des habitudes du secteur industriel.

Mettre la donnée au centre, pas la mémoire

L'expertise est une valeur fondamentale du secteur manufacturier. En effet, les lois physiques sont difficiles à maîtriser. À cela s'ajoute la complexité des flux : la plupart des usines produisent des centaines de références à partir de milliers de composants de base. Il faut donc accumuler des millions d'heures de savoir-faire pour qu'une organisation devienne robuste et capable d'opérer des processus stables.

Pourtant, rester enfermé dans une logique d'expertise se révèle être un piège pour deux raisons : d'abord, l'expert raisonne en se basant sur son expérience et prend donc des décisions basées sur sa mémoire. Ce mode de fonctionnement est pertinent pour résoudre des problèmes physiques complexes, mais le digital augmente très sensiblement cette capacité individuelle en permettant une collaboration plus massive, en temps réel, et en permettant la capitalisation des savoirs. Ainsi, un technicien méthodes qui essaie de résoudre un problème dans une usine de la Creuse pourra s'appuyer sur les 2 000 autres techniciens qui ont déjà rencontré ce problème ailleurs dans le monde. Se limiter à son propre vécu est extrêmement restrictif. Ensuite, quand il s'agit de développer de nouveaux produits, le nouveau paradigme consiste à chercher des problèmes suffisamment importants pour que le client final accepte d'acheter un service ou un produit auquel il n'avait jamais pensé. Se limiter à l'expertise, et donc au vécu passé, ne permet ni de poser correctement le problème, ni d'inventer la bonne solution. Pour ce faire, il faut au contraire une forme de curiosité, une certaine neutralité d'esprit, à l'opposé du mode de fonctionnement d'un expert.

Comment procéder ? Il existe une véritable boîte à outils du développement de produit par le design. D'abord, la *user research* : il s'agit de réaliser une série très conséquente d'interviews des cibles potentielles, permettant de comprendre ces personnes dans leur quotidien : quelles sont leurs aspirations, leurs moteurs ? En quoi les moments de leur vie où elles interagissent avec le produit sont-ils importants ? Que ressentent-elles dans ces moments ? Quelles difficultés rencontrent-elles ? Cet exercice de recherche très pragmatique permet de faire ressortir une liste d'irritants. La différence avec les techniques classiques de marketing est alors le niveau de détail que ces interviews font ressortir. Elles sont menées avec l'expertise des UX designers, véritables ethnologues, capables de faire le lien entre les données recueillies sur les problèmes vécus par les interviewés, des éléments qualitatifs issus des sciences humaines et les expériences futures que l'on pourrait concevoir pour y répondre grâce à un nouveau produit ou un nouveau service.

Bien entendu, l'idéal est de récolter ces données de façon continue grâce au cercle vertueux de l'innovation *data-driven*. J'ai d'ailleurs pu récemment expérimenter cette nouvelle façon de faire de l'innovation chez un fabricant de moteurs. Lors de notre première entrevue, les équipes de R&D posaient le problème en ces termes : « Nous sommes à la recherche de nouveaux modèles d'affaires car nous savons que nos moteurs sont des mines d'information. Mais nous ne savons pas comment faire. » Quand nous avons visité le site de fabrication et commencé à discuter des attentes des clients, les experts de cette entreprise étaient unanimes : l'un des paramètres clés pour le client est le bruit du moteur. « Le métier travaille sur le bruit depuis des années, nous savons bien que les clients y sont très sensibles. » Après avoir réalisé une bonne cinquantaine d'entretiens avec tout l'écosystème lié au moteur – des clients finaux, mais aussi de nombreux intermédiaires dans la chaîne (des utilisateurs indirects, etc.) –, il est ressorti qu'une dizaine de modèles d'affaires étaient envisageables sur des thématiques telles que la mise sous contrôle de la consommation du moteur, la capacité de partage des moteurs entre utilisateurs, etc., avec un potentiel de marché de plusieurs milliards d'euros. Cependant, le bruit, lui, n'a été évoqué dans aucun des entretiens réalisés. Cet exemple un peu caricatural illustre un travers pris par bien des organisations pourtant « très structurées » : elles ont tellement spécialisé les fonctions que la relation avec le client a littéralement disparu du champ de vision de ceux qui conçoivent l'offre. Sur ce projet, plusieurs personnes de l'équipe en charge des nouveaux modèles d'affaires ont en effet avoué n'avoir jamais parlé avec un utilisateur final. Or, certaines étaient présentes depuis plus de vingt ans dans l'entreprise.

Dans n'importe quelle entreprise de la Tech, rechercher des nouveaux modèles d'affaires s'apparente à un sport quotidien et les chefs de projet ou *product managers* ont la responsabilité de récolter en permanence de la donnée en provenance des utilisateurs et d'injecter ces informations dans la liste des évolutions techniques à planifier (le *backlog*), ce qui permettra d'améliorer le produit et d'en adapter l'architecture si besoin. La finalité revient à constamment développer de nouveaux services qui résoudront toujours mieux les problèmes du client.

Fonctionner par hypothèses, mesurer et itérer

Le processus de réalisation des expérimentations qui permet de développer un produit n'est pas linéaire. Il suit une succession de cycles de divergence et de convergence. Dans les phases de divergence, il s'agit d'ouvrir le spectre des options et des hypothèses que l'on veut tester pour laisser place à la créativité en se mettant en position d'écoute complète de l'utilisateur. Dans les phases de convergence, un certain nombre d'outils permettent de synthétiser ce qui a été appris afin de préparer l'itération suivante. Le premier cycle consiste en général à faire le lien entre les utilisateurs ciblés et les problèmes principaux qu'ils rencontrent (*user/problem fit*). Le suivant permet d'associer le problème à une première version de produit (*problem/product fit*). Enfin, il s'agit de prouver la pertinence du produit développé pour le marché potentiel (*product/market fit*).

Dans la première phase, la recherche utilisateurs – basée sur des interviews approfondies – permet de diverger. Ensuite, l'outil des *personae* favorise le regroupement des apprentissages en quelques catégories-types d'utilisateurs et permet donc une forme de convergence. Un *persona* doit ainsi être décrit par ses aspirations, son âge, etc., mais aussi et surtout par la façon avec laquelle il envisage le problème et les conditions qui pourraient lui faire accepter de payer pour résoudre ce problème. Dans la seconde phase, les outils de « *user story* » et de « *user journey* » permettent de décrire comment un produit donné permettrait de répondre au problème tout au long de l'expérience vécue par l'utilisateur. Enfin, la dernière phase consiste en des expérimentations de terrain pour tester le produit sur différents périmètres du marché et pour itérer sur le produit jusqu'à s'assurer qu'il y a un véritable intérêt de la part des clients potentiels. En d'autres termes, il s'agit de prouver que certains utilisateurs seront prêts à payer pour la solution proposée, voire, mieux encore, de commencer à vendre réellement la solution et d'encaisser les premiers paiements.

Au-delà des outils, toutes les décisions prises au cours de ces différentes étapes doivent s'appuyer sur des éléments quantifiés. Il est alors nécessaire de mesurer finement ce qui se passe, comment réagit l'utilisateur, combien de fois il clique, est-ce qu'il préfère le bouton bleu ou rouge, ou encore que celui-ci soit positionné à droite plutôt qu'à gauche, etc. Afin de ne pas se paralyser face à la multitude des options de développement possibles, il existe un principe fondamental permettant de guider les différentes étapes : fonctionner par hypothèse, puis mesurer pour vérifier ou infirmer les hypothèses. Ce principe très pragmatique n'est pourtant pas du tout naturel dans le secteur industriel. Car, encore une fois, la culture industrielle est plutôt basée sur l'expertise et l'esprit de synthèse. Ainsi, on développera un produit sur la base de l'accumulation des connaissances historiques plutôt que sur les réactions réelles constatées chez les clients potentiels du produit. Le mode « agile » qui promeut la relation permanente avec le client tout au long du cycle de développement requiert une remise en cause permanente des connaissances, y compris celles qui découlent d'expertises anciennes.

Prenons un exemple pour illustrer le fonctionnement par hypothèse. Imaginons que nous sommes en train de faire de la recherche utilisateurs autour du thème de la maintenance prédictive dans l'agro-alimentaire. Nous avons réalisé notre *user research* (*user/problem fit*) et nous avons appris que les pannes machines constituent plus de 10 % des pertes de rendement, dont 50 % qui pourraient être prédites. Nous avons créé quatre types de *personae* pour comprendre les différentes aspirations possibles de la population ciblée, c'est-à-dire le personnel qui exploite les lignes de fabrication : producteur, qualiticien, maintenancier, méthodiste. Pour chaque *persona*, nous avons écrit des *user stories* du type : « en tant que dépanneur de maintenance, je souhaiterais être alerté au moins deux heures à l'avance lorsqu'une dérive de paramètres peut aboutir à une panne mécanique ». Comment tester un produit qui permette de répondre à cette aspiration ? Il existe évidemment une multitude de solutions quant au logiciel qui peut être développé dans ce but, de l'interface par laquelle les informations seront rendues disponible à l'utilisateur, au support sur lequel l'application sera active, à la structuration et à la capitalisation des données, à l'aspect collaboratif ou non de l'application… Il existe aussi une multitude de façons de fixer un prix pour cette solution.

Pour résoudre cette équation en mode « classique », nous allons demander au département « développement produit » de créer un cahier des charges afin de sous-traiter la création de l'application que l'on pourra espérer mettre sur le marché dans quatre à six mois. Le prix sera décidé en fonction des coûts de développement et des objectifs de rentabilité.

À l'inverse, pour résoudre cette équation en mode « *lean start-up* » – qui est le nom donné à la méthode que je viens de décrire – nous procèderons par hypothèses. Nous allons d'abord tester une première hypothèse ainsi formulée : si chaque maintenancier dispose d'une application mobile sur smartphone qui l'alerte en cas de dérive des paramètres influant sur la panne, l'application sera utilisée au moins dix fois par jour. En complément de cette hypothèse, nous aurons envie de tester la suivante : le responsable de maintenance est prêt à payer 1 000 € par mois pour que chaque maintenancier soit équipé de l'application. La vérification de cette hypothèse s'organisera en trois sprints de deux semaines qui auront lieu chez trois potentiels prospects de secteurs différents et avec des personnes réelles correspondant aux différents types de *personae* définis dans la phase précédente. À l'issue de ces sprints, nous devrons être capables de voir si nos deux hypothèses se vérifient, sur la base de la mesure concrète de ce qui se sera passé pendant les deux semaines. Pendant ces deux semaines, nous utiliserons une version très sommaire de l'application, car le but est de tester nos hypothèses, pas de développer l'application finale.

Ainsi, dans le développement en mode « classique », il faudra plusieurs mois pour sortir un produit dont les chances de succès seront minimes car il n'aura pas été testé. Dans le second cas, en deux semaines nous aurons appris énormément de choses sur nos potentiels clients et nous saurons si nos deux hypothèses sont valides, ce qui permettra de passer au cycle de développement suivant en minimisant le risque et en augmentant l'intimité avec le client ciblé.

Croire les comportements, pas les discours

Comment réaliser des expérimentations qui fonctionnent ? Une erreur fréquente est de se baser exclusivement sur les interviews. Il est légitime de vouloir écouter ce que disent les utilisateurs et c'est en effet toujours un bon point de départ – nettement meilleur en tout cas que d'utiliser des statistiques ou des données agrégées par le stagiaire du service marketing. Toutefois, l'expérience montre que l'utilisateur sait rarement ce dont il a vraiment besoin. Se confronter au réel est nettement plus difficile et engageant que de se baser sur des *a priori* ou des déclarations. Pour se confronter au réel, il faut expérimenter via le prototypage. Autrement dit, il faut mettre dans les mains de l'utilisateur une solution bêta, même imparfaite, pour observer et mesurer son comportement réel.

Mon collègue Renan utilise une expression pour qualifier cette progression du plus facile et inefficace au plus difficile : « la pyramide du blabla » (voir figure 4.2). Un exemple tout bête : lorsqu'on interroge les Français sur leur hygiène bucco-dentaire, une immense majorité d'entre eux répondent qu'ils se brossent les dents au moins une fois par jour et qu'ils voient un dentiste une fois par an. La réalité est bien entendu assez différente. Dans le monde des usines, le décalage est tout à fait similaire. Je me souviens d'un « pilote » qui a été réalisé dans une aciérie il y a une dizaine d'années. Le directeur avait demandé aux techniciens de maintenance si être équipés d'une tablette les rendrait plus efficaces pour réaliser les travaux d'arrêt. La réponse a été massivement positive : oui, la tablette allait leur faire gagner du temps. Une semaine plus tard, une palette de tablettes flambant neuves était livrée dans le hall de l'usine. Le lendemain, nous équipions les techniciens de maintenance avec les appareils sur lesquels nous avions installé une version mobile de la GMAO (gestion de la maintenance assistée par ordinateur). Tout semblait bien parti. Pourtant, quelques jours plus tard, l'expérimentation a dû être arrêtée. Chaque équipe avait testé la solution. Certains techniciens avaient refusé de partir avec la tablette, car en définitive ils avaient besoin de téléphoner en marchant et n'avaient rien pour la transporter ; d'autres ne savaient pas où la poser sur le lieu d'intervention, etc. Les plus vaillants avaient essayé de s'en servir pour déclarer leur activité, mais bien souvent leurs gros gants les empêchaient de cliquer. L'expérience fut donc un échec. Si nous avions procédé par hypothèses et d'abord testé le besoin d'une solution « mobile » avec un groupe limité de personnes, nous aurions vite constaté que le « *form factor* » tablette n'était pas adapté. Cela n'aurait pas forcément tué l'hypothèse, mais aurait permis de pivoter pour essayer d'autres versions mobiles de la solution : PDA, smartphone ou encore postes fixes répartis dans l'atelier… Raisonner par hypothèses et tester immédiatement l'hypothèse en condition réelle fait gagner du temps, évite les frustrations et permet de rester mobilisé. Dans l'exemple cité, le projet de digitalisation du suivi des interventions a ainsi perdu une bonne demi-année. Que de temps gaspillé !

Figure 4.2 – « Pyramide du blabla »

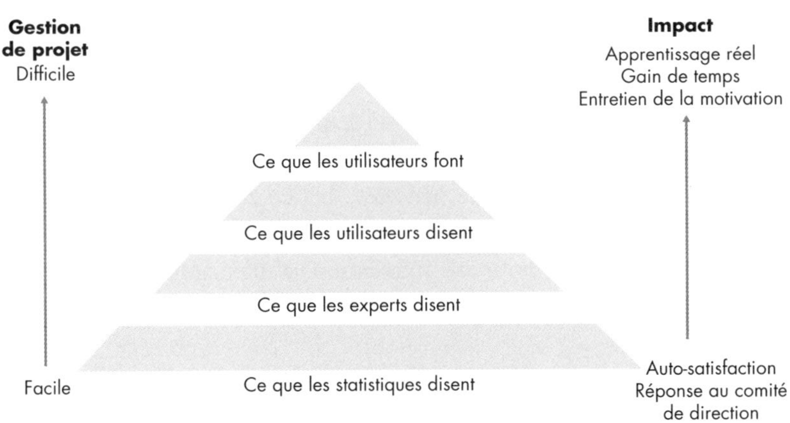

Soustraire plutôt qu'enrichir

On dit que l'apprentissage par itération est logarithmique. Aussi faut-il essayer autant que possible de minimiser le nombre d'itérations que l'on réalise et se mettre d'accord pour arrêter lorsqu'on est assez proche de l'asymptote, signe que le produit est suffisamment mature pour aller sur le marché. Il n'empêche que l'aventure peut être longue. Dyson a réalisé pas moins de 5 100 itérations avant de sortir son fameux aspirateur sans sac.

Dans quel état d'esprit réaliser ces itérations ? Comme vu précédemment, l'une des recettes consiste à tester successivement des hypothèses. On planifie donc des expérimentations et non pas de simples tâches à exécuter avec un résultat convenu à l'avance. L'autre ingrédient majeur est la pensée soustractive. Qu'entend-on par-là ? Lorsqu'on développe un produit, chaque utilisateur aura sa propre expérience et ses propres besoins. Il est fondamental de bien cibler le dénominateur commun entre les utilisateurs et de ne développer qu'un nombre restreint de fonctionnalités pour pouvoir aller vite. Or, chaque utilisateur tend à mettre en valeur des spécificités permettant de répondre à son besoin propre. Tout l'art du *product manager* consiste alors à savoir prioriser les fonctionnalités, à « tuer » celles qui ne sont pas immédiatement nécessaires et à se concentrer sur celles permettant de garantir l'effet « brosse à dents ». Pour prendre une image importée du secteur du forage, il faut creuser un premier trou très étroit et profond qui résout parfaitement un problème bien identifié. Ensuite, l'idée est de multiplier des trous de même taille afin de déployer la solution chez un maximum de clients et pour un maximum d'utilisateurs. Une fois cela réalisé, on peut commencer à élargir les trous pour créer plus de valeur.

Le grand avantage de cette approche est que l'itération et le pivot sont plus faciles lorsque le volume de fonctionnalités est faible. Les autres fonctionnalités seront progressivement ajoutées si l'effet « brosse à dents » est atteint. Pour faire le parallèle avec un smartphone, une fois que vous avez acheté le téléphone et que vous vous en servez chaque jour pour téléphoner ou envoyer des SMS, il est facile d'ajouter petit à petit de la messagerie instantanée, puis des réseaux sociaux, puis des applications qui vous facilitent la vie, etc. L'un des défis majeurs pour le *product manager* consiste alors à soustraire des fonctionnalités plutôt qu'à vouloir enrichir son produit. C'est un compromis entre valeur et vitesse. Une chose est certaine : toutes les licornes se sont initialement concentrées sur un cœur de création de valeur très étroit, facile à identifier par les clients, de manière à pouvoir pivoter très vite vers la phase de création de produit.

Enfin, une autre illustration de la pensée soustractive réside dans le fait de savoir « tuer » totalement les idées qui ne fonctionnent pas. Chez OSS Ventures, nous avons une statistique : sur cent problèmes détectés sur le terrain, seuls trente sont assez partagés par d'autres utilisateurs pour être étudiés via la recherche utilisateurs, parmi lesquels seule une dizaine ont un marché suffisant (minimum d'un milliard d'euros à l'échelle européenne). Et sur les dix idées qui disposent d'un marché suffisant, une seule donnera finalement lieu à une start-up viable, avec un produit qui fonctionne et un modèle d'affaires scalable et rentable. Apprendre à tuer son propre bébé n'est jamais simple. Autant le faire le plus tôt possible : si cela fait un an que vous dépensez en R&D pour une solution, l'hypothèse d'arrêter pour pivoter est presque insupportable. Si vous le faites au bout de deux semaines, cela est bien plus facile.

Tactique 3 : passer du *software* centrique au *data* centrique

Georges est responsable d'unité dans une usine de trois cents personnes à Epinal. Le matin, quand il arrive, la première chose qu'il fait après avoir salué tout le monde est de pointer les présences. Il s'assoit à son bureau, allume son PC et ouvre un premier tableur qui lui permet de cocher les cases correspondantes. Il compare ensuite le résultat avec ce qui était prévu et adapte quelques lignes, car certaines personnes viennent de lui confier vouloir prendre des congés dans les semaines à venir. Puis, il ouvre un autre fichier de son tableur préféré pour préparer son planning de production de la journée. Pour compléter les dernières informations dc la nuit, il doit d'abord ouvrir l'ERP (*Enterprise Resource Planning*), lancer une requête que le service IT a concoctée pour lui et copier-coller le résultat dans son tableur.

Après cela, il fait tourner une macro qu'un de ses stagiaires a réalisée pour lui l'an dernier en constatant qu'il était tous les jours à la peine pour recopier les mêmes informations. Il fait bien attention à ne pas modifier le fichier de son tableur d'une quelconque façon, sans quoi les bugs peuvent être fréquents. Une fois que l'ordonnancement de sa production est clair, il recopie à nouveau dans un autre fichier les présents et les absents afin de répartir les personnes sur leur poste de travail. Pour gagner du temps, il profite de cet instant de calme pour ouvrir son SI RH (système informatique pour les ressources humaines) et pointe à nouveau les présents et les absents afin de garantir que les fiches de salaire de fin de mois seront conformes. Enfin, il ouvre un dernier tableur appelé « matrice de polyvalence » pour mettre à jour les compétences de quelques membres de l'équipe qu'il souhaite tester à de nouveaux postes cette semaine.

En passant sur la ligne ce matin, il en a profité pour extraire tous les tickets des imprimantes qualité. Il va pouvoir pointer les ordres de fabrication conformes dans l'ERP. Cela lui permet aussi d'affecter les heures travaillées la veille par chacun des membres de son équipe et de pointer à nouveau qui était présent ou non la veille pour détecter les heures improductives. Une fois cela fait, il reprendra ces mêmes tickets qu'il comparera aux fiches papier renseignées par ses équipes pour en déduire les pertes qualité. Il ouvrira alors son système qualité pour pointer les pertes et déclarera à chaque fois le nom de l'employé qui a détecté la perte afin de garantir la traçabilité de la donnée. Enfin, il profite aussi régulièrement de ses matinées pour lire les mails que son chef lui a laissés la veille. Cela inclut souvent des demandes particulières comme recenser qui possède un équipement de sécurité spécial dans l'équipe, quelles habilitations seront à revalider cette année ou combien d'intérimaires ont été utilisés depuis le début de l'année. Pour chacune de ces demandes, Georges, qui a de la bouteille, a créé des fichiers spécifiques qui lui permettent de répondre rapidement.

De telles histoires sont malheureusement légion dans le monde des usines. On imagine aisément la perte de temps que ces tâches engendrent, sans parler de l'effet repoussoir sur les jeunes générations qui rechignent à accepter une position de management dans de telles conditions de travail. La bureaucratie a gagné.

Mais pourquoi ? Ce symptôme est la partie visible d'un mal profond qui gangrène l'efficacité des usines et que nous avons déjà évoqué. L'industrie a eu raison avant tout le monde, en s'équipant à partir des années 1980 de gros systèmes informatiques solides, les ERP, à commencer par SAP, le leader du marché. Si les ERP ont permis d'obtenir des gains conséquents en automatisant et en standardisant de nombreux process autour de la gestion des flux physiques et financiers, ils ont un gros revers : ils font tout, mais de façon assez médiocre. Étant donné le coût de ces systèmes, les clients sont captifs et le top management refuse catégoriquement d'investir dans d'autres applications. Les utilisateurs contournent alors le système pour refaire chacun dans leur coin leurs propres fichiers et le *shadow IT* devient la norme. Aujourd'hui, cette organisation centrée sur le système informatique a atteint ses limites car chaque manager a besoin de posséder des données fiables, uniques, structurées et qui s'actualisent automatiquement pour éviter de passer, comme Georges, 20 % de son temps en moyenne à ressaisir des informations qu'il a déjà saisies ailleurs. Pour le dire brièvement, le nouveau paradigme consiste à centrer l'organisation sur la donnée et non plus sur les systèmes informatiques.

Comment passer de l'un à l'autre ? Dans les transformations qui ont porté leurs fruits, on retrouve quatre étapes qui peuvent être opérées séquentiellement ou parallèlement, en fonction de la maturité de départ de l'organisation (voir figure 4.3).

Figure 4 .3 – Quatre étapes de maturité d'une transformation hybride Tech et Ops

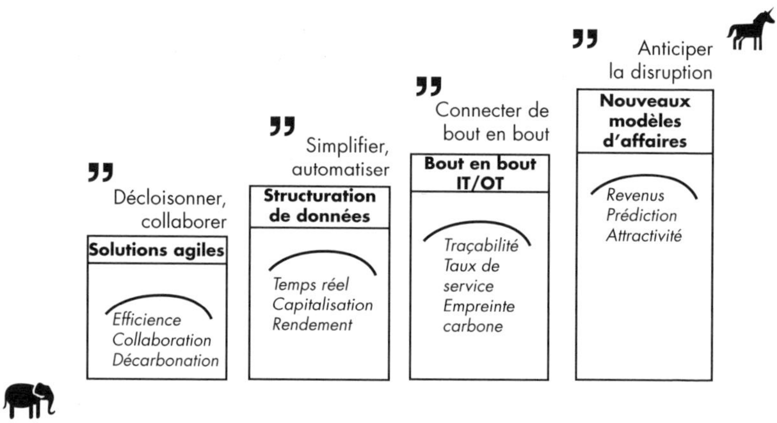

Décloisonner, collaborer

L'une des difficultés rencontrées par la plupart des groupes industriels concerne l'empilage de couches, fruits du passé. Comme les gros systèmes répondent mal à bien des usages du quotidien, les utilisateurs ont progressivement développé d'autres systèmes, à l'instar de Georges avec ses petits tableurs. Il en résulte que les données de base sont réparties entre tous ces systèmes et qu'il devient souvent complexe de comprendre quelle table de données est maîtresse par rapport à une autre, la même donnée se trouvant souvent à plusieurs endroits. Pour détricoter tout cela, il est alors nécessaire de se doter d'outils de navigation et de cartographie de l'IT d'entreprise. La VSM (*Value Stream Mapping*) a notamment permis de mieux comprendre comment fonctionnent les flux physiques d'une usine en créant un langage commun et en conceptualisant les échanges principaux à l'intérieur du système industriel. L'idée est donc de s'armer d'un outil équivalent à la VSM mais relatif, cette fois, aux flux de données : le plan d'occupation des sols informatique. La transposition fonctionne parfaitement. Les machines deviennent les systèmes informatiques et la transformation du produit tout au long du flux est remplacée par celle de la donnée. Tout comme dans une démarche de VSM, l'idée n'est pas de s'arrêter à la cartographie mais d'identifier les gaspillages ainsi que toutes les sources d'inefficience. Parmi les plus courantes, on retrouve les doublons d'une même donnée dans différents systèmes, une multitude de connexions entre systèmes qui freinent l'agilité et empêchent de s'adapter à des sauts technologiques ou d'acheter de nouvelles solutions, des pratiques variables entre personnes, des silos dans l'organisation qui se traduisent par des tâches ralenties ou similaires réalisées en parallèle sans coordination, des décisions ralenties à l'interface des différentes fonctions ou entre les niveaux hiérarchiques parce que les données ne sont pas assez structurées, de multiples pertes de temps liées à de la bureaucratie, etc.

Une fois que cette vision des dysfonctionnements est partagée et comprise par tous, la partie la plus utile de l'exercice commence : se projeter sur une cartographie de l'état cible. Tout comme le *lean* prône une mise en ligne des flux physiques pour gagner en agilité, l'objectif est de viser une architecture des systèmes la plus « centrée sur la donnée » que possible. Comme cela n'est pas possible sur tous les processus et toutes les données, il faut prioriser les données qui seront centralisées et bâtir un début de noyau cible autour de ces données, indépendamment des différents systèmes d'information. Cela passe alors souvent par la construction d'un *data lake* ou d'un *data warehouse*[1].

1. Littéralement « lac de données » ou « entrepôt de données ».

L'autre tendance consiste à diminuer le périmètre fonctionnel des gros systèmes pour privilégier des briques agiles, tels que des SaaS *(Software as a Service)* : ce mouvement, appelé « post-moderne ERP », est le même que celui qui consiste à s'équiper de machines plus petites et plus agiles afin d'éviter la dette technique et de pouvoir pivoter quand le mix produit change. Le gros avantage des SaaS réside dans son principe d'abonnement sans engagement. On peut donc en changer quand on le souhaite et la connexion de ces solutions au reste de l'architecture existante est en général assez aisée car toutes ces solutions proposent désormais des API (interfaces de programmation d'application) avec pour la plupart des solutions industrielles.

Simplifier, automatiser

En parallèle de ce travail de fond qui consiste à définir une vue d'ensemble pour fluidifier les interfaces entre les métiers et pour assurer une structure de données cohérente, il est capital de créer sans attendre de la valeur pour les utilisateurs. Nous avons tous l'expérience dans notre quotidien d'outils digitaux bien pensés, à l'instar de l'iconique iPhone ; il est aujourd'hui inconcevable que les solutions qui nous sont proposées pour travailler soient de moindre qualité. Pourtant, dans les usines, on se trouve encore trop souvent à l'âge de pierre. L'UX (expérience utilisateur) de nombreux systèmes n'a jamais été pensée pour le confort d'utilisation et engendre charge mentale et frustration pour les utilisateurs. Ce qui est vrai pour Georges, notre responsable d'unité, l'est aussi pour le conducteur d'installation, le technicien de maintenance, le qualiticien, le méthodiste, l'opérateur de ligne, etc. Si la transformation digitale se limite à rechercher la performance par une meilleure exploitation de la donnée, en oubliant le quotidien de toutes ces personnes, le risque d'échec des projets sera important.

Pour répondre simultanément à ces deux aspirations, il existe toute une batterie d'outils appelés « *low code/no code* ». L'idée de ces outils est de mettre dans les mains des utilisateurs des solutions « pâte à modeler » qui, comme leur nom l'indique, ne nécessitent pas ou très peu de compétences en code informatique et permettent néanmoins de créer des applicatifs pour répondre à tous les petits besoins du quotidien, en complément des systèmes hérités des SaaS centraux. Ces solutions récentes, augmentées par des outils d'automatisation et par de la *business intelligence*, vont permettre d'améliorer l'expérience utilisateur, de lui simplifier la vie et de créer des flux de données cohérents, depuis la capture ou la saisie jusqu'à l'analyse et la prise de décision, en passant par la transformation, le stockage et la visualisation de ces mêmes données. Encore une fois, il s'agit de raisonner « systémique » : si l'outil est agréable à utiliser, l'effet « brosse à dents » sera atteint plus rapidement, les données qui remonteront seront plus fréquentes et leur qualité s'améliorera avec le temps. C'est tout le sens du cercle vertueux : données fréquentes, visualisation des données régulière, animation de la performance en boucle courte et amélioration de la précision des données… Ce travail de fond ne peut toutefois se réaliser en un clic. Plusieurs pré-requis sont indispensables pour transformer chacun des flux de données existant.

Tout d'abord, il ne faut se tromper de combat. Ainsi, prendre un SaaS pour un problème micro ou spécifique à une entreprise ne serait pas une bonne idée. Par définition, un SaaS est une solution qui rend un service sur un sujet limité, mais partagé par un grand nombre d'entreprises. Si vous comptez trouver une solution pour améliorer un process métier spécifique à votre secteur, il sera probablement compliqué de trouver un SaaS adapté puisque l'entreprise qui le propose ne pourrait pas rentabiliser l'investissement associé. De la même façon, utiliser le *low code* pour un problème obscur et qui concerne toute l'entreprise risque fort d'être voué à l'échec : le développement deviendrait alors complexe, à l'antithèse de l'idée associée à cette technique, et le projet générerait une maintenance interne importante, voire une grande difficulté à maintenir la solution ainsi bricolée.

Pour faire le bon arbitrage entre les solutions existantes, OSS Ventures a codifié une matrice d'aide au choix en fonction du périmètre que l'on veut adresser et de la spécificité du problème que l'on souhaite traiter (voir figure 4.4). La matrice montre ainsi qu'il existe une palette de solutions, depuis les problèmes génériques les plus basiques et partagés par toutes les entreprises – par exemple pour faire remonter des indicateurs depuis le terrain, les solutions de type Office et *business intelligence* sont très adaptées – jusqu'à des problèmes plus macroscopiques qui concernent toute l'entreprise pour lesquels des solutions de type *system legacy* restent des références incontournables, en passant par les SaaS pour des problèmes génériques mais qui ne concernent qu'un ou plusieurs métiers. Quand les problèmes sont totalement spécifiques à une entreprise, on peut basculer dans des solutions sur-mesure, soit à l'aide de *low code/no code* quand seuls quelques utilisateurs sont concernés, soit à l'aide d'un développement interne quand cela concerne un ou plusieurs métiers, soit encore à l'aide de gros cabinets IT si cela concerne toute l'entreprise.

Figure 4.4 – Matrice d'aide au choix des solutions digitales

	Problème/enjeu générique dans toutes les entreprises	**Problème/enjeu spécifique à l'entreprise**
Entreprise	Gros système *legacy* (ERP, CRM, PLM...) mis en place par un intégrateur	Développement de solution sur-mesure par des experts IT
Un ou plusieurs métiers	SaaS	Développement interne
Un ou plusieurs utilisateurs	Suite d'outils basiques (Office, BI) et automatisation	Design, *low-code / no code* et automatisation
	Buy	***Make***

Une fois que les applications sont en place, la création de valeur s'accélère sur le terrain. Pourtant, l'un des risques que l'on observe régulièrement est l'apparition d'une forme de divergence par le bas : les utilisateurs se mettent à avoir plein d'idées pour utiliser le *low code*, automatiser des process, mais chacun y va de sa propre solution ou de sa propre plateforme. Il est donc capital de lancer une gouvernance des projets digitaux en parallèle de cette libération de la créativité à la base. Une telle gouvernance permettra de prioriser les idées, d'allouer des ressources en support des projets, mais aussi de bien délimiter le rôle de la fonction IT et des métiers. De même, et nous y reviendrons dans le chapitre 7, l'architecture des données doit se mettre en place en même temps que chacun des cas d'usage de terrain. Cela permet de construire au fil de l'eau et de nettoyer l'existant, tout en créant de la valeur sur le terrain dès le premier jour. Par exemple, si vous digitalisez la saisie de vos pertes de TRS[2], profitez-en pour aligner vos règles de calcul si ce n'est pas déjà fait et pour faire remonter les données selon un même format standard, dans une même base de données qui deviendra progressivement votre *data lake* : les utilisateurs de ces données étant multiples (production, qualité, maintenance, contrôle de gestion...), cela permettra non seulement d'être plus réactif et de gagner en productivité machine, mais aussi de faire gagner du temps à toutes ces fonctions indirectes qui passent souvent un temps fou à réconcilier des données provenant de sources différentes pour faire du reporting et aider à la décision.

Connecter de bout en bout

Votre usine est fantastique. Elle livre des milliers de produits partout dans le monde, propose plusieurs centaines de variantes

2. Taux de rendement synthétique : indicateur destiné à suivre le taux d'utilisation de machines.

fabriquées à partir de plusieurs milliers de composants. Dans ce but, des centaines de personnes respectent des standards opérationnels, élaborés au fil des années, afin de garantir des exigences de qualité drastiques. Voir tout cela fonctionner chaque jour tient presque du miracle.

Récemment, vous avez participé à une conférence sur l'intelligence artificielle comme vecteur d'amélioration de vos procédés : l'intervenant expliquait comment il avait baissé ses rebuts de plus de 30 % en quelques semaines en entraînant un algorithme de *machine learning* à partir d'images capturées par une caméra posée sur sa ligne de fabrication, le tout croisé avec des paramètres du process de production. Cela avait l'air si simple, presque magique. Pourtant, lorsque vous en avez parlé à votre équipe « industrie 4.0 », la discussion n'a pas été très fluide : « Avant d'entraîner un algorithme d'intelligence artificielle, il faut déjà commencer par accéder aux données de base de la machine », vous a répondu votre CDO. « Aujourd'hui, impossible d'extraire les données de nos principales machines. » Vous vous êtes alors tourné vers votre automaticien préféré, qui lui aussi a prétendu que ce n'était pas possible. Vous avez encore appelé quelques fournisseurs de ces machines, auxquels vous faites confiance et à qui vous confiez des contrats de plusieurs dizaines de milliers d'euros, et ces derniers ne se sont pas montrés rassurants quant à leur capacité à vous donner accès aux données de base de votre process. Pourquoi ?

La plupart des usines se sont construites par couches successives. Les premières machines ont progressivement été remplacées par des installations plus modernes et la croissance a favorisé la création de nouvelles lignes de production et de nouveaux métiers. Or, ce mouvement pour minimiser la dette technique accumulée sur le « physique » n'a pas forcément suivi sur le volet informatique et digital. Ainsi, la plupart des industriels que je connais se préoccupent encore bien davantage de la capacité de fabrication d'une machine que de ses fonctionnalités de pilotage, de l'architecture des systèmes informatiques embarqués, du modèle de données ou de la connexion avec le reste de l'atelier de fabrication. Les aspects qui permettraient au management de mieux comprendre les paramètres influant sur la performance des équipements sont souvent les parents pauvres des projets d'acquisition. De façon symptomatique, un ingénieur projet m'a récemment confié que « la structure de données, on la regarde à la fin s'il reste un peu de temps, mais en général on est tellement empêtré dans la mise au point que cela passe à l'as ». L'accident nucléaire de la centrale de Three Mile Island aux États-Unis en 1979, tel que relaté par l'expert en design Cliff Kuang dans son livre *User Friendly*[3], représente un excellent exemple du changement d'état d'esprit qu'il faut opérer à l'égard des équipements : l'équipe de développement du réacteur avait mis toute son énergie sur les fonctionnalités techniques et la cabine de pilotage avait été conçue sans réflexion poussée. Toutefois, la performance de l'installation, mais surtout la rapidité des réactions et décisions humaines en cas de risque nucléaire, dépend directement des interfaces UX mises à leur disposition qui doivent donc être extrêmement bien conçues.

Aujourd'hui, nos usines sont majoritairement des patchworks d'installations diverses, plus ou moins connectées entre elles, avec des modèles de données qui n'ont pas été pensés pour se parler entre eux ou au reste du système industriel, mais conçues uniquement pour produire. Si l'on considère que la création de valeur repose désormais davantage sur l'anticipation, la réaction en temps réel, ainsi que sur des décisions humaines augmentées par l'intelligence artificielle, alors rien n'est possible dans les situations où rien n'a été pensé pour capter, stocker et transformer la donnée sans friction. La figure 4.5 reprend ainsi les grandes

---

3. Kuang C. et Fabricant R., *User Friendly: How the Hidden Rules of Design Are Changing the Way We Live, Work and Play*, MCD, 2019.

composantes du flux des données en usine, véritable transposition du cercle vertueux de la *data* à l'environnement industriel. Il montre notamment comment la donnée part des machines, des équipes ou des applications de terrain pour permettre ensuite une création de valeur à deux niveaux : une amélioration de la capacité de pilotage par le management, rendue possible par la visualisation simple et en temps réel des données transformées, et une prédiction toujours améliorée sur les dérives potentielles des process (qualité, fiabilité) rendue possible par un système d'apprentissage intelligent et par une automatisation algorithmique.

Figure 4.5 – Flux de données et création de valeur en usine

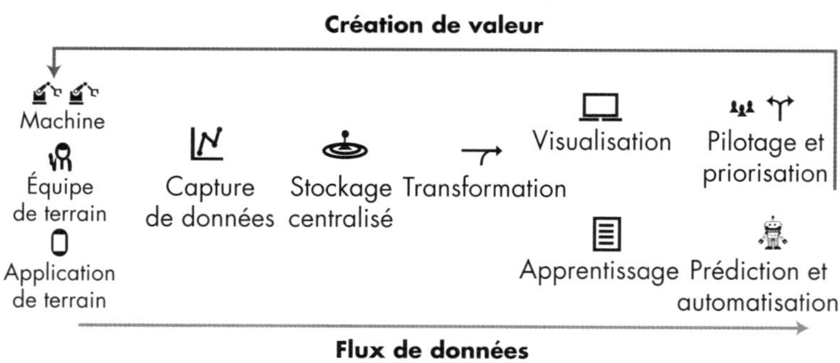

Pour y parvenir, il faut donc idéalement penser tout cela dès le départ, en ayant travaillé une vision cible du modèle de donnée et du modèle de flux, ce qui passe généralement par des standards d'interconnexion de l'IoT (*Internet of Things*), à l'instar du plus connu, le standard OPC-UA. Ensuite, à chaque changement d'installation, ce modèle doit servir de guide pour acheter et industrialiser correctement.

Bien évidemment, on ne peut pas attendre que tout le parc de machines ait été renouvelé pour se mettre en ordre de bataille. Il est donc le plus souvent nécessaire de détricoter l'existant et de le retricoter avec les nouveaux standards. Il n'y a pas de solution magique, mais cela passe notamment par un dialogue en boucle très courte avec les fournisseurs de machines et par de la co-construction qui doit permettre à chacun de gagner : pour l'industriel, c'est se donner le pouvoir de faire parler ses données et d'en profiter ; pour le fournisseur, c'est se donner l'opportunité d'apprendre et de mieux comprendre les besoins de son client afin de lui proposer des solutions plus adaptées telles que de la maintenance prédictive, du support à distance ou encore de la traçabilité de bout en bout…

En complément, il est important d'avancer avec la bonne méthode et avec des compétences adaptées. Cela passe par une approche agile, en mode sprint, et par le recrutement ou la montée en puissance interne de nouveaux *product managers*. Cette fonction, qui consiste à coordonner le besoin « métier », l'expérience de l'utilisateur final et l'architecture informatique, est vitale mais encore trop rare dans le secteur industriel : le candidat idéal doit avoir le profil d'un bon chef de projet « amélioration continue » – curiosité, envie d'apprendre, expertise opérationnelle, empathie, leadership – auquel doit s'ajouter une maîtrise de la donnée et de sa transformation (voir tactique 17).

L'autre compétence indispensable est la capacité à se connecter à des algorithmes d'intelligence artificielle. Il ne sert à rien de vouloir créer ses propres algorithmes : Google, Facebook, Apple et autres ont dix mille fois plus de capacité d'investissement que la plupart des entreprises industrielles et mettent ces briques à leur disposition pour quelques euros. Il faut donc recruter un expert en *machine learning* qui comprend techniquement les algorithmes, qui saura choisir le bon et l'adapter à la marge, ou travailler avec des start-up dont c'est le métier et qui peuvent faire gagner des semaines, voire des années. En bref, il ne sert à rien d'enfermer deux docteurs en *data science* dans un lab et d'attendre que la fumée blanche en sorte. Même s'ils cherchaient pendant dix ans, ils n'arriveraient jamais au même résultat qu'Apple qui dispose de plus de 200 milliards de cash pour développer en permanence ce genre d'algorithmes et les vendre « à l'usage ».

En revanche, une fois que le mouvement est enclenché, la magie peut opérer. Il s'agit alors de créer un cercle vertueux de la donnée en le transposant au contexte spécifique de l'usine. En particulier, cela permet de connecter deux mondes qui ne se parlent pas de façon native : le monde de l'IT (*information technology*) qui permet de piloter toutes les fonctions de l'entreprise et le monde de l'OT (*operational technology*) qui permet de piloter les machines et les flux physiques par l'intermédiaire d'automates industriels (voir tactique 5).

Anticiper la disruption

En parallèle de tout le travail de terrain pour accélérer la création de valeur sur le modèle existant, il est fondamental de réfléchir à des modèles plus en rupture. Si vous ne le faites pas, d'autres le feront pour vous. De façon logique, vous êtes parmi les mieux placés pour réussir à capter ces nouveaux marchés qui sont en lien direct avec votre activité cœur. Pourtant, les directions générales qui souhaitent se lancer dans l'aventure se heurtent fréquemment à deux écueils : l'excès de confiance et la tétanie. Dans le premier cas, il s'agit souvent d'une incompréhension sur l'ampleur du pivot à opérer : être très performant dans son métier, avec des savoir-faire centenaires, représente un véritable actif, mais qui est loin d'être suffisant pour réussir sa mue et créer des modèles d'affaires basés sur la donnée, en flux tiré par le marché et non en flux poussé par le savoir-faire existant. Dans le deuxième cas, les entreprises sont tétanisées par procrastination : la barrière à l'entrée semble tellement haute que cela bloque les initiatives. La culture des gros projets longs et coûteux combinée à la culture du ROI sont deux puissantes pierres d'achoppement.

D'autres forces internes peuvent aussi renforcer les blocages. Un argument régulièrement évoqué pour ne rien faire est le risque de cannibalisation : si je suis un fabricant de machines et qu'une grosse partie de mes marges provient de la vente de pièces de rechange, pourquoi lancer des solutions de maintenance prédictive qui, par définition, vont réduire la consommation de pièces de mes clients ou *a minima* les commandes urgentes qui sont les plus juteuses ? Le petit jeune qui pousse l'application de maintenance prédictive n'a alors qu'à bien se tenir face aux hordes de commerciaux dont la prime personnelle dépend largement des ventes de pièces de rechange. Ceux qui pourraient gagner au changement ne sont pas les mêmes que ceux qui vont y perdre. Pourquoi les futurs perdants voudraient-ils coopérer ?

Autre exemple de dilemme qui dépasse d'ailleurs largement le cadre de la création de nouveaux modèles d'affaires. Les directions IT se sont constituées dans les groupes pour assurer une cohérence d'ensemble et une continuité opérationnelle des activités cœur. Aujourd'hui, l'attention portée à la cybersécurité renforce encore leur rôle primordial de « gardien du temple ». Le penchant naturel d'un DSI est donc la prudence et la conservation du *statu quo*. Cette posture est légitime, car c'est sa responsabilité qui est engagée. Comment, dès lors, le convaincre de basculer vers un modèle plus « *data* centrique » qui oblige à des transformations profondes de l'architecture IT, avec tous les risques que cela implique pendant la phase de transition ? En outre, il n'est généralement pas celui auquel on a confié les clés du « nouveau monde », c'est-à-dire les applications digitales agiles au service de l'utilisateur ; bien souvent, un *Chief Digital Officer* (CDO) a été nommé dans ce but. C'est alors le CDO qui brille en comité de direction, tandis que le DSI assume tous les risques.

Comment se sortir de ces impasses ? La seule façon d'aligner les motivations de tous les acteurs est de penser la création de valeur pour l'entreprise de bout en bout. Concrètement, cela signifie qu'il faut casser le silo entre les ventes « classiques » et les nouvelles lignes de business. Le plus simple est alors d'impliquer les commerciaux d'entrée de jeu, en leur donnant un rôle clair, valorisé et reconnu dans la phase d'exploration des nouveaux modèles d'affaires. Et cela tombe bien car la fonction commerciale est indispensable aux activités de recherche utilisateurs que nous avons évoquées précédemment. De la même façon, il est contre-productif de garder le CDO et le DSI dans deux mondes parallèles. Tous les projets de transformation réussis passent par une collaboration étroite entre ces deux fonctions, avec une valorisation des deux dans les succès : le DSI est reconnu pour sa prise de risque et pour l'énergie placée dans la mise en cause de l'existant ; le CDO est valorisé parce qu'il a collaboré avec l'IT assez en amont pour que les nouvelles solutions soient totalement intégrées à l'architecture *legacy*, ce qui créé plus de valeur que de repartir de zéro et de frustrer toute la fonction IT. À terme, l'objectif est de faire converger les deux rôles, CDO et DSI, au sein d'une même direction, voire, après une période d'évangélisation, de créer un seul rôle qui couvre les deux casquettes.

Il existe en réalité un vecteur d'alignement qui permet de faire converger tout le monde : il s'agit de modeler l'organisation autour de l'architecture des données. Par exemple, s'il a été décidé de mettre en place des équipes transversales de développement de nouvelles solutions, qui gèrent à la fois la création des nouvelles offres mais aussi leur interfaçage avec les produits physiques existants, il est vital que les données ne soient pas organisées par fonction, mais bien par ligne de produit. Cela challenge potentiellement l'architecture dans laquelle chaque fonction possède son propre système : les commerciaux avec le CRM[4], l'équipe d'innovation avec le PLM[5], la finance avec son ERP, l'équipe de production avec son MES[6]... Les données de base de tous ces systèmes doivent être accessibles à tous et donc

4. Progiciels de *Customer Relationship Management* ou management de la relation client.
5. Progiciels de *Product Lifecycle Management* ou gestion du cycle de vie des produits.
6. Progiciels de *Manufacturingt Execution System* ou système d'exécution de la fabrication.

« maîtresses » sur ces systèmes. Ce qui fait la force des organisations comme Tesla ou Amazon, c'est leur structure de données extrêmement robuste qui permet, quand un besoin est identifié chez un utilisateur, de transmettre cette information à toutes les fonctions. Ainsi, chacun devient plus autonome pour répondre aux demandes efficacement, sans intermédiaire. Cette facilitation prépare la disruption.

Tactique 4 : explorer de nouveaux modèles d'affaires en quelques semaines !

Comment faire pour se lancer concrètement ? La difficulté lorsque l'on fonctionne en flux poussé est que l'on sait quand « ça commence », mais rarement quand « ça se termine ». Beaucoup d'industriels sont aujourd'hui coincés parce qu'ils ont lancé des initiatives – du simple lab à la nouvelle « *service line* » pour « serviciser » leur produit – mais qui, après plusieurs mois de travail, ne débouchent sur rien de concret. La croyance que lancer de nouveaux modèles d'affaires est forcément une affaire de longue haleine finit alors par s'installer. Or, la plupart des histoires à succès de la Tech se sont en réalité construites en quelques mois, parce qu'il s'agit avant tout d'une affaire de méthode. Partir du produit existant comme base pour définir comment le vendre différemment conduit à une impasse dans presque tous les cas. Fondamentalement, il faut être capable de passer d'un monde où la stratégie est écrite et où il faut se distinguer par la manière de l'exécuter (le monde de Toyota) à un monde où l'on ne sait pas exactement où l'on va, mais dont la clé est de bien comprendre ses clients et de savoir exploiter très vite une opportunité pour créer des modèles d'affaires répétables et qui passent à l'échelle (le monde de Tesla).

Prendre le sujet au bon niveau

Je ne compte plus les programmes de transformation digitale enlisés, dans lesquels le top management prend le sujet au sérieux mais ne parvient pas à capturer les gains qui étaient attendus.

L'un des écueils fréquents consiste à penser que, pour créer ces nouveaux modèles d'affaires, il suffit de nommer une personne compétente, crédible en interne et connectée avec ses pairs, et que le reste suivra. Développer de nouveaux modèles d'affaires est une activité qui demande pourtant énormément d'énergie et de méthode. Lancer une initiative sans trop y croire, en allouant très peu de moyens et en espérant qu'il en sortira quelque chose d'intéressant, est une illusion. Les pratiques dans la Silicon Valley nous apprennent qu'il n'y a aucun hasard dans les histoires à succès. En particulier, le premier facteur de succès, et sans doute le plus important, est l'engagement du PDG – pas celui du CDO, du responsable de l'innovation, de la stratégie ou du lab digital. Cependant, cette activité reste encore trop souvent déléguée et pilotée avec une bride très lâche. Quel PDG ne s'intéresserait pas à l'activité de fusion-acquisition de son entreprise ? Alors pourquoi en irait-il autrement lorsqu'il s'agit de créer une nouvelle activité à partir de zéro ?

Il est très important de voir grand dès le départ. Votre énergie est comptée. Il faut donc pouvoir « tuer » rapidement toutes les idées qui n'aboutiront pas vraiment à des business viables. Pour cela, la boussole principale est le marché total adressable ainsi que les objectifs de croissance que l'on se donne. Être exigeant là-dessus permet à la recherche de nouveaux modèles d'affaires d'être prise au sérieux et que des moyens y soient alloués. Récemment, je discutais avec le directeur général d'une entreprise sous-traitante du secteur automobile. L'entreprise réalise presque un milliard d'euros de chiffre d'affaires. Celui-ci m'expliquait qu'il avait lancé une initiative d'intrapreneuriat avec les conditions suivantes : les personnes qui entrent dans le processus n'auront pas de temps dédié pris sur leur temps de travail et le budget alloué à toute l'activité sera de 150 000 € par an. Lorsque je lui ai posé la question de l'ambition qu'il fixait à cette initiative, il n'a pas articulé de chiffre précis et argué que c'était avant tout qualitatif. Avec un tel décalage entre les ressources allouées et la taille de l'entreprise, pourquoi se lancer dans l'aventure ? Un chiffre suffit, en effet, pour éclairer le mode de décision des investisseurs et des fondateurs de start-up dans la Silicon Valley : si le marché adressable total est inférieur à un milliard de dollars, l'idée est tout de suite abandonnée.

L'autre raison qui justifie que le sujet soit pris au plus haut niveau est que les nouveaux modèles d'affaires impliquent toute l'entreprise. Souvent, on part d'une idée en flux tiré car l'utilisateur final a un problème précis. On commence à bâtir une solution indépendante du business cœur de l'entreprise. Mais à un moment ou un autre, il faut raccrocher cette solution à des actifs existants : dans le cas d'un logiciel, il peut s'agir de connecter la solution au reste de l'architecture IT. Toutefois, cela peut aussi impliquer de modifier l'architecture du produit cœur. L'automobile en est un excellent exemple : pour pouvoir faire de la montée en version de voitures, il faut massivement intégrer tous les calculateurs de la voiture. Cela nécessite de revoir en profondeur le design de la plateforme de la voiture, ce qui implique de travailler de façon rapprochée avec les fournisseurs et de partager les mêmes modèles de données. Un tel changement implique alors une organisation capable de se remettre en cause aussi bien du côté de la recherche que du développement, de l'industrialisation, des achats ou encore de la qualité et de la fabrication. Si le sujet n'est pas pris tout en haut, vous allez épuiser vos équipes en guerres intestines.

Enfin, l'élément principal du succès d'une start-up, contrairement à ce que l'on pense généralement, n'est pas l'idée de départ. Le niveau de motivation et d'envie des fondateurs est autrement plus important : en effet, une start-up est par définition à la recherche d'un modèle d'affaires rentable, capable de passer à l'échelle. Aussi est-il très rare que l'idée de départ mène directement au succès : chez OSS Ventures, nous constatons qu'il faut par exemple environ huit itérations pour stabiliser le triptyque « problème à résoudre important pour l'utilisateur – produit qui répond au problème – marché adressable suffisant ». Pivoter autant de fois en si peu de temps peut vite devenir éprouvant pour l'équipe fondatrice.

Ainsi l'état d'esprit, l'enthousiasme et les compétences de l'équipe qui travaille sur les nouveaux modèles d'affaires sont centraux pour réussir. Comment attirer des personnes avec de tels profils ? Dans les start-up, la réponse est assez simple : le sens du projet, sa capacité de croissance rapide sont des motivations fortes. Mais c'est aussi la perspective de devenir très vite riche qui incite autant de candidats à se lancer. Les fondateurs sont les actionnaires principaux de la start-up, c'est leur bébé et ils seront les principaux bénéficiaires de son succès. Si on transpose le concept à l'intérieur d'un groupe, les questions restent les mêmes : comment s'assurer qu'on est suffisamment ambitieux dans les objectifs du projet ? Qu'est-ce que le projet apporte à la société ? Quelles incitations personnelles pour que les équipes internes investissent toute leur énergie dans le projet et aillent aussi vite qu'une start-up tout en restant dans la structure ? Plusieurs modèles existent depuis le principe de prime jusqu'à l'intéressement au capital, en passant par une promesse d'accélération de carrière. Dans tous les cas, c'est un sujet à ne pas négliger pour réussir.

Low fab, low tech : *s'inspirer des start-up, pas des bureaux d'études*

Comme pour toute transformation importante, la méthode est au moins aussi importante que l'ambition et la cible que l'on se donne. Pour initier de nouveaux modèles d'affaires, il est tentant de repartir de ce qu'on sait déjà bien faire : bâtir une équipe projet, passer du temps à définir des objectifs, cibler un marché spécifique, définir un cahier des charges fonctionnel grâce au brief du marketing, créer un planning, définir des moyens à mettre en œuvre et, enfin, suivre l'exécution de façon millimétrée avec des outils de gestion robustes, éprouvés par plusieurs décennies de gestion de projet. Pourtant, il n'y a pas de meilleure façon de se tromper. La méthode « *lean startup* » démocratisée par Eric Ries dans son ouvrage homonyme[7] décrit une tout autre façon de travailler qui a porté ses fruits. De quoi s'agit-il ? Pour simplifier, il y a trois grands principes à suivre.

Le premier concerne la responsabilisation des équipes. Comme nous l'avons évoqué précédemment, ce qui fait le succès d'une start-up, c'est d'abord son équipe fondatrice. Il est donc essentiel de positionner des hauts potentiels sur ce type de projet et de leur donner des incitations fortes. Lorsque j'ai mené l'enquête pour codifier le modèle Tesla, j'ai été très frappé du nombre de fois où des fournisseurs ou des clients des entreprises d'Elon Musk ont évoqué cet aspect. L'un des clients de Space X, qui avait besoin de mettre sur orbite des satellites, m'a par exemple fait cette remarque : « D'habitude, avec nos fournisseurs traditionnels, les réunions de travail se font à quinze ou vingt personnes et les décisions mettent plusieurs semaines à se prendre ; ici, on a affaire à une ou deux personnes qui ont le pouvoir de décider en fin de réunion. » Cette organisation qui peut paraître en rupture dans le secteur industriel est pourtant la norme dans le secteur de la Tech : des petites *squads* de quatre à huit personnes ont la charge de définir un nouveau modèle d'affaires et ont les pleins pouvoirs pour tester le modèle jusqu'à ce qu'il prouve sa valeur.

Il faut aussi leur donner les moyens d'aller vite – c'est le second principe. La vitesse permet d'itérer davantage et donc de rebondir plus vite à chaque fausse direction empruntée pour trouver le bon modèle d'affaires. C'est le fameux fonctionnement par hypothèses que nous avons analysé dans la tactique 2.

---

7. Ries E., *Lean startup : adoptez l'innovation continue*, Pearson, 2015.

Le dernier ingrédient a trait à l'état d'esprit, mais a des conséquences concrètes sur la technique de prototypage : il s'agit d'accepter l'erreur et de ne surtout pas vouloir faire parfait du premier coup. Cela implique de prendre des risques calculés afin de tester des choses totalement nouvelles, en investissant le juste minimum afin que le nouvel usage que l'on vise soit testé dans des conditions acceptables. Deux techniques permettent de réaliser cela concrètement. Pour les produits digitaux, les outils de *low code/no code* démocratisent la création d'applications simples et permettent de sortir un MVP (*Minimum Viable Product*) en quelques heures ou quelques jours tout au plus. L'avantage est que vous récoltez tout de suite de l'information de vos clients potentiels en leur mettant dans les mains une version bêta de ce qui pourra devenir ensuite la solution définitive. Le pendant de cette technique en version physique s'appelle le *low fab* : il s'agit de toutes les techniques de prototypage rapide qui prennent leur origine dans le grand mouvement du DIY (*Do It Yourself*) ou des Fablabs : impression 3D, recyclage de composants, plateforme de partage de connaissances… Le *low fab* s'appuie souvent sur de la *low tech* qui a le double avantage de permettre un accès plus rapide à ce que l'on cherche et de contribuer à la frugalité vis-à-vis de ressources en tension comme les métaux rares ou les super-conducteurs. Dans la période post-Covid où les tensions sur les supply chains sont de plus en plus aiguës, où la question du climat est de plus en plus prégnante et où la souveraineté des grandes nations économiques est à nouveau posée, pouvoir disposer d'un outil agile localement pour réaliser de nouveaux développements devient de plus en plus essentiel.

Choisir le modèle d'affaires et préparer le passage à l'échelle

Une fois l'équipe constituée, comment trouver le modèle ? Quelles activités mener ? La peur de la feuille blanche ne génère pas le même effet chez les ingénieurs que chez les écrivains. Contrairement à l'écrivain, l'ingénieur se préoccupe avant tout d'efficacité. Dès lors, pour lui, le réflexe le plus commun pour aller chercher des idées en rupture est le brainstorming : on ne sait pas où on va, donc parlons-en tous ensemble. Loin de critiquer cette méthode de travail collaborative, je voudrais ici déconstruire cette idée un peu simpliste des start-uppers enfermés dans un rooftop à Paris en train de coller des Post-it sur un paperboard entre deux parties de PS5. En effet, le meilleur moyen de se tromper est de penser que l'on connaît le marché, de deviner, d'extrapoler ou encore de demander à des super-experts.

En réalité, rechercher un modèle d'affaires qui passe à l'échelle est tout sauf un exercice d'improvisation. Dans la tactique 2, nous avons vu qu'il existe une méthodologie éprouvée avec trois étapes schématiques : *user/problem fit*, *problem/product fit* et *product/market fit*. Cet exercice constitue une première phase importante appellée le « pivot ». Dans cette étape, il faut à la fois trouver des solutions, les tester concrètement pour s'assurer qu'elles répondent bien au problème posé, mesurer l'impact réel sur le terrain et en même temps commencer à prendre des options sur le modèle d'affaires futur qui auront des conséquences pratiques sur le produit lui-même et la façon de le développer.

L'un des dilemmes fréquents que rencontrent les industriels qui se lancent dans l'exercice en voulant proposer des solutions digitales est alors de choisir entre un modèle d'affaires qui commence à être courant dans l'industrie, la « servicisation », et un modèle issu du secteur de la Tech, le SaaS ou *Sofware as a Service*. La première option consiste à développer une solution sur-mesure, en passant les heures nécessaires à la développer, à extraire les données et à connecter le tout aux systèmes informatiques existants. Le modèle économique est simple : un forfait d'achat d'une solution, proportionnel au temps passé à la développer. D'une façon générale, ce mouvement de « servicisation » est efficace lorsque le fournisseur possède un savoir-faire ou une expertise que le client n'a pas et que l'usage peut être mesuré facilement. C'est ce que fait Air Liquide, par exemple, depuis des années pour la plupart de ses clients, en se spécialisant sur la fourniture d'azote pour créer du froid. L'idée ici est d'élargir ce concept à des modèles d'affaires aussi variés allant de la prestation de service ou de la fourniture de logiciels, de données, d'algorithmes. De son côté, le SaaS consiste à développer un produit qui sera facturé comme un abonnement et qui sera réplicable à d'autres entreprises. S'il est plus complexe à créer car il doit pouvoir satisfaire les besoins d'un grand nombre d'entreprises, ce modèle est toutefois plus rentable puisqu'il passe facilement à l'échelle, de façon exponentielle : les coûts opérationnels de déploiements sont linéaires par client, alors que les revenus sont exponentiels avec le nombre d'utilisateurs.

Il existe bien entendu plusieurs dizaines de modèles d'affaires possibles. Plusieurs sources d'inspiration peuvent vous éviter de réinventer la roue. En premier lieu, Google Ventures, l'un des fonds d'investissement les plus réputés dans le secteur de la Tech, cartographie en permanence l'ensemble des modèles d'affaires disponibles dans ce secteur. Le fonds propose en *open source* une liste des cinquante modèles *data-driven* les plus courants. La seconde source, ce sont les modèles d'affaires issus de l'industrie circulaire, en pleine explosion et qui vont continuer à croître de façon importante dans les années à venir avec la pénurie de matériaux rares et le besoin de décarbonation (voir tactiques 18, 19 et 20). Enfin, la dernière source, ce sont les modèles d'affaires de diversification, moins disruptifs mais parfois plus faciles à engager, qui consistent à augmenter l'activité de l'entreprise à partir des actifs existants en se tournant vers de nouveaux marchés. Pour décider du bon modèle à lancer en gardant une vision d'ensemble, l'outil *lean canvas* est également une ressource utile : il permet de formaliser le projet en neuf étapes[8] et de comparer les différentes propositions concurrentes.

8. Problème, solutions, indicateurs clés, proposition de valeur, avantage concurrentiel, canaux de vente, segments de marché, structure des coûts, sources de revenus.

Après cette première phase de pivot, qui dure entre trois mois et un an en fonction des cas, il faut le plus vite possible s'engager dans le passage à l'échelle. Typiquement, cela implique à la fois de lever des fonds, renforcer massivement l'équipe de fondateurs et passer à l'échelle sur toutes les briques de base de la start-up : technologie, produit, ventes, opérations. De façon très simplifiée, plusieurs critères permettent de se dire que le jalon du passage à l'échelle peut être enclenché : s'assurer qu'il y a plusieurs clients qui paient pour la solution, que le marché total adressable est suffisant (un milliard d'euros par exemple) et que le tuyau commercial permet d'envisager des ventes exponentielles dans l'horizon de temps à venir. Autant dans la phase de pivot la difficulté consiste à trouver le bon « *product/market fit* » et donc d'adapter le produit en boucle très courte pour qu'il soit scalable, autant dans la phase suivante, ce sont les ventes et les opérations qui deviennent déterminantes : le produit continue certes à s'améliorer, mais d'une manière moins critique. Dans cette nouvelle phase, l'enjeu du côté du produit consiste à ajouter de la valeur petit à petit pour augmenter le niveau de facturation des clients existants, tout en évitant que le produit ne diverge. C'est ce qu'on appelle l'effet « balançoire » : un mouvement pour acquérir de nouveaux clients et un mouvement pour ajouter de la valeur sur chaque fonctionnalité déjà installée chez ces clients.

Cependant, comment accélérer les ventes et les opérations ? Dans les deux cas, il est fondamental de développer des actifs qui permettront de réussir la montée en puissance de la start-up en cours de création, mais aussi d'aller plus vite lors du lancement de la start-up suivante. Ces actifs, qui sont une vraie source de différentiation, sont dits « durables ».

Construire des actifs durables à chaque itération

Quels sont les actifs que l'on peut développer et améliorer en permanence pour supporter la création de nouveaux business ?

Le premier d'entre eux est commercial. Quand on recherche des *insights* sur ce qui pourrait apporter de la valeur à son écosystème, on est amené à dialoguer en direct avec des clients existants ou potentiels, des futurs partenaires ou encore des clients de marché adjacents. C'est une opportunité pour faire du rebond sur le business cœur de l'entreprise. Mais c'est aussi une chance de développer un réseau qui permettra d'itérer toujours plus vite à chaque nouvelle start-up créée. Quel intérêt de collaborer pour toutes ces parties prenantes ? Participer à des exercices de recherche utilisateurs permet de mieux comprendre la méthodologie start-up en interne et d'influer sur des solutions qui pourront à terme résoudre un problème interne et donc améliorer la compétitivité. Ce réseau de partenaires privilégiés est un véritable actif à construire progressivement. Toutefois, les barrières internes sont souvent complexes à lever : peur de perdre la « propriété » d'un client, peur de la cannibalisation, peur d'être déclassé ou disrupté, les sources de blocage sont nombreuses du côté des fonctions commerciales ou marketing. Il faut alors, une fois encore, une volonté qui vienne « d'en haut » et un storytelling suffisamment mobilisateur pour inclure le plus grand nombre afin que chacun y trouve son compte.

Ensuite, chacun des métiers cœurs du développement des nouveaux modèles d'affaires doit développer une méthodologie adaptée au secteur de l'entreprise, en fonction de la proximité du client final et des métiers industriels de base. Dans tous les cas, il faudra une bible « design » pour guider les phases de recherche utilisateurs et de tests des fonctionnalités, une bible « *product* » pour toute la méthodologie de développement du produit, une bible « tech » pour codifier les briques de bases et le « *stack* » technique utilisé permettant de construire les éléments technologiques qui serviront à bâtir le produit et, enfin, une bible « *sales & growth* » pour la méthodologie d'accès au marché (incluant la recherche de nouveaux prospects). Après quelques mois de développement, cette dernière bible pourra comporter des éléments visant à favoriser les ventes croisées entre les différents business que l'entreprise est en train de monter.

L'un des actifs importants sur lequel il faut rapidement capitaliser concerne le pilotage des entreprises nouvellement créées. Il s'agit de mettre en place à la fois toutes les routines de chacun des métiers, la méthodologie d'ensemble pour faire fonctionner les métiers en mode agile et les indicateurs clés de performance. Parmi ceux-ci, trois outils donnent des indications essentielles sur la santé de la start-up : le MRR (*Monthly Recurring Revenue*) est la mesure du chiffre d'affaires projeté ; le CAC (*Cost of Acquisition*) rend compte de l'investissement à faire pour aller chercher un nouveau client ; le *Churn* permet de mesurer le taux de départ des clients existants. Ces trois indicateurs permettent de se projeter afin de s'assurer que l'évolution financière cumulée suit bien la fameuse loi exponentielle visée par la plupart de ces organisations.

Enfin, l'actif le plus précieux est aussi celui qui est le plus difficile à adapter : l'organisation existante. Le fait de travailler en mode start-up vient chatouiller l'ensemble de la chaîne « marketing – développement de produit – supply chain – fabrication – après-vente », puisqu'il s'agit de condenser en un « mini-cycle » de quelques semaines ce qui habituellement prend plusieurs mois, voire plusieurs années, pour passer de l'idée brute au modèle d'affaires fonctionnel. L'organisation développe généralement des réactions immunitaires naturelles : « c'est facile de faire un test, c'est autre chose de passer à l'échelle » ; « voilà encore les amis du baby-foot, vous êtes gentils mais en attendant, nous, on fait du business et on fait tourner la boîte » ; « leur truc, ça ne marche pas, on ne pourra jamais vendre ça à nos clients ». Ces craintes sont compréhensibles : peur de dégrader le cœur de métier de l'entreprise, crainte de remettre en question des process qui ont mis plusieurs décennies à mûrir, crainte de déclassement liée aux nouvelles compétences, sentiment que la barre est trop haute pour réussir réellement un pivot, peur de trop s'ouvrir et de divulguer des secrets industriels, etc. Pour y répondre, rien de tel qu'une implication constante de la direction générale qui fixe un cap clair et ambitieux pour l'organisation, mais offre aussi une vision rassurante sur la progressivité de cette évolution.

Pourtant, les pratiques du mode « start-up » peuvent tout à fait s'hybrider avec les pratiques classiques. Même si travailler en mode « *test & learn* » n'est pas toujours possible, il sera toujours rassurant pour les équipes de montrer qu'elles sont dans une phase d'expérimentation et qu'elles ne font pas basculer du jour en lendemain toute l'organisation en mode « big bang » (voir tactiques 5 et 15).

La méthode de Damien Marc de JPB Système

JPB Système est l'une des pépites françaises de l'industrie aéronautique qui développe et fabrique des systèmes de fixation innovants. Depuis que Damien Marc, son dirigeant, a repris en 2010 l'entreprise qui avait été lancée par son père, la PME a crû constamment et de façon exponentielle pour passer de quelques millions d'euros de chiffre d'affaires à près de 20 millions d'euros avant le Covid-19. Comme tout le secteur aéronautique, l'entreprise a cependant connu un passage difficile entre 2020 et 2022, mais cela a été l'occasion pour les équipes de se lancer dans un tout nouveau modèle d'affaires : le développement et la vente de solutions sous forme de SaaS pour améliorer l'efficience des process industriels.

Seule réponse pour développer le bon produit : repasser par le terrain

JPB Système est reconnue comme l'une des vitrines de l'industrie du futur. Depuis quelques années, Damien Marc a donc eu l'occasion d'installer de nombreuses solutions pour améliorer sa compétitivité. C'est au contact de cet écosystème d'offreurs de solutions qu'une idée a germé dans sa tête. « La principale difficulté quand on est dans les baskets d'un utilisateur de logiciel en usine, c'est qu'il y a peu de solutions sur le marché qui s'installent rapidement et qui donnent envie de se lancer : c'est loin d'être aussi intuitif que de télécharger une application dans l'Apple Store. Je me suis alors demandé s'il n'y avait pas quelque chose à faire. » Comment s'y prendre ? En passant d'abord par une phase de compréhension profonde des besoins du terrain. Ainsi, Damien Marc a commencé par interroger ses propres équipes et beaucoup investi pour capter l'ensemble de leurs points de douleur. Rapidement, cela a confirmé qu'il manquait une brique essentielle aux conducteurs d'installation : le taux de rendement synthétique des machines n'était pas mesuré avec assez de finesse, ce qui freinait la capacité de réaction et la capacité à résoudre les problèmes à la racine. L'équipe de JPB Système s'est alors lancée dans le développement d'un boîtier qui permette, en se connectant à n'importe quelle machine, de piloter les temps de marche et de qualifier les temps d'arrêts.

Tester, apprendre et se tromper fait partie du chemin

« La grosse difficulté que nous avons rencontrée a été de devoir nous frotter à des problématiques de *hardware* et de *software* en même temps. » Damien Marc et son équipe ont dû itérer pour trouver les bonnes compétences afin de développer une solution efficace et robuste. De plus, la phase de recherche de terrain a montré que pouvoir installer le boîtier rapidement était un critère *sine qua non* de succès. Il a donc fallu là aussi s'y reprendre à plusieurs fois pour trouver la formule qui améliore l'expérience de mise en place du boîtier de façon significative.

Développer de nouveaux modèles d'affaires nécessite de s'adapter

L'autre difficulté a été de parvenir à hybrider deux mondes qui ont des habitudes de travail et une culture très différentes. « Au départ, il y a eu des questions en interne sur les fondements d'un nouveau modèle d'affaires basé sur un logiciel, avec une formule d'abonnement. Par rapport à notre métier de base de fournisseur de pièces mécaniques pour l'aéronautique, cela peut ressembler à un grand écart. » Damien Marc et son équipe de direction ont alors passé du temps à communiquer et expliquer comment cela pouvait servir la stratégie de la PME. Dans l'étape suivante, le challenge a plutôt porté sur la cohabitation des deux populations. « Une équipe de développeurs n'a pas le même rythme que l'usine, car la plupart des actions peuvent se faire à distance. » La clé a alors été de « forcer » les deux mondes à faire un pas vers l'autre. « J'incite les équipes digitales à aller beaucoup plus sur le terrain qu'elles ne le feraient spontanément, et j'incite les équipes opérationnelles à se former et à utiliser le digital. »

Damien Marc n'en est pas à sa première aventure entrepreneuriale : malgré les défis à relever, il continue de voir l'avenir en rose. « Au final, nous avons réussi à impliquer au maximum les équipes internes de toutes les fonctions et nous avons un gros projet qui va nous aider à continuer un développement gagnant-gagnant entre l'activité cœur et la nouvelle activité. » En effet, il est bientôt prévu de co-localiser tout ce beau monde dans un nouveau bâtiment de 10 000 m^2 qui deviendra un vaisseau amiral de l'industrie du futur, près du siège actuel, en Seine-et-Marne. « Je suis convaincu que cela nous fera franchir une nouvelle marche », conclut Damien Marc, très enthousiaste sur les perspectives de marché dans les années à venir.

La méthode d'Auriane et Ghislain Lestienne de Pink Mobility

Pink Mobility est une start-up française qui propose depuis cinq ans des scooters 100 % électriques. C'est lors d'une expatriation en Chine que Ghislain Lestienne, ex-cadre chez PSA, et Auriane Lestienne, son épouse, ont eu l'idée de lancer ce pari qui pouvait sembler fou il y a quelques années et qui correspond parfaitement aujourd'hui aux enjeux de mobilité durable.

Tirer le business par le marché

« Une de mes premières expériences quand nous sommes revenus de Chine avec ce projet un peu fou, fut une porte qu'on m'a fermée à la figure. » L'anecdote se passe chez un concessionnaire de la région parisienne. Ce jour-là, Ghislain Lestienne s'est fait insulter par un responsable qui l'accusait de vouloir lui voler son marché. Il explique aujourd'hui que ce rendez-vous a sans doute été la meilleure chose qui lui soit arrivée. Ce retour du marché est en effet confirmé par d'autres : la France n'est pas encore prête pour la vente de scooters électriques aux particuliers. Le couple décide alors d'orienter le modèle vers d'autres canaux, dont celui des flottes de livraison et de location en libre-service, qui sont depuis en pleine croissance. « Il faut parler aux clients potentiels en permanence, c'est la seule façon d'innover dans la bonne direction », explique Ghislain Lestienne. Ensuite, il s'agit de délivrer un produit de qualité et de satisfaire ses clients en permanence, en continuant à innover. « Rester focus » est le mot d'ordre. C'est grâce à ce principe que Pink Mobility parvient aussi à s'autofinancer dès le début, avec un apport personnel assez limité.

Persévérance, empathie, autonomie : trois valeurs clés pour recruter et fidéliser

Pour les deux dirigeants, la persévérance est clé dans une start-up. Pour les deux fondateurs dont le quotidien est loin d'être facile tous les jours, mais aussi dans chacun des process de l'entreprise. À commencer par le recrutement. Auriane Lestienne raconte ainsi les difficultés rencontrées dès le départ : « On avait un très bon responsable technique, mais qui était très négatif sur tout. À un moment donné, il est parti et un mécano l'a suivi ; cela a été très dur. Et puis on s'est remis en selle, on a rencontré de nouveaux candidats et un jour il y en a un qui nous a dit en rentrant à la gare : "Ici ça a l'air vraiment génial, je veux vous rejoindre". » Puis, plusieurs anciens de BMW ont suivi, ce qui a conduit à créer un cercle vertueux.

Une fois les personnes à bord, la clé est de laisser assez d'autonomie à chacun pour qu'il s'épanouisse et puisse laisser libre cours à sa créativité. Auriane et Ghislain Lestienne ont en effet connu les grands groupes sur lesquels ils sont unanimes : les process sont nécessaires pour bien exécuter le travail, mais s'il y en a trop, cela tue la liberté et donc l'initiative personnelle.

Enfin, ils soulignent le rôle des fondateurs dans la mécanique de recrutement et de rétention : empathie très forte, capacité de s'intéresser à chacun, tout en restant le plus naturel possible.

Pour passer à l'échelle : construire les bons relais et savoir rester frugal

La croissance s'annonce très forte pour Pink Mobility. Le risque est alors de rester le nez collé dans le guidon. Passé le cap des premiers employés, il faut commencer à trouver des relais dans l'organisation. Au départ, chez Pink Mobility, ce sont des apprentis qui ont joué ce rôle, puis des employés de plus en plus capés. Néanmoins, pour que la start-up perdure dans le temps, il faut ajouter un ingrédient important à la recette : l'honnêteté intellectuelle. Cela concerne à la fois les relations avec les clients, mais aussi le comportement à adopter avec chacune des personnes qui rejoint Pink Mobility. Car dans ce milieu – comme dans bien d'autres – « tout se sait » et, avec le temps, le bouche-à-oreille finit par produire son effet positivement ou négativement. Auriane Lestienne considère ainsi que cela a été décisif dès les premières ventes tout en créant un appel d'air pour la suite, à la fois sur le plan commercial et managérial.

L'autre risque de l'hyper-croissance est de renier son ADN. Ce n'est pas le cas chez Pink Mobility qui s'est construit dans la frugalité et entend bien perpétuer cet état d'esprit. « On ne gâche pas et on va sur le terrain pour comprendre. Les grands discours ne servent à rien, il faut être pragmatique et concret. » La frugalité concerne évidemment le projet et le produit : le scooter électrique est censé réduire l'empreinte carbone du transport individuel et est aussi ce qui motive la plupart des membres à rejoindre l'équipe. Cela a également des implications sur les choix techniques : la marque essaie en permanence de réduire le poids de son produit pour réduire sa consommation.

Leur conseil aux industriels ? Créer une branche à part, donner du capital aux équipes et garder une approche terrain tirée par le marché et par l'usine.

La méthode de Maxence Douet de Cubyn

Cubyn est l'une des belles pousses françaises dans le domaine de la logistique. La start-up qui a déjà levé plus de 55 millions d'euros utilise une infrastructure unique pour le e-commerce, au service de ses clients industriels et distributeurs, avec une très forte intégration à la fois sur le système opérationnel logistique détenu en propre et sur le logiciel développé intégralement par les équipes internes. Maxence Douet en est le *Chief Technical Officer* (CTO).

L'agilité : une nécessité dans la logistique qui se transforme parfois en prouesses incroyables

Deux ! C'est le nombre de pivots que Cubyn a déjà dû opérer depuis son lancement. Maxence Douet est catégorique : « La plus grosse difficulté consiste à apprendre à renoncer. On a souvent dû quitter des marchés pour aller vers d'autres horizons plus prometteurs.

Sur le coup, c'est difficile, mais à chaque fois, les chiffres ont prouvé qu'on avait bien fait de changer. »

Contrairement à un acteur purement digital, une entreprise logistique doit intégrer les actifs physiques comme un élément central de décisions. L'agilité dans ce secteur consiste donc aussi à changer d'infrastructure très vite, en l'occurrence à changer d'entrepôt. « On a déménagé trois fois, ce qui signifie littéralement déplacer plus d'un million d'items d'un endroit à l'autre en quelques jours et changer le lieu de travail pour plus d'une centaine de personnes. »

Qu'est-ce qui fait la différence par rapport à une grosse structure ? Clairement, pour Maxence Douet, c'est la rapidité d'action et de prise de décision. Il cite en exemple l'automatisation de l'entrepôt : en quelques mois, l'ensemble du système a été développé puis déployé dans leur entrepôt parisien et désormais le passage à l'échelle sur tout l'entrepôt est engagé.

L'état d'esprit tourné vers l'impact, une priorité pour les recrutements

Malgré cette souplesse, le recrutement et la rétention restent des enjeux complexes même pour une start-up. La clé ? Se focaliser sur des personnes ayant un état d'esprit tourné vers l'impact. Dans une start-up, il faut énormément d'énergie et il est donc préférable que l'aspiration profonde des personnes soit alignée avec cette exigence. Cela veut aussi dire qu'il faut parfois donner plus de poids à la capacité d'adaptation et de résolution de problèmes qu'aux *hard skills*. « Il faut valoriser les personnes pour qu'elles prennent confiance en elles et les mettre sur des sujets qui les passionnent. » Il faut ensuite s'entourer de quelques profils plus seniors qui aideront à passer plus facilement à la prochaine étape.

Ne jamais laisser dériver la dette technique, une stratégie gagnante sur le long terme

Quelle est la différence la plus importante entre Cubyn et une entreprise de logistique plus classique ? Réponse : sa technologie ! L'ensemble de l'infrastructure informatique a été développé en interne avec un *stack* technique hyper évolutif basé sur un ensemble de micro-services standardisés. Cubyn a ainsi une véritable stratégie de long terme qui consiste à chasser en permanence la dette technique : « À chaque nouveau projet, on ajoute 15 % de délai pour embarquer du *refactoring.* » Cela permet de rester à jour et d'enclencher un véritable mode exponentiel. Maxence Douet compare notamment cette stratégie à celle de certains autres acteurs : « Nous sommes beaucoup plus frugaux grâce à ces petits pas. D'autres acteurs préfèrent avancer le plus vite possible sans se soucier de la dette technique et se retrouvent ensuite incapable de faire évoluer leur système. Ils doivent par conséquent embaucher des armées de développeurs qui ne font que cela à temps plein, par à-coups. Nous, on préfère faire au fil de l'eau. »

En catalysant les flux circulaires, la logistique a un rôle à jouer dans la décarbonation

Et la planète dans tout ça ? C'est un véritable enjeu pour tout le secteur logistique que de passer à des flux circulaires. Sur ce sujet aussi Cubyn est précurseur. Un POC a été lancé depuis plusieurs mois pour fonctionner grâce à des contenants de type « Tote » – caisses en plastique de taille standardisée – qui permettent des flux allers et retours sur le principe de boucles logistiques fermées, depuis les fournisseurs industriels jusqu'au dernier kilomètre, puis en sens inverse. L'idée est de passer cette solution à l'échelle assez vite. Quant à l'automatisation de l'entrepôt, elle permet à la fois de limiter les manutentions inutiles et de standardiser les pratiques. « À terme, c'est aussi un gain pour la décarbonation, car on massifie les flux et on limite le nombre de personnes nécessaires pour conditionner les colis : moins de manipulations, c'est forcément moins de transports et donc moins de pollution. » L'impact global est loin d'être négligeable, on parle de 48,5 % de gains sur l'empreinte carbone de bout en bout.

La logistique agile et durable est en marche et Cubyn en deviendra certainement l'un des acteurs majeurs.

Chapitre 5

Basculer l'exécution vers un mode exponentiel

Points-clés des tactiques 5 à 8

- Pour faire passer le système industriel d'un mode linéaire à un mode exponentiel, il est nécessaire de standardiser et d'interfacer les données tout autant que l'organisation elle-même. L'organisation doit être calquée sur l'architecture des données, à la manière de blocs de code logiques, modulaires et interfacés par des API, qui se rendent entre eux des micro-services : « l'APIsation de l'organisation ». Ces unités organisationnelles se caractérisent alors par leur agilité et sont souvent appelées *squads* qui non seulement collaborent entre elles, mais qui sont également toutes connectées au client via les « tuyaux » de données auxquels elles ont accès.
- En particulier, connecter l'IT et l'OT, c'est-à-dire l'informatique de gestion et l'informatique industrielle, représente le point de passage essentiel pour créer une continuité digitale au service des processus transverses. Pour obtenir ce résultat, il est généralement préférable de choisir un périmètre restreint (un ensemble de machines, un atelier), mais de pousser la démarche de bout en bout, plutôt que de ne traiter qu'une seule étape (par exemple, la collecte et l'homogénéisation des données) sur un périmètre très large (comme l'ensemble d'un site industriel). La démonstration de la valeur sera plus aisée avec la première approche et permettra de désamorcer les craintes du top management avant de passer à l'échelle.

- Le désilotage qu'implique ce type d'organisation est en général une étape difficile des transformations, mais le nouveau système technique a par lui-même vocation à casser les silos. Réussir l'APIsation nécessite ainsi d'intégrer de nouvelles compétences, dont les principales sont les *product managers* qui font la passerelle entre les « clients » (besoins des métiers) et l'IT, les automaticiens et les *data analysts*. Les benchmarks internationaux indiquent que ces profils doivent représenter environ 1 % de la masse salariale. À toutes les étapes, il est également nécessaire de concevoir la structure informatique sous l'angle de la « pensée réseau ». Il s'agit d'anticiper dans chaque choix et décision les développements futurs et leur passage à l'échelle. L'infrastructure informatique ainsi que le produit sont alors pensés comme des actifs capables d'évoluer en permanence.
- Ce nouveau système industriel questionne également l'empreinte industrielle sous l'angle de la localisation des usines. Les coûts et risques, liés aux ruptures de stocks, transports lointains, préoccupations climatiques et environnementales, et protectionnisme, militent pour rapprocher au plus près les lieux de fabrication des lieux de consommation dans une perspective multi-locale. Dès lors, le modèle à suivre pourrait être de moins en moins la « *giga factory* » mais plutôt un modèle déconcentré et multi-local : par exemple, des ateliers déconcentrés faisant de l'assemblage ou de la personnalisation de produit au plus près des marchés, voire jusque dans l'arrière-cour des magasins de la ville « fabricante ». De même, l'usine ne sera pas forcément complètement high-tech dans tous ses aspects. Elle appliquera les technologies les plus avancées sur les modules de production prioritaires, mais utilisera des technologies *low tech* pour les besoins de base afin de faire des économies et de rester agile. Enfin, développer des liens étroits avec l'écosystème (fournisseurs, institutions publiques, écoles et universités) permettra à l'usine d'assurer son acceptabilité sociale mais aussi de résoudre différents problèmes locaux (recrutements, extension de site, etc.) qui ne manqueront pas de surgir au fil du temps. Ces collaborations éco-systémiques s'étendent aussi aux concurrents (coopétition en *open innovation*, partage de ressources) et au monde des start-up avec lequel les usines traditionnelles doivent apprendre à travailler malgré des logiques de fonctionnement assez différentes.

Comment faire croître un système industriel ? Développer le produit, fabriquer, vendre, faire du profit, réinvestir, acheter de nouvelles machines, développer de nouveaux produits, vendre davantage, faire plus de profit, réinvestir encore... Le secteur industriel n'a pas attendu la Tech pour trouver son cycle de développement. Toute l'organisation industrielle est dessinée pour répondre à une logique de bon père de famille qui consiste à grandir de façon incrémentale, en réinvestissant en permanence les profits d'hier dans l'innovation produit ou dans l'achat d'actifs industriels plus modernes et rapides. Tout comme le modèle d'affaires, le système industriel se construit en flux poussé et de façon linéaire à partir des actifs existants.

Comme vu dans les tactiques précédentes, la Tech ne fonctionne pas du tout sur ce modèle : il s'agit d'abord de répondre à un problème, de trouver des preuves de marché, puis de développer et de produire un service afin de servir le marché. En outre, il est rare que tout ce cycle soit autofinancé ; il est plutôt sponsorisé par des investisseurs qui s'appuient sur une vision à laquelle ils croient et sur un savoir-faire démontré (*track record* en anglais) qui leur donne confiance. La dimension « saut dans l'inconnu » est donc bien plus importante que dans l'industrie. Cela est certes plus risqué mais permet aussi d'envisager un mode de croissance plus rapide, en mode « exponentiel » : passer de 0 à 1 en quelques semaines, de 1 à N en quelques mois, de N à ξ en quelques années. Tout l'effort du développement de produit est tourné vers un objectif simple : passer à l'échelle le plus rapidement possible et multiplier par deux la taille de l'entreprise chaque année. Cela implique un état d'esprit particulier qui consiste à accepter l'imperfection et à privilégier la vitesse sur la robustesse. C'est un peu comme construire un bâtiment à marche forcée : l'organisation et la méthode permettent de couper les étapes inutiles et de supprimer les gaspillages. Toutefois, il faut tout de même attendre que chaque couche soit suffisamment sèche avant de penser à ajouter un étage de plus. Concrètement, cela passe par une transformation profonde de l'organisation, de l'empreinte industrielle et de tous les actifs physiques de l'entreprise (produit, système informatique...), le tout facilité par une connexion plus étroite avec l'écosystème de l'entreprise.

Tactique 5 : APIser l'organisation

Qu'est ce qui permet de faire exploser la croissance de systèmes complexes ? Dans l'histoire, plusieurs exemples montrent la voie. Le premier d'entre eux est celui de la croissance du commerce international. Pourquoi les échanges se sont-ils intensifiés à la fin du XXe siècle ? La libéralisation des marchés a certes permis l'accroissement des échanges, mais un outil précis a permis cette révolution : le container de 20 pieds. En effet, c'est lui qui a rendu possible le transport et la réception de marchandises d'un bout à l'autre du globe. Volume standard, forme standard, points d'accroche standards, caractéristiques mécaniques standards, unité de mesure commerciale standard... Standardiser les interfaces a toujours été un moyen puissant d'assurer une vitesse d'écoulement très rapide.

La logistique a poussé ce niveau de standardisation encore plus loin, en proposant progressivement des standards de taille de camion, de taille de colis et bien entendu la fameuse « palette » standard. Il en va de même dans le monde immatériel : les systèmes informatiques les plus puissants sont ceux qui proposent une architecture avec des interfaces standardisées. Le principe sur laquelle elle repose s'appelle alors « *Separation of Concerns* » ou SoC. Un programme qui intègre également ce principe de séparation des préoccupations est aussi appelé programme modulaire car il sépare son code en différents modules qui ont chacun une interface bien définie. Ces blocs communiquent ensuite à l'aide de protocoles standards, appelés API[1], permettant à des briques

1. *Application Programming Interface* ou interface de programmation d'application.

de logiciels de se mettre au service d'autres logiciels. Dans les entreprises de la Tech, l'organisation des équipes est calquée sur cette logique d'interfaces, facilitant les échanges rapides, en temps réel et de bout en bout. D'une façon générale, toutes les entreprises en hyper croissance font face à ce défi. À titre d'exemple, Romain Moulin et Renaud Heitz, les deux fondateurs d'Exotec, me confiaient récemment qu'après avoir géré une affaire à la fois – et donc un seul client à la fois – à leurs débuts, ils en géraient maintenant cent à la fois et bientôt deux cents en même temps. Comment s'organiser pour que cela soit « digeste » pour les équipes ?

Calquer l'organisation sur l'architecture de la donnée

Comment rendre l'organisation des équipes aussi souple que le transport maritime mondial ? L'une des clés méconnues du système Tesla est que l'organisation des équipes est calquée sur l'architecture des données. Pour que la voiture se mette à jour en temps réel avec les dernières données issues des clients tout en assurant une cohérence d'ensemble, il faut certes que l'architecture physique de la voiture le permette, mais il faut aussi et surtout que l'organisation puisse suivre le flux des données depuis le client jusqu'à l'adaptation du code de chaque composant. Il s'agit donc de découper l'entreprise en blocs logiques, modulaires et interfacés de façon standard. Ce mode d'organisation a l'avantage de permettre une vitesse de fonctionnement optimal, mais aussi et surtout de passer à l'échelle plus vite car, pour croître, il suffit d'ajouter des blocs standards, comme des Legos qui viennent s'ajouter à l'édifice existant et qui sont tout de suite opérationnels.

Le groupe d'électroménager Haier a ainsi été l'un des premiers industriels à éprouver ce modèle dans les années 2000. Alors que le groupe d'électroménager chinois peinait à se développer hors de Chine, une transformation complète a été réalisée en s'inspirant de ce principe de base pour que chaque entité du groupe se gère de façon autonome et avec une logique de micro-services pour échanger des informations avec le reste du groupe et avec l'extérieur. Le résultat a été déterminant : Haier s'est développé à l'international et a pris des positions dominantes sur la plupart de ses marchés cibles.

Cette stratégie organisationnelle n'a pas forcément besoin d'un « big bang ». Elle peut être mise en place progressivement et se propager de proche en proche au sein de l'organisation. Le meilleur laboratoire pour commencer cette transformation concerne généralement les nouveaux modèles d'affaires : une petite équipe bien organisée sous forme de *squad*, travaillant en mode « commando », peut obtenir des résultats spectaculaires si on lui donne un mandat clair centré sur la vitesse et la preuve de marché par l'expérimentation ainsi que des moyens. Une fois que la *squad* « création de nouveaux modèles d'affaires » est fonctionnelle et qu'elle a fait ses preuves, il suffit de répliquer le bloc pour aller chercher d'autres modèles sur d'autres marchés. Ensuite, petit à petit, les fonctions au contact de ces *squads* seront amenées à se transformer pour se mettre au service du client et pour apprendre à communiquer avec le reste de l'organisation en utilisant les standards du *lean start-up*.

Les transformations de terrain dans les usines, les entrepôts ou dans le réseau de vente peuvent aussi être des laboratoires potentiels pour passer progressivement à cette nouvelle forme d'organisation. Mettre en place une structure éphémère le temps d'un projet d'amélioration, avec des *product managers* au centre et une petite équipe agile à leur service, permet de lancer la démarche sans avoir à se poser trop de questions politiques en lien avec les egos ou les trajectoires individuelles des grands managers, détenteurs de certaines fonctions clés. C'est ainsi que l'organisation s'APIse de proche en proche, en parallèle de sa transformation digitale.

Par la suite, il faut également faire bouger toutes les fonctions transverses et centralisées de l'entreprise afin qu'elles se mettent au service de la nouvelle façon de travailler, en appuyant les opérationnels de façon concrète à la fois par la codification du nouveau système et ses standards de fonctionnement, mais aussi et surtout en s'assurant que le modèle de données soit toujours à jour, avec les dernières technologies disponibles pour éviter la dette technique. Par exemple, la fonction qualité produit, en charge de codifier le processus de développement du produit, devra revoir totalement sa copie : fonction et rôle du *product manager*, interface avec les équipes expertes, process de pilotage des projets, processus de charge-capacité... Toutes les données relatives à l'architecture du produit, comme les nomenclatures, les gammes opératoires ou les bases de coûts ne seront plus encapsulées dans un seul gros système « maître » sous la responsabilité de l'IT, mais centralisées de façon indépendante des systèmes. La qualité produit sera responsable, avec la collaboration de l'équipe projet, de la bonne mise à jour de ces données, de la sémantique utilisée, des types de connecteurs qui permettront d'y accéder. Un partage des rôles sera enfin effectué en fonction du type de données et de leur criticité : toutes les données opérationnelles, comme les temps gammes, seront à la charge de l'équipe projet, et les données plus stratégiques, comme le détail du produit ou les fournisseurs potentiels, seront à la charge de la qualité produit. Pour résumer, l'interface entre ces deux fonctions – l'une « cœur » et l'autre « support » – sera décrite non seulement en termes de processus, mais aussi en termes de responsabilités par rapport au modèle des données qui leurs sont communes.

De même, le pilotage de la performance, colonne vertébrale de tout le système, devra évoluer. Pour assurer une cohérence permanente et des décisions pertinentes, ou pour réagir en temps réel aux dérives potentielles, les routines de pilotage devront se transformer pour que les indicateurs clés de performance intègrent une dimension supplémentaire : la bonne santé des données. En complément de cette évolution sur le système de pilotage du quotidien, une méthode largement utilisée chez Google et dans le monde de la Tech pourra être initiée : les OKR

(*Objectives and Key Results*). L'idée est de poser trois à quatre objectifs à l'horizon de quelques mois et de définir les résultats clés qui permettront de les atteindre. Une animation régulière de ces OKR permet en effet de s'assurer qu'une dynamique de création de valeur par le digital et la *data* est à l'œuvre et aussi d'éviter que certaines équipes divergent. Le principe des OKR est alors de s'emboîter comme des poupées gigognes afin que chaque équipe et chaque personne soient au clair sur ses objectifs et sur la façon avec laquelle ils se raccordent aux ambitions trimestrielles de l'organisation.

Connecter toutes les équipes au client

Dans les entreprises industrielles, très peu de collaborateurs ont la chance d'être en contact direct avec le client ou même simplement de s'interroger au quotidien sur les problèmes que vivent les clients, sur ce qu'ils pensent du produit ou sur l'expérience qu'il leur procure. Lorsque nous accompagnons des clients industriels dans la création de nouveaux modèles d'affaires, les quelques personnes qui mènent le projet de bout en bout sont souvent issues de fonctions variées : développement produit, industrialisation, production, achats, finance... Très fréquemment, après avoir réalisé un jeu complet d'interviews de clients actuels ou potentiels, les réactions sont enthousiastes : « c'est la première fois que je parle à un client en direct » ; « je ne pensais jamais qu'on allait apprendre autant ». Les entretiens en *one-to-one* produisent pourtant une richesse et une finesse d'information très éloignées des effets de lissage par les grands nombres du marketing quantitatif. Or, nous avons déjà souligné à quel point la création de valeur se fait aujourd'hui par une compréhension très fine des problèmes vécus par les potentiels utilisateurs du produit.

Cette connaissance en continu des clients dépend de la connexion de tous les tuyaux permettant de recueillir la voix du client, ainsi que de l'organisation de ces données. Chaque fonction devra ensuite être sensibilisée à l'utilisation au quotidien des données afin de concevoir différemment son rôle. La *business intelligence* devient par exemple une arme incontournable pour toutes les fonctions supports de l'usine que sont la qualité, les méthodes, la maintenance, l'ingénierie... ainsi que pour les fonctions de développement produit et pour la supply chain qui doit toujours réagir plus vite pour faire face aux pénuries de composants et aux changements brutaux de la demande.

L'une des difficultés de cette transformation est qu'elle ébranle les silos traditionnels. Ainsi les équipes marketing ne comprennent-elles généralement pas pourquoi une autre équipe se met aussi à analyser le comportement des clients, les équipes commerciales ne sont pas forcément enclines à partager leur réseau, ni les fonctions de développement de produit à créer de la transparence sur leurs plannings et sur leurs standards de développement. Cependant, pour réussir, il faut que chacun se connecte au client, en utilisant les autres fonctions de l'entreprise à la demande, en mode « micro-services ».

Recruter et upskiller *pour pouvoir réagir et innover en temps réel*

Pour brancher les tuyaux et réussir son APIsation, plusieurs types de compétences sont nécessaires.

Brancher les tuyaux venant du client passe par des recrutements de UX designers capables de concevoir les bons services à créer et de *product managers* pour gérer les projets en incluant leur dimension technologique. Brancher les tuyaux entre le process industriel et le reste de l'entreprise passe par de la connectivité physique et nécessite donc de s'adjoindre les compétences d'experts de l'Internet des objets et de techniciens spécialisés dans les automatismes industriels. Parfois aussi appelées *data engineers*, ces dernières ressources ont souvent été sous-traitées depuis une vingtaine d'années afin de se concentrer sur les fonctions cœurs de l'usine. Or, le nouveau paradigme remet ces métiers à l'honneur en leur donnant un rôle de premier plan. Il est préférable de les avoir en interne pour réagir plus vite.

Après avoir branché les tuyaux, il faut aussi créer la structure pour que les réservoirs de données soient correctement structurés, avec des formats adaptés, une vitesse de connexion adéquate, etc. Pour réussir le design du modèle de données, il faut recruter des architectes de la donnée. Le travail de *mining* des données, visant à en extraire la valeur, peut ensuite commencer. Les ressources utiles dans cette phase de création de valeur sont des *data analysts* et des *data scientists*. L'ordre de grandeur fourni pas Tesla pour sa *giga factory* de Shanghaï est éloquent : sur cinq mille emplois locaux, trois cents sont des ingénieurs *data*, soit près de 6 % de l'effectif total. Sans aller jusqu'à ce niveau, les benchmarks mondiaux indiquent qu'il faut recruter ou former au moins une ressource de ce type pour mille employés. Au total, toutes les ressources de niveau 1 que sont les *product managers*, les automaticiens et les *data analysts* doivent représenter au moins 1 % de la masse salariale.

Comment attirer ces ressources ? Nous y reviendrons en parlant du rôle d'attracteur que représentent les fondateurs (voir tactique 9). En plus du comportement du ou des fondateurs, il y a au moins trois autres ingrédients indispensables à l'attractivité : une histoire d'entreprise tournée vers le sens de son activité pour la société, une participation aux résultats de l'entreprise et un « effet de meute ». Ainsi les premiers recrutements sont-ils souvent les plus complexes à réaliser, car ce type de ressource rare exprime un véritable besoin de se développer en permanence par le contact rapproché avec ses pairs.

La bonne nouvelle c'est qu'une partie de ces ressources peut être trouvée en interne : soit parce qu'il y a des compétences dormantes, par exemple en automatismes industriels à la maintenance ou en design au sein des fonctions marketing, soit parce qu'il est possible de former les équipes au fil de la transformation avec des appuis extérieurs. La fonction de *product manager*, par exemple, peut s'apprendre en quelques cycles d'innovation si la méthodologie est bien transmise et si la personne a une appétence forte pour le digital et la *data*.

La recherche et la formation des talents sont clairement le défi le plus compliqué à relever dans ces transformations visant à APIser l'organisation. Toutefois, cela sera encore insuffisant pour réussir à trouver l'agilité d'une start-up dans le fonctionnement quotidien. Il faut aussi être capable de dessiner les bons flux d'information et les bons processus de pilotage de la performance. Cela commence toujours par le terrain, qu'il s'agisse de l'usine, de la relation client ou de l'entrepôt. Le pilotage le plus proche du terrain, entre les opérationnels directs et leur supérieur hiérarchique (pilotage de niveau 1) est fondamental, car c'est en ces points que la donnée est générée et que les réactions doivent être les plus rapides. Il faut donc accompagner le modèle de données par un système managérial robuste avec des routines à fréquence fixe, standardisées, et des indicateurs clés de performance permettant d'alerter ou de réagir dans un horizon de temps proche de la minute. La couche managériale intermédiaire a aussi besoin de réactivité, mais plutôt à l'heure ou à la journée, afin d'opérer les arbitrages. Enfin, la couche « experte » de niveau 3 a besoin d'un volume de données plus important, avec un horizon de réactivité plutôt hebdomadaire ou mensuel pour mener des actions profondes d'améliorations ou pour lancer de nouvelles fonctionnalités ou de nouveaux business.

Connecter IT et OT et standardiser les interfaces

Pour être agile, il faut que chaque bloc de l'organisation le soit. Cependant, les pertes potentielles les plus importantes se situent surtout aux interfaces fonctionnelles. Aussi est-il capital de bien travailler les protocoles d'échanges d'information entre fonctions ou entre blocs organisationnels de l'entreprise. Nous avons déjà évoqué les silos entre fonctions et la difficulté à les détricoter. Il y a néanmoins une interface dont la connexion doit être particulièrement travaillée si l'on veut créer un maximum de valeur dans le système industriel. Il s'agit de l'interface entre l'informatique de gestion (IT) et l'informatique industrielle (OT), c'est-à-dire connecter pour de bon les machines et les autres actifs de l'usine avec le système de gestion de l'entreprise. Ce qui revient aussi à connecter un monde à dominante cols bleus avec un monde à dominante cols blancs.

L'enjeu est immense puisque c'est à cette interface que l'on peut développer tous les outils de pilotage en temps réel ou en temps différé, afin d'améliorer significativement les rendements des procédés ou encore de permettre une continuité digitale au service des processus transverses de l'entreprise comme la traçabilité ou la planification industrielle. Comment s'y prendre ? Nous avons vu que la question des compétences est cruciale, mais la méthode est également déterminante. Trop d'industriels sont aujourd'hui pris dans une nasse pour avoir découpé leur plan en grandes phases : d'abord on connecte, puis on stocke les données, puis on les transforme, ensuite on les analyse et, enfin, on propose des logiques prédictives ou prescriptives. Mais comme les premières étapes sont longues, fastidieuses et ne suffisent pas à créer de la valeur par elles-mêmes, il est fréquent de voir le top management se désengager de la démarche qui devient alors un projet technique d'ingénieurs.

Or, l'objectif final est bien de créer de la valeur pour améliorer la performance. Plutôt que de séquencer la démarche étape par étape, il paraît alors préférable d'aller d'un bout à l'autre de la démarche, depuis la captation des données jusqu'aux analyses par des algorithmes intelligents, mais sur un périmètre d'abord limité (un atelier, un ensemble de machines), de manière à prouver l'amélioration de la performance. On passera ensuite à l'échelle, en captant de la valeur lors de chaque sprint. Bien souvent, cette approche qui passe par une zone pilote permet de lever de nombreux freins, ce qui permettra à la prochaine itération d'être plus rapide.

L'un des principaux freins rencontrés dans ces phases de connexion à marche forcée est la non-compatibilité des machines entre elles ou des systèmes entre eux. Il faut donc prendre les sujets de connexion un par un avec le souci de capitaliser pour que tous les connecteurs créés en local puissent resservir ailleurs dans l'entreprise si le même nœud de connexion se présente à nouveau. Ce grand détricotage-retricotage génère souvent de la frustration dans la transformation digitale de terrain et est en outre mal compris par les dirigeants qui y voient un sujet essentiellement technique. C'est une erreur car c'est à ce niveau que se joue toute la suite. Il est crucial de travailler, en parallèle de la transformation de terrain, la rédaction des référentiels sur les protocoles d'échange de données entre les systèmes, les machines et les interfaces humaines. Ceux-ci permettent de codifier les pratiques pour aller plus vite à chaque itération, mais aussi et surtout de définir des pratiques de développement produit et d'achat de machines qui intègrent, dès l'origine, ces référentiels, le premier d'entre eux étant le modèle de données.

Tout le monde s'accorde ainsi à dire que la donnée est l'or noir du XXIe siècle. Alors pourquoi continuer à passer 99,8 % de son temps à assurer que la machine produit des pièces à la bonne cadence et au bon niveau de qualité et ne garder que 0,2 % du temps à la fin du projet, quand la machine est déjà installée, pour le modèle de données ? Investir revient ainsi à se créer de la dette technique dès le premier jour.

Tactique 6 : catalyser le mode réseau en activant toutes les infrastructures

Comment construire un système qui permet de progresser au fil de l'eau ? L'image du produit pensé comme un moyen de vendre un service est un bon repère pour comprendre la pensée exponentielle. L'idée profondément ancrée dans la culture digitale est de capitaliser en permanence sur tout effort qui a été réalisé une première fois. Chaque élément de l'organisation est donc pensé pour pouvoir être réutilisable et pour devenir le marchepied des améliorations futures.

Réfléchir à son produit, à son réseau d'usines, à son réseau commercial comme à des actifs qu'il faut rendre flexibles pour affronter les prochaines vagues d'innovations et les déployer à l'échelle, devrait être un combat de chaque instant. Cette pensée « réseau » doit irriguer chaque nouvel investissement et, plus généralement, chaque élément constitutif de l'entreprise conçue comme une infrastructure active.

Acheter et investir avec la pensée réseau

Comme nous l'évoquions, l'achat d'une machine est généralement centré sur les fonctionnalités physiques et techniques et pas assez sur la structure de données. Pour préparer le système industriel à la pensée réseau et faciliter les passages à l'échelle de nouvelles solutions, il faut accorder une place plus importante aux fonctions de connectivité et aux protocoles de transfert des données de la machine ainsi qu'aux interfaces homme-machine.

De même, la façon avec laquelle les équipes projet achètent un nouveau logiciel doit évoluer. Aujourd'hui, l'achat de solutions informatiques est encore trop considéré comme une activité d'investissement classique : cela ne gêne personne de dépenser plusieurs millions d'euros pour acheter un gros système qui sera mis en place sur plusieurs années et qui ne fournira que rarement les résultats escomptés au départ. Pourquoi ? Parce qu'un tel investissement est budgété comme un Capex (*Capital Expenditure*) et que le suivi des retours sur investissements est assez peu mature dans le secteur industriel, surtout quand il s'agit d'investissements intangibles comme des logiciels. Tout au contraire, les dépenses courantes de type Opex (*Operational Expenditure*) sont scrutées à tous les niveaux car elles sont au cœur du système de contrôle de gestion et du système de suivi de la performance opérationnelle qui est, à l'inverse, mature et rigoureux. Ainsi, chaque manager est plutôt incité à retarder ses achats d'équipements de logiciels pour regrouper l'ensemble des besoins dans une même enveloppe de type Capex, celle-ci devenant alors un gloubi-boulga de réponses à des besoins divers sans liens entre eux. Or, les solutions les plus performantes du marché sont aujourd'hui la plupart du temps de type SaaS et s'achètent comme une commodité, avec un principe d'abonnement mensuel. Le gros avantage des SaaS est notamment leur flexibilité : l'installation peut se faire en quelques jours et la solution peut être arrêtée du jour au lendemain si elle ne donne pas satisfaction. Le hic, c'est que ces solutions sont imputables en dépenses courantes et donc considérées comme de l'Opex. En réalité, il faudrait considérer ces dépenses comme des investissements car non seulement elles sont censées aider les équipes à être plus efficientes, mais elles préparent aussi le futur. L'enjeu consiste donc à faire changer la dépense de poche (d'Opex en Capex), tout en gardant une logique de suivi du ROI de manière à ce que toute l'organisation comprenne l'inscription de ces dépenses dans une logique d'innovation.

En quoi cela relève-t-il de la pensée réseau ? Les logiciels dits agiles ou SaaS sont par définition structurés pour pouvoir passer à l'échelle en quelques semaines ou quelques mois tout au plus. Les modèles d'affaires des entreprises qui créent ces solutions, souvent des start-up, reposent sur des abonnements mensuels et non pas sur le service qu'ils fournissent à leurs clients. Toute l'énergie de ces entreprises est donc mise sur la capacité de la solution à fonctionner avec le moins de support possible. La bonne nouvelle pour les industriels est qu'il n'y a pas (ou moins) de « frais cachés » – les fameux + 20 à + 60 % qui seront facturés au fil de l'eau pour aider à la mise en œuvre des solutions, tels qu'ils sont encore pratiqués par les anciennes SSII, parce que « finalement, c'est plus compliqué qu'on ne l'avait anticipé ». Quand il s'agit d'investir sur des gros systèmes – et cela reste bien entendu nécessaire tous les quatre à huit ans –, la pensée réseau consiste alors à avoir préparé l'architecture cible attendue en la connectant aux besoins opérationnels des utilisateurs. Et si l'entreprise cliente a passé suffisamment de temps à réfléchir à son architecture avant de rechercher la bonne solution, le choix qui sera fait tiendra compte des exigences du client et non des contraintes liées au système acheté. Pour faire simple, il s'agit de trouver un système qui s'adapte aux processus de l'entreprise et non d'adapter les processus aux contraintes du système.

« Réactiver » l'infrastructure IT

Comment procéder pour réaliser cette fameuse vision cible d'une architecture IT agile ? Cela peut se faire via des outils de cartographie des systèmes existants et de projection d'une cartographie idéale. Tout comme la VSM (*Value Stream Mapping*) sur les flux physiques, l'avantage de ce type d'outil est de représenter de façon simple les difficultés actuelles et d'aligner toute l'organisation autour d'une vision commune. En termes de direction à suivre, le système cible doit viser le plus possible à décorréler les bases de données des systèmes, ou pour le dire autrement, à favoriser le « *data* centrisme ». En effet, dans une architecture classique, l'infrastructure en place est un immense plat de spaghettis, souvent fruit de l'histoire et des strates successives d'investissement dans de nouveaux systèmes. Si vous souhaitez ajouter une nouvelle brique – ne serait-ce, par exemple, qu'un simple logiciel SaaS –, il faudra assurer la connexion de ce nouvel entrant avec chacun des systèmes existants qui contiennent des données-sources ou qui produisent des données-résultats de l'usage associé au SaaS. Si l'infrastructure en place comporte n systèmes différents, il faut donc potentiellement travailler $n \times n\text{-}1$ connexions. Au contraire, dans un système « *data* centrique », l'infrastructure est pensée pour que les données soient au cœur du réseau et que chaque système puisse se connecter à cette unique source, pouvant prendre la forme d'un *data lake* ou d'un *data warehouse*. Ainsi, ajouter une nouvelle brique se fait en créant une simple connexion vers ce *data lake*. Ce mode *plug & play* paraît facile dans la vie de tous les jours, mais il est sensiblement plus difficile à conceptualiser lorsqu'il s'agit de l'infrastructure informatique d'un système industriel complexe.

Penser les réseaux industriels et commerciaux comme une infrastructure active

En janvier 2022, Tesla affichait une capitalisation boursière égale à la somme des capitalisations boursières de l'ensemble de ses concurrents automobiles. En quoi les marchés croient-ils si puissamment ? La réponse tient en deux mots : le mode réseau. Réseau de super-chargeurs avec plus de 35 000 bornes Tesla installées partout dans le monde sur les 600 000 en service[2], réseau de 1,5 million de voitures connectées en service qui remontent de la donnée à chaque milliseconde tout en sillonnant l'ensemble des routes de la planète, réseau d'usines et de lignes de fabrication connectées entre elles par une « *data* structure » surpuissante avec des modes de calculs en *edge*[3] pour que chaque bloc conserve son autonomie tout en communiquant avec le reste du système, et bientôt un réseau de robots humanoïdes au nom de code « Optimus » qui pourraient remplacer les hommes dans les tâches les plus pénibles, avec l'incroyable capacité d'apprendre les uns des autres en temps réel grâce à une infrastructure de données pensée pour capitaliser les expériences de chacun. Pour résumer, chez Tesla, chaque actif de l'entreprise est pensé pour permettre le développement d'une couche additionnelle d'activités. Les super-chargeurs permettent à la fois de vendre de l'électricité mais pourront à terme se transformer en équivalent de ce que sont les stations-service de l'ère du pétrole (alimentation, loisirs…). La batterie de la voiture pourra se doubler d'une batterie

2. *iea.org*, octobre 2022.
3. *Edge computing* : traitement informatique qui s'effectue à l'emplacement physique de l'utilisateur ou de la source des données.

à la maison et de panneaux solaires sur le toit afin de créer un réseau en partie autonome pour chaque utilisateur de Tesla et, à terme, un réseau potentiellement connecté avec les infrastructures existantes, afin de contribuer à la « *smart city* » qui puise son énergie dans le réseau classique lors de moments de creux et qui s'appuie en complément sur les réseaux « privés » lorsqu'il y a un pic de consommation d'énergie. L'interface d'*entertainment* de la voiture n'a plus rien à voir avec un simple GPS, mais ressemble à une énorme tablette tactile, digne des meilleurs PC, qui permet à la fois de regarder des films, de jouer à des jeux vidéo et de faire du shopping en ligne depuis la voiture. Un effort sans équivalent a été consenti pour être le premier acteur à rendre la voiture totalement autonome, afin de faciliter et d'amplifier le phénomène d'autopartage et de révolutionner la logistique. Des Tesla *shops* sont ainsi connectés à tous les utilisateurs en temps réel, grâce à l'application Tesla, et proposent des interventions à distance ou à domicile en fonction des diagnostics effectuées sur les voitures, ces intervenants mobiles étant eux-mêmes des acteurs qui pourront, demain, vendre d'autres choses au conducteur (assurances, contrat de maintenance, etc.).

Dans l'usine, le mode réseau est aujourd'hui plutôt utilisé en mode fermé à l'intérieur de l'entreprise. À terme, on peut donc imaginer que l'usine s'ouvrira plus largement et que, par exemple, la sous-traitance de charge sera facilitée par des plateformes de type « Airbnb des machines ». L'une des raisons pour laquelle ce type de business model aux interfaces des usines a encore du mal à passer à l'échelle est justement parce que le mode réseau n'est pas suffisamment pensé par chaque industriel. Lorsque cela sera le cas, on pourra plus facilement partager entre usines de la matière première, des produits semi-finis, de la capacité machines, voire des heures de main-d'œuvre. Cette façon de penser en mode plateforme deviendra un ingrédient indispensable de l'industrie circulaire afin de permettre aux boucles de logistique inversée et de remanufacturing de fonctionner de façon optimale. Toujours chez Tesla, il existe déjà un premier embryon de ce mode réseau en usine, à l'intérieur de l'entreprise : un *middleware* intelligent a été installé et permet de déployer n'importe quelle amélioration de process locale dans toute l'entreprise en quelques minutes. Bientôt, le robot Optimus devrait permettre de faire de même pour les tâches encore manuelles.

Toutefois, le mode réseau n'est pas toujours facile à conceptualiser. Une façon de mieux le cerner consiste ainsi à penser son contraire, c'est-à-dire une infrastructure passive à partir de laquelle on ne peut rien construire. On peut trouver un exemple contemporain de cette situation avec toutes les usines dont la vocation était de contribuer au moteur thermique. Avec le passage à l'électrique, tous ces actifs sont aujourd'hui des bombes à retardement. Dans les cas où l'usine a été développée sur un « mode réseau », le pire peut être évité : les cellules de base et leur organisation managériale restent un actif, ainsi que l'interfaçage des différents modules entre eux. Il est donc possible de remplacer chacun des modules par une nouvelle technologie comme l'électrique ou l'hydrogène, étape par étape. En revanche, si l'usine a été pensée en mode *legacy*, il peut être long, voire impossible, d'effectuer la transition. Certains sites s'en sortent ainsi mieux que d'autres. C'est le cas de l'usine de Cléon chez Renault, par exemple, qui passe du moteur thermique à l'électrique ou de celle de Flins qui passe de la fabrication de véhicules neufs au remanufacturing. Mais cela ne se fait pas sans peine et l'effort à fournir est d'autant plus important que la dette technique et organisationnelle était importante. Dans des secteurs comme le retail, cette réflexion sur l'infrastructure active est très vivante. Ici, le mode réseau s'applique au réseau commercial et à l'expérience des clients qui deviennent eux-mêmes une forme d'infrastructure active en devenant ambassadeurs de la marque ou passeurs entre le réseau physique des boutiques et l'e-commerce (les utilisateurs phygitaux).

Au-delà des secteurs automobile et retail, il existe de nombreux secteurs où la plateformisation de la demande et de l'offre est un levier de création de valeur important. Des outils comme les configurateurs permettent de faire converger des demandes très variées vers un canal de production unique, en intégrant toute la complexité et la diversité de produits sur-mesure. C'est par exemple le cas de la menuiserie ou d'autres activités BtoB qui demandent une customisation importante. Néanmoins la plateforme peut aussi se constituer du côté de l'offre : une fois que la demande converge par un canal défini, pourquoi ne pas devenir un interlocuteur de choix pour favoriser les ventes d'autres acteurs du secteur et ainsi désintermédier vos concurrents qui devront passer par votre plateforme pour vendre leurs propres produits ? C'est le sens de la bataille qui se joue entre les fabricants d'installations industrielles qui essaient tous de créer leur propre plateforme d'IoT pour devenir le point d'entrée unique permettant à leurs concurrents d'entrer ensuite chez leurs propres clients. C'est aussi ce qui se passe sur certains marchés BtoC comme le luxe où des plateformes telles que Watchfinder appartenant à Richemont proposent de la seconde main. La plateforme revendique notamment un volume de données anonymisées considérable sur les clients de montres de luxe qui comprend des clients des marques de Richemont comme Cartier ou Vacheron Constantin, mais aussi des clients de Rolex. Cet actif est très intéressant pour le groupe qui dispose dès lors d'un canal privilégié pour écouler les montres des concurrents, mais aussi pour aller chercher de nouveaux clients ou proposer des produits plus adaptés aux clients des concurrents grâce aux informations qu'ils récoltent sur la plateforme.

Penser le produit comme une infrastructure active

La pensée réseau permet de démultiplier la puissance de l'entreprise et la vitesse de passage à l'échelle. Quand c'est possible, le point culminant de la démarche consiste à faire du produit lui-même une infrastructure active. Dans le cas de Tesla, il s'agit de considérer chaque voiture produite comme faisant encore partie des actifs de l'entreprise car elle émet en permanence des données sur l'usage qui en est fait par chaque client. Cette réflexion est tout à fait transposable dans d'autres secteurs BtoC comme l'électroménager, ou plus généralement les biens de consommation, et en BtoB dans le secteur de la construction de machines, des biens d'équipement ou encore chez les équipementiers qui vendent des sous-systèmes s'intégrant dans un système complexe (aéronautique, automobile, construction navale, etc.). Elle est aussi transposable dans les secteurs BtoBtoC comme la menuiserie que nous évoquions précédemment ou encore le secteur agro-alimentaire qui sert des artisans tels que les fournisseurs de boulangerie, de pâtisserie, de boucherie… Dans tous ces cas, le produit peut servir à vendre des services via la monétisation de données ou encore via la construction d'un service sur-mesure proposé au client intermédiaire qu'est l'artisan, le constructeur de systèmes complexes, etc.

Pour que le produit soit pensé comme tel, il faut révolutionner les fonctions de développement produit et les fusionner avec les fonctions marketing puisqu'il ne s'agit plus de faire les choses en séquence mais de penser continuellement la boucle : apprendre par l'expérience, en déduire des évolutions à réaliser, tester des nouvelles fonctionnalités, les faire passer à l'échelle sur tout le réseau. Le rôle du *product manager* devient central et permet des évolutions de business semestrielles, contrairement à bien des entreprises industrielles traditionnelles dans lesquelles, une fois le produit stabilisé, on ne le change plus jusqu'au prochain jalon pour éviter de prendre des risques qualité. Les fournisseurs qui travaillent avec Tesla témoignent unanimement de cet état d'esprit en rupture par rapport aux constructeurs traditionnels : « Chez Tesla, dès qu'on a une évolution technologique à proposer, ils la veulent tout de suite. Chez les autres, on nous renvoie à la prochaine évolution programmée du produit. » Là se trouve la différence entre une pensée exponentielle qui s'appuie en permanence sur les dernières trouvailles pour faire un effet de levier et la pensée linéaire câblée pour améliorer de façon incrémentale et programmatique.

Tactique 7 : repenser l'empreinte industrielle avec une vision multi-locale

On appelle « empreinte industrielle » les strates successives d'usines et d'installations logistiques qui découlent de l'histoire de chaque entreprise dans le temps et dans l'espace. Vues du ciel, elles forment une empreinte au sol qui, partant souvent d'un lieu proche de la région d'origine des fondateurs, se propage peu à peu par cercles concentriques vers les marchés visés. La croissance n'étant pas toujours organique, il n'est pas rare que plusieurs acquisitions soient venues compléter l'empreinte de départ pour constituer un kaléidoscope, parfois complexe à harmoniser, pour aller rechercher les synergies espérées. Cette construction s'est souvent faite au gré des opportunités, mais parfois aussi au détriment d'une réelle vision de long terme : ces visions patientes qui prévoient le coup d'après, en investissant par exemple sur la standardisation opérationnelle ou informatique, même si elle n'apporte pas de fruits immédiats. Lorsque les crises éclatent, ceux qui ont fait cet effort montrent alors à tous les autres que l'investissement était rentable. C'est ce qui est arrivé pendant la crise du Covid-19. Les entreprises qui étaient avancées dans le digital ont mieux traversé la période en étant plus agiles et plus résilientes. À l'inverse, d'autres industriels ont été piégés par des sujets aussi banals qu'un transfert de produit d'une usine à une autre, car leurs ERP les empêchaient par exemple un transfert d'ordres de fabrication. Dans la période post-Covid que nous vivons, la crise des matières premières, l'inflation, le krach énergétique, le changement des habitudes de consommation liées à la conscience de la crise climatique, créent des chocs permanents à la fois sur la nature de la demande en volume et en mix, et sur la possibilité d'y répondre de façon suffisamment réactive sans surcoût. Il n'y a pas de solution magique. Toutefois, une empreinte industrielle bien pensée, suffisamment agile pour être « recodée » aussi fréquemment qu'une application, permet de maximiser les chances de conquérir de nouvelles opportunités de marché.

Penser réseau, multi-local et de bout en bout

L'optimisation par les coûts de fabrication a-t-elle vraiment fait long feu ? Pas si simple à trancher ! Nombre de mes clients qui songent à une réorganisation de leurs implantations constatent avec un peu de frustration qu'il reste compliqué d'arbitrer en faveur d'une relocalisation. Malgré un rééquilibrage de pouvoir d'achat entre la Chine notamment et les anciennes puissances industrielles, la différence de coût du travail reste très conséquente. C'est pourquoi une réorganisation des implantations n'obéira jamais seulement à des considérations économiques, même si celles-ci restent fondamentales. D'autres considérations, qui gagnent en importance, entrent désormais en ligne de compte.

D'abord, la valeur « réactivité » a gagné en puissance depuis dix ans sous l'influence des modèles d'Amazon dans la distribution, avec son principe de livraison dans l'heure, ou même antérieurement de Zara avec ses collections éphémères en flux continu. Plus récemment, le Covid-19 a fait réémerger des concepts comme la souveraineté et la résilience, en montrant les ruptures occasionnées par l'atomisation des chaînes de valeur mondiales, les risques associés aux transports lointains, le tout dans un contexte de montée en puissance de la rivalité sino-américaine et globalement d'un renouveau du protectionnisme. Enfin, nul ne peut ignorer les impacts du dérèglement climatique qui incitent à promouvoir une vision circulaire de l'économie.

Ces arguments se rejoignent pour faire émerger progressivement un nouveau consensus : l'implantation multi-locale, qui consiste à fonctionner avec un réseau d'usines au plus près de chaque lieu de consommation et qui tend à devenir la norme parmi les multiples scénarios possibles pour organiser l'ensemble d'une empreinte industrielle.

Citons pour illustrer cette évolution les grandes tendances des périodes précédentes : avant 1990, la tendance dominante était plutôt une forme d'intégration de l'ensemble des capacités de production, en priorité dans le pays d'origine de l'entreprise, avec un principe d'exportation depuis ce point de départ. Dans les vingt années qui ont suivi, sous l'effet de la libéralisation des marchés et de l'essor des économies d'Asie du Sud-Est, la différence de coûts salariaux entre ces pays et l'Occident a constitué une prime à la délocalisation pour produire dans les pays à bas coûts et pour réimporter ensuite la production vers les pays les plus riches. Depuis dix ans, nous sommes entrés dans une ère de rééquilibrage avec un principe de rapprochement de la production et de la consommation pour une même ère régionale. Ce modèle représente généralement le point de départ de toute réflexion portant sur les implantations industrielles. Les freins à la réalisation de cette vision restent toutefois encore nombreux : difficultés administratives, risques politiques, avantages comparatifs…

Pour faire les bons choix, il est alors capital de bien hiérarchiser ses propres enjeux. Se lancer dans une initiative de réorganisation de l'implantation industrielle mondiale, sans avoir au préalable listé les principales motivations et sans les avoir pondérées les unes par rapport aux autres, ne peut que conduire à une impasse. Se réorganiser géographiquement est un sujet sensible, car chacune des parties prenantes de l'organisation peut se sentir menacée par un tel changement : perte de pouvoir, changement de vie personnelle, défiance sur les raisons réelles associées à la réorganisation. S'aligner au sein du comité exécutif, puis par cercles concentriques, n'est pas une mince affaire, mais l'exercice présente l'avantage de poser sur la table différents scénarios et de les discuter.

Dans une grande multinationale en forte croissance, deux scénarios avaient été imaginés : le premier était basé sur un modèle intégré, centralisé et très efficient, avec une extension des capacités de l'usine-mère ; le second était présenté comme alternatif, sur la base d'un modèle plus distribué avec la création de deux usines, l'une en Asie et l'autre aux États-Unis. La direction générale avait déjà plus ou moins fait connaître son choix : la version centralisée présentait moins de risques de mise en œuvre et permettait de maîtriser la qualité tout en conservant une stabilité de la structure de coûts. Toutefois, en passant les deux scénarios à la moulinette, des divergences sont apparues à la fois concernant l'empreinte carbone et les risques futurs associés à un durcissement des règles protectionnistes. Après d'âpres débats et contre toute attente, le scénario distribué et multi-local a finalement été préféré, même s'il était plus discutable sur le plan économique à court terme.

Cependant, c'est le modèle même de la grande usine, répliquée dans différentes régions du monde, qui peut aussi être questionné : n'est-il pas en train de devenir obsolète ? Pour profiter au maximum du mode « réseau », il est probable que l'unité de base du système industriel de demain sera plus petite et agile que l'usine traditionnelle qui comporte en général une bonne trentaine d'étapes de process. Raisonner par blocs de bases, de la taille d'une unité autonome de production, permet de réfléchir à un réseau potentiellement plus distribué. Par exemple, au lieu de créer une unique usine de fabrication de barres chocolatées au Mexique pour servir tout le marché nord-américain, on peut imaginer une stratégie en « satellites », avec une unité centrale au Mexique pour fabriquer les excipients de base, puis des unités distribuées de mise en forme et d'emballage, et enfin un réseau d'entrepôts distribués avec une mise en carton sur-mesure en fonction des clients locaux. L'idée ici est de faire de la différenciation progressive tout au long de la chaîne de valeur en se plaçant toujours plus près du client final. Une alternative à ce découpage peut être de réfléchir à des process en rupture, soit par de la fabrication additive 3D, soit par la miniaturisation, avec des micro-unités qui font tout de A à Z mais en petites quantités et de façon très localisée.

Si les tentatives en ce sens, comme dans la fabrication de baskets (Adidas ou Salomon), n'ont pour le moment guère été concluantes, il paraît assez évident que ces démarches vont dans le sens d'une industrie désirable, plus locale et circulaire (voir tactiques 18 et 19). Quelques industriels discrets adoptent d'ores et déjà de telles approches pour conquérir de nouveaux marchés sans prendre trop de risques. C'est le cas du fromager Bel, par exemple, avec son principe d'usine « *in a box* », packagée et standardisée, qui peut être déployé très rapidement dans un nouveau pays afin de tester l'appétence locale pour ses produits. Une telle approche nécessite aussi de penser aux connexions amont et aval, en l'occurrence ici l'approvisionnement en lait, et donc de travailler ce que nous appelons les « interconnexions ». C'est aussi la réflexion qui est poussée aujourd'hui autour de l'idée de microcentrales nucléaires. À terme, pourquoi ne pas imaginer des blocs totalement intégrés qui produisent leur propre énergie locale, dans l'arrière-cour des magasins, et qui transforment une matière sourcée localement dans une unité de production de la taille d'un container ? L'exemple de la start-up Jimmy illustre comment cela pourrait devenir une réalité : l'idée de cette entreprise est de construire des microcentrales nucléaires cubiques de vingt mètres de côté, au pied des usines, pour fournir de la chaleur industrielle et remplacer les polluantes centrales à gaz. Le système fournit de la chaleur pour fabriquer de la vapeur d'eau, source d'alimentation classique des installations industrielles très intensives en capital.

Faire le reboot de son rapport à l'usine : de la mine à la boutique et vice-versa

Le point de départ pour penser l'avènement de ce nouveau système industriel multi-local consiste à repenser complètement notre rapport à l'usine. Avec le digital, les flux sont de plus en plus continus. Même étendue dans l'espace, l'usine devient polyforme et « tentaculaire » au sens positif du terme.

Une telle conception permettrait d'inverser la machine mortifère que nous avons nous-mêmes laissée s'enclencher, en remplaçant des centres de production, créateurs de valeur ajoutée, par des entrepôts servant de bases avancées à toutes les plateformes pour nous vendre les produits du monde entier, avec toutes les conséquences sociales et environnementales associées. L'objectif ? Créer un système industriel augmenté par la Tech pour produire localement et de façon rentable, tout en nous appuyant sur notre modèle social européen qui nous évitera les travers libertariens des géants de la Tech. Enfin, l'important est de redonner le goût de la fabrication à nos enfants. Non seulement les usines sont des lieux de créativité, mais c'est leur renouvellement qui participera à lutter contre le dérèglement climatique, tout en préservant un progrès désirable. La perception de l'industrie et de son rôle dans la société a largement évolué en deux années sous l'effet de la crise Covid. Mais pour que chacun convainque ses propres enfants d'aller travailler dans une usine, il y a encore quelques marches à franchir. Pour ce faire, les acteurs politiques doivent participer à créer un discours cohérent et ancré dans le réel, et le monde industriel doit continuer à se transformer en proposant un système industriel plus distribué, agile et responsable.

Pendant la période Covid, la tendance au « *Do It Yourself* » a explosé. Chacun étant assigné à la maison, parfois avec une activité professionnelle réduite, le consommateur a retrouvé le plaisir de fabriquer lui-même (pain, cuisine, bricolage, etc.).

Le « faire », c'est aussi ce qu'on trouve au cœur du phénomène des *makers*[4], s'appuyant sur les technologies d'impression 3D. Des « fermes » d'impression 3D commencent ainsi à émerger, bien que la technologie ne soit pas encore tout à fait mature et le potentiel encore peu exploité. Mais l'idée est que n'importe quel produit designé par un talentueux entrepreneur sur son logiciel de CAO (conception assistée par ordinateur) puisse être imprimé à distance dans ces fameuses « fermes » formant des usines composées de machines dédiées à de l'exécution en sous-traitance. L'énorme avantage de la technologie d'impression 3D est notamment d'avoir harmonisé le protocole d'échange à partir d'un simple plan. La transaction peut donc se faire en un clic. Cependant, aujourd'hui, nous sommes très loin d'avoir atteint ce niveau de fluidité dans la plupart des métiers industriels : faire fabriquer une pièce usinée par un sous-traitant continue d'être complexe et long car il faut s'assurer de la qualification du sous-traitant et surtout il faut lui fournir bien plus qu'un plan ou un programme pour que cela fonctionne – diversité des technologies de machines, des modes opératoires, des façons de concevoir le programme, d'exécuter les étapes amont et aval pour préparer la matière ou ajuster la pièce, peur de se faire voler sa propriété intellectuelle, etc. Les causes de divergences et de frictions sont multiples et freinent largement l'agilité de la chaîne de production étendue aux sous-traitants. Certains industriels volontaristes se sont néanmoins essayés à des expériences permettant de délocaliser la fabrication au plus près du consommateur, jusque dans l'arrière-cour des boutiques. Nous avons cité Adidas et Salomon par exemple. Néanmoins, ce phénomène reste encore ultra-minoritaire, même si la volonté de recréer des villes fabricantes et le besoin d'une économie plus circulaire devraient converger vers

4. Lallement M., *L'Âge du faire*, Le Seuil, 2015. Suivi de : Lallement M., Berrebi-Hoffmann I. et Bureau M.-C., *Makers : Enquête sur les laboratoires du changement social*, Le Seuil, 2018.

de nouvelles expérimentations de ce type. Et pour alimenter ces micro-usines, pourquoi pas des composants ou des matières premières issues de filières de recyclage ou de réemploi, sourcées localement !

Ainsi l'empreinte industrielle du futur pourrait être un continuum d'activités plus ou moins intenses en capital, depuis les mines de matières premières ou les centres de recyclage de produits de seconde main, jusqu'aux boutiques ou maisons des consommateurs, au plus près desquelles on trouverait une succession de micro-usines fabriquant les produits en juste-à-temps. Pour se projeter dans cette nouvelle réalité, on s'inspirera des restaurants qui peuvent fournir des produits plus ou moins transformés localement, sourcés plus ou moins loin et qui fournissent les plats à leurs clients en juste-à-temps à partir de recettes créées soit par les restaurateurs eux-mêmes, soit par des grands chefs qui les ont mises à leur disposition. Tout cela sera rendu possible par la traçabilité de chaque élément dans la chaîne de valeur. L'usine deviendra donc, elle aussi, multi-locale, voire « tentaculaire », car toutes les usines seront interconnectées : les flux partiront d'une tête qui définit le produit et qui met en place une infrastructure de production distribuée sous forme de tentacules pour que le produit soit fabriqué au plus près des clients, sans perdre de vue l'objectif de continuer à l'améliorer ensuite via une couche logicielle.

Segmenter l'empreinte industrielle tout en assurant la cohérence d'ensemble

L'usine de demain n'aura donc pas forcément vocation à être « giga ». En fonction des secteurs, ce type d'usine peut continuer à avoir du sens, mais c'est surtout l'intelligence du réseau de fabrication qui fera la différence si l'on a préalablement défini ce que l'on attend du réseau en termes d'impact environnemental, de vitesse d'exécution, de flexibilité, de réactivité, etc.

La question se pose ainsi à l'échelle d'une entreprise industrielle, mais aussi au niveau d'une filière, d'un État, voire d'un espace économique. Comment voulons-nous répartir la valeur ajoutée industrielle en Europe par exemple ? L'exemple de la Suisse est à ce titre éclairant, avec une spécialisation par canton qui induit une forme de spécialisation géographique par métier. C'est aussi ce que fait l'Italie avec plus de cent cinquante clusters dédiés à des produits spécifiques, de la chaussure aux lunettes, en passant par la maroquinerie et la robinetterie, etc. Bien entendu, la spécialisation entraîne un questionnement sur la souveraineté de chaque État. Cela pourrait aussi paraître contradictoire avec le multi-local. Se pose alors la question de l'unité géographique que l'on regarde quand on parle de spécialisation : est-ce une ville, une région, un État ou alors l'ensemble du continent européen ? Il paraît évident qu'il faut segmenter en fonction des produits, des technologies et surtout des compétences, dont certaines, rares, ne peuvent être distribuées dans chaque territoire.

Pour répondre concrètement à la question, il faut repartir de ce que nous attendons de notre secteur industriel et du rôle qu'il a à jouer dans la société. Qu'attend-on de l'usine et à quoi l'usine de demain devra-t-elle ressembler ?

Le cliché consiste à penser que l'usine devra forcément être « high-tech » de bout en bout. Or, comme nous entrons dans une ère de sobriété qui risque de durer un certain temps, cela n'aurait guère de sens de suréquiper chacun des éléments simples du système. La bonne solution est alors de standardiser les modules (voir chapitre 6), mais aussi et surtout de définir sur quelles parties de l'usine ou du process il faut faire porter l'effort d'innovation maximal et sur quelles autres parties on peut se contenter de recourir à des technologies « *low tech* ». Qui plus est, ces fonctions « non-cœurs » sont généralement plus fiables lorsqu'elles sont puisées sur une étagère « *low tech* » que lorsqu'elles sont développées sur-mesure, en ajoutant une complexité nouvelle et pas forcément maîtrisée.

Mettons donc notre énergie dans la création de systèmes industriels pensés pour servir la société, à la fois frugaux, modulaires et performants dans leur conception. Cela permettra de pallier en partie la pénurie de talents, pour que chaque territoire puisse posséder localement un peu de chaque industrie, tout en mettant un effort spécifique dans une spécialisation sectorielle et technologique pour laquelle de gros investissements locaux seront consentis. Cela passera par un dialogue entre États, régions et métropoles européennes, entre filières et entreprises industrielles.

Intégrer de l'optionalité grâce à une logique modulaire à la fois Tech et Ops

La question de la répartition spatiale des usines se prolonge par une réflexion portant sur chaque module de l'entreprise, de l'usine et de l'atelier, comme un ensemble de poupées gigognes devant s'emboîter avec logique. Quels sont les modules de fabrication, de technologies ou de compétences de base ? Quels sont les éléments avancés ? Comment doivent-ils se répartir ? Qu'est-ce qui doit être distribué à travers toute l'entreprise et qu'est ce qui mérite d'être centralisé ?

Je peux décider, par exemple, que chacune de mes usines sera composée de trois ateliers de fabrication de base, composés du cœur commun de mon process. Ensuite, en fonction des produits et des spécificités géographiques, la répartition des modules avancés sera à préciser pour chacune des implantations. Les compétences rares comme les experts de la *data* ou du produit seront centralisées, mais les compétences plus standards seront distribuées au plus près de l'action, dans chaque géographie ou chaque région, en mode multi-local.

En plus de ce découpage fin entre ce qui doit être centralisé ou distribué dans l'entreprise, l'une des clés de la conception de nouveaux systèmes industriels consiste à intégrer suffisamment de flexibilité dans chaque initiative et chaque investissement pour que le système devienne résilient aux changements de produit, aux évolutions de volume et de mix, ou encore aux nouvelles technologies qui peuvent venir défier l'infrastructure existante.

Pour cela, il est utile de reprendre les méthodes qui ont fait le succès du déploiement exponentiel de la Tech : découper le système en modules élémentaires, comme nous l'évoquions précédemment, et caractériser ensuite chaque module pour lui affecter une criticité vis-à-vis du process, du résultat final et du risque d'évolution technologique dans les années à venir. Bien évidemment, cette réflexion doit porter à la fois sur la partie physique du process et sur sa partie digitale. Sur la partie physique, on s'interrogera sur : quelle machine, quels outils, quel système de manutention, quelle organisation du poste de travail, quels standards opérationnels au poste ? Sur la partie digitale qui accompagne le physique, les questions à se poser seront : quelles applications, quelles données critiques, quel format de stockage, quels outils de transformation, quel flux standard, quels algorithmes d'analyse ? Comment les informations sont-elles utilisées, visualisées, pour générer des actions et des décisions ?

Cette vision bicéphale « cyber + physique » est l'une des clés d'un design industriel réussi car elle permet de mettre en cohérence le monde physique de la transformation de la matière avec celui des informations gérées par les équipes de production. Surtout, cette réflexion permet de penser chaque module comme interconnectable avec le reste du système : comment raccorder ce module physiquement à l'amont et à l'aval du flux de production ? Quels standards de flux aux interfaces ? Quelles connexions concrètes pour la manutention, pour l'énergie, pour la logistique interne ? À côté de cette logique plutôt Ops (opérationnelle), il faut intégrer la logique Tech : comment raccorder les données qui sont générées par ce module au reste du système, depuis les autres modules de fabrication jusqu'à la tour de contrôle de l'usine et du système de production ? Si tout est pensé en mode « *plug & play* », il devient plus facile d'augmenter la capacité ou au contraire de la réduire, chaque fois que nécessaire. Ainsi on pourra s'adapter en permanence aussi bien à l'apparition de nouvelles technologies qu'à des évolutions du marché. Une telle approche est également capitale pour anticiper les opérations de croissance externe. En effet, bien des acquisitions échouent en raison des difficultés à faire converger les systèmes organisationnels et à faire fonctionner le système cœur avec l'annexe qui y a été ajouté. Si le système a été suffisamment standardisé, il devient plus aisé d'absorber une entité extérieure et donc d'en tirer profit plus rapidement.

Plus question d'acheter une machine qui ne soit pas « *data ready* » et donc capable de fournir des données dans le format prédéfini. Plus question de mettre en place des systèmes qui ne seraient pas suffisamment « APIsés » avec le reste de l'architecture IT. D'une façon générale, la construction de cette nouvelle empreinte modulaire représente l'opportunité de redéfinir un système de production standardisé à la fois sur les opérations et sur la donnée. Pour faire marcher ce nouveau système, les compétences devront aussi s'adapter : sur chaque projet, le pendant « *data* » des compétences opérationnelles est requis. Chez Michelin par exemple, la dizaine de métiers qui gravitaient traditionnellement autour de la donnée a été organisée autour du triptyque : *data manager – data engineer – data analyst.*

Tactique 8 : considérer l'écosystème comme un actif

« L'IP [la propriété intellectuelle] n'est plus différenciant, c'est la vitesse d'innovation qui compte. » Par ces mots, Elon Musk résume l'un des changements majeurs qu'il faut intégrer dans la stratégie de création de valeur : aller vite en mode ouvert plutôt que chercher seul des innovations différenciantes en entretenant la culture du secret. Or, pour y arriver, il faut activer quelques curseurs inhabituels.

Le premier est de ne plus considérer l'extérieur comme une menace. L'histoire de l'industrie est certes jalonnée de dépôts de brevets et de secrets technologiques qui ont fait la force de nombreux groupes ; toutefois, quand il s'agit d'innover différemment, notamment pour créer de nouveaux modèles d'affaires grâce au digital, ce n'est plus la profondeur scientifique qui compte, mais la méthode et la bonne utilisation des actifs. L'un des plus précieux d'entre eux est notamment l'écosystème de l'entreprise. Derrière ce terme générique, on retrouve à la fois les acteurs locaux qui entourent l'entreprise (institutions, écoles, laboratoires), mais aussi les fournisseurs, les clients directs et indirects, voire les concurrents. L'un des ingrédients du succès de la Silicon Valley est ainsi la coopétition, émulation permanente issue d'un mélange de coopération et de compétition, qui fait que Google utilise des briques venant de chez Apple et Facebook et vice-versa, chacun détenant des compétences distinctes dans des champs variés qui ne se recouvrent qu'en partie. La coopétition permet alors d'aller plus vite sur l'innovation qui est utile pour le client final. Il s'agit toujours de tirer l'innovation par le marché et d'utiliser les briques disponibles en interne ou d'aller les chercher chez la concurrence si elles sont disponibles « sur étagère ». Toute cette gymnastique se résume finalement en un mot : l'intégration, dans le cadre d'une entreprise étendue.

Être obsédé par l'intégration

On sait que l'une des clés majeures du succès de Tesla est l'intégration verticale. Toutefois, cette clé est à préciser : Tesla ne se contente pas de développer plus de choses en interne que ses concurrents. Tesla rachète aussi des fabricants de machines, de capacité de transport routier, des concessions sur des mines de lithium, etc. Vous vous dites surement « oui, mais tout le monde n'a pas l'assise financière d'Elon Musk ». Et c'est pourquoi la vraie capacité d'intégration n'est pas seulement capitalistique, elle consiste surtout à casser les rigidités aux interfaces internes et externes de l'organisation. Ainsi, si le process d'approvisionnement est suffisamment digitalisé et que la logistique physique est suffisamment travaillée pour être réactive, l'intégration créée sera aussi efficace avec l'extérieur qu'une interface à l'intérieur d'une grande organisation.

Être obsédé par l'intégration, c'est donc d'abord casser les silos internes pour permettre la continuité, puis travailler les interfaces avec les fournisseurs, les clients, les partenaires et les concurrents. De plus en plus de secteurs proposent, par exemple, des configurateurs aux clients pour les aider à concevoir le produit le plus adapté à leur besoin. Cette forme d'intégration par une plateforme digitale accélère largement la vitesse de prise de décision du client, mais aussi la vitesse de réaction de l'industriel. En France, deux entreprises montrent la voie dans ce domaine : Cuisine Schmidt dans le BtoC, avec un lien direct entre les points de vente et l'usine, et Diam Bouchage[5], fabricant de bouchons en liège permettant d'éviter les contaminations, qui propose un configurateur à ses clients vignerons afin de les aider à concevoir des bouchons sur-mesure. Ce qui est valable en aval l'est également en amont et il est tout à fait possible de créer des plateformes d'achat en s'alliant à ses concurrents ou partenaires pour acheter moins cher et en meute.

Une autre forme d'intégration avec l'écosystème local consiste à partager des actifs ou des savoir-faire. C'est ainsi que ThyssenKrupp PrestaFrance en Moselle partage son centre d'excellence avec les PME aux alentours et que Michelin s'est lancé dans une initiative similaire à Clermont-Ferrand avec la Halle 32 qui sert à la fois de centre de formation et de *fablab* partagé avec les entreprises de l'écosystème auvergnat.

5. Voir Valentin M., *Hyper-manufacturing : l'après lean*, Dunod, 2020, p.78-82.

Pour aller plus loin, et carrément lancer des nouveaux modèles d'affaires, il faut donc augmenter le niveau d'intégration. L'idéal est alors d'entretenir un réseau de partenaires privilégiés pour pouvoir faire de la recherche utilisateurs (*user resarch*) en permanence. Cet actif, quand il existe, est extrêmement puissant et donne naissance aux meilleures machines à créer de nouveaux business : les start-up studios.

Danser avec les institutions locales et les écoles

La plupart des industriels avec qui je discute de leurs implantations futures me remontent un point potentiellement bloquant : la capacité à trouver des terrains viables et à obtenir les autorisations dans le délai qu'ils envisagent. L'arrivée d'une nouvelle usine est généralement vécue par la plupart des institutions locales comme une bonne nouvelle, mais est souvent plus complexe à réaliser que la construction d'un simple entrepôt, voire d'une zone commerciale. Il y a donc un véritable effort de communication à entreprendre vis-à-vis des autorités locales pour créer les premières briques d'une relation avec la mairie, le Conseil départemental, la Région, qui ira en s'approfondissant. Ce constat ne s'arrête pas aux portes de la France, car la plupart des pays industriels se battent pour accueillir des investisseurs. Toutefois, il n'est pas toujours simple politiquement d'accueillir une usine, car celle-ci est également associée à des risques d'accidents graves (AZF, Lubrizol) ou à des nuisances refusées par les riverains. Ainsi, une fois l'implantation réalisée, il est important de continuer à cultiver les relations afin que l'image de l'entreprise reste à la hauteur de ce qu'elle apporte localement : portes ouvertes régulières, soutien et participation aux événements locaux et à la vie de la cité via les associations sportives par exemple, mais aussi développement de centres ouverts au public pour une innovation ouverte, avec des *fablabs* ou des initiatives d'intrapreneuriat ouvertes, potentiellement en commun avec d'autres entreprises de l'écosystème, telles que le fait La Ruche industrielle à Lyon par exemple.

L'autre volet crucial pour « danser » avec les acteurs locaux consiste à travailler en partenariat avec les écoles et les universités. Toyota est un modèle en la matière. Dans l'usine de Valenciennes par exemple, il y a depuis l'origine un partenariat local avec les universités des Hauts-de-France qui permet d'accueillir des alternants et de développer des solutions sous forme d'innovation ouverte avec les laboratoires locaux. Les besoins en compétences industrielles classiques sont aussi difficiles à satisfaire et il est donc utile de co-construire des cursus localement, voire de développer des écoles internes en partenariat avec le système éducatif national pour créer des parcours diplômants adaptés. Pour les besoins plus avancés, il faut alors aller chercher des compétences dans les métropoles et tout le jeu consiste à réussir à les attirer.

Faire du judo avec les concurrents

Je parlais précédemment de la coopétition dans la Silicon Valley, ce nouveau paradigme qui consiste à s'appuyer en partie sur ses concurrents pour aller chercher des briques technologiques ou des relais de croissance. Cette idée ne va pas de soi, mais est souvent payante. Dans certains cas, une solution isolée ne réussira pas à passer à l'échelle, alors qu'une solution ouverte à d'autres acteurs permettra non seulement d'atteindre la masse critique recherchée, mais pourra aussi vous procurer des informations sur vos concurrents.

L'idée est surtout ici d'empêcher qu'un nouvel entrant provenant d'un tout autre secteur ou qu'une start-up ne prenne le marché grâce à une capacité d'investissement très supérieure.

Apprendre à travailler avec les start-up

Comment attirer les nouveaux talents Tech dont l'industrie a besoin ? Comment apprendre à travailler avec eux et comme eux ? L'une des façons de faire est de se rapprocher d'entreprises plus petites et moins menaçantes que les géants de la Tech : les start-up. Ces organisations n'ont souvent pas encore une taille critique suffisante pour représenter une menace potentielle à l'égard des industriels ; elles permettent au contraire de répondre aux multiples difficultés que vivent les équipes industrielles sur le terrain lors des transitions numériques : digitalisation de processus trop manuels et trop lents, augmentation de la capacité des machines, accélération des boucles de prise de décision, mise à disposition des briques technologiques les plus avancées sur des problèmes précis liés au cœur de métier, accélération de processus transverses tels que la planification industrielle ou la traçabilité, automatisation de toutes les tâches immatérielles à faible valeur ajoutée…

Cependant, travailler avec des start-up n'est pas forcément aisé et implique d'apprendre à travailler différemment, avec des méthodes agiles, en acceptant l'erreur et le « *test & learn* ». Or, la logique industrielle consiste plutôt à faire « parfait du premier coup ». Se défaire de cette logique prend de fait un certain temps.

Dernier obstacle à franchir : la localisation physique. Pourquoi Tesla s'est implanté à Berlin et non pas dans la campagne bavaroise ou en Moselle ? Plusieurs facteurs d'attractivité territoriale ont joué, mais le principal est que la scène berlinoise offre de multiples talents de la Tech. Comment faire pour attirer les talents à soi lorsqu'on n'a pas la puissance de frappe de Tesla ou la capacité à déménager à proximité de ces hubs ? Une manière de se constituer un *pool* de talents consiste alors à s'associer à des initiatives existantes dans les territoires. La Ruche industrielle à Lyon, déjà citée, ou l'initiative Nicephore à Chalon-sur-Saône permettent, par exemple, de créer des ponts entres les universités, les start-up et les entreprises industrielles. Il existe aussi des hubs de start-up dédiés à l'industrie tels que l'IoT Valley à Toulouse, spécialisée sur une thématique technologique, ou encore des start-up studio comme OSS Ventures, expert en SaaS au service de l'usine. En s'associant à de telles organisations, on peut facilement accéder à un panier de solutions en échange du temps accordé aux jeunes pousses qui ont besoin de terrains d'expérimentation pour leurs idées. Enfin, l'alternance s'est récemment refait une santé en France. Elle permet d'intégrer des jeunes étudiants du secteur de la Tech pour les flécher vers des rôles de *product manager* en les initiant à la partie industrielle du métier. JPB Système a, par exemple, conçu son application de maintenance prédictive Keyprod avec ce type de compétences.

La méthode de Clément Ray d'Innovafeed

Fondé en 2016 par trois trentenaires passionnés de nutrition responsable, dont Clément Ray, Innovafeed est l'une des étoiles de la Start-Up Nation dans le secteur du *new food*. Dès le départ, la start-up, qui développe et produit des protéines d'insectes à destination de l'aquaculture et de la nutrition animale, a cumulé les succès : première preuve de concept en laboratoire en 2017, puis première levée de fonds en 2018. Depuis, Innovafeed a obtenu plusieurs belles preuves de marché avec des distributeurs comme Auchan et des industriels de la nutrition comme Cargill et ADM. En parallèle, Innovafeed a ouvert deux sites industriels dont la plus grande ferme d'insectes au monde située dans le nord de la France à Nesle et dotée d'une capacité de production de 15 000 tonnes de protéines par an.

Ces sites industriels reposent sur un modèle de symbiose industrielle, extrêmement performant d'un point de vue environnemental et qui permet notamment au site de Nesle d'émettre 80 % de CO_2 de moins que ses concurrents[6]. En parallèle, Innovafeed s'implante à l'international, à commencer par les États-Unis où elle va inaugurer d'ici à 2023, en partenariat avec ADM, un site industriel avec une capacité quatre fois supérieure à celle de Nesle. Les tours de table se sont ainsi succédé, le dernier en 2020 ayant permis de lever 140 millions d'euros avec un objectif de passage à l'échelle sur le métier cœur.

6. Pour plus d'explication sur le modèle de symbiose industrielle : *innovafeed.com/impact-environnemental/*

Le dirigeant peut devenir le principal goulot du système

Comment diriger une entreprise qui doit se remettre en cause en permanence ? Dans le cas d'une start-up industrielle, la vitesse d'itération est capitale. À ce sujet, Clément Ray fait un premier constat qui peut sembler à première vue déroutant : « Si rien n'est fait, le dirigeant peut très vite devenir le goulot du système, car chaque évolution de l'entreprise l'oblige à se remettre en cause. » Il faut donc accepter de se faire challenger et ne jamais rester dans sa zone de confort. Clément Ray reconnaît ainsi qu'il est important pour lui de pouvoir prendre conseil auprès de personnes clés qui évoluent avec le temps et qui ont pour point commun de lui permettre de se remettre en cause et de prendre de la hauteur en permanence. Il adore aussi demander l'avis de ses équipes. Contre-intuitif pour un dirigeant ? « Pas vraiment car les équipes aiment partager leurs avis et se sentir entendues. Cela renforce plutôt la crédibilité du dirigeant. » C'est cet état d'esprit qui fait la différence : accepter de ne pas tout savoir, accepter d'en parler, mais surtout apprendre à chaque étape du développement du business et devenir plus fort pour passer à l'étape suivante.

Le mode exponentiel oblige l'organisation à se remettre en cause

Au-delà du dirigeant, c'est toute l'entreprise qui doit se remettre en cause à une fréquence très élevée. Clément Ray estime que les cycles chez Innovafeed durent six mois et que cela ne fait que s'accélérer avec le temps. En effet, certains virages peuvent être fatals à l'entreprise, il faut donc en permanence se mettre en danger mais éviter à tout prix les voies sans issues. « Le mode exponentiel exige de doubler la taille de l'organisation tous les ans. » Comment rester robuste dans ces conditions ? Tout est une question de curseur : il faut trouver le plan réaliste qui permettra de continuer de croître à la bonne vitesse pour prendre des parts de marché, tout en ajustant l'ambition à la maturité des équipes et des process.

Devenir un label *Intel Inside* pour le consommateur final

Comment l'effet réseau se matérialise-t-il dans un secteur comme l'agro-alimentaire quand on est situé au début de chaîne de valeur ? Clément Ray a eu l'idée de copier l'effet *Intel Inside* : il s'agit d'un principe de prescription inversée par lequel l'exigence du consommateur final rétroagit sur les maillons intermédiaires de la chaîne. Dans le cas d'Innovafeed, il s'agit d'amener le consommateur à n'acheter plus que des poissons nourris à base de farines d'insectes et non à partir d'autres farines animales. La raison en est évidente : les gains pour la planète. Innovafeed estime faire économiser 1 million de tonnes de CO_2 sur un marché où un poisson sur deux est désormais élevé en aquaculture et non plus pêché. L'enjeu est donc de favoriser un élevage circulaire qui n'impacte pas les réserves halieutiques et qui est en outre vertueux puisque la nourriture des poissons est générée par des modes de production très bas carbone. Le mode réseau passe ainsi par des partenariats avec les clients directs, Auchan dans la distribution et Cargill dans la nutrition animale, pour mettre cet impact positif en valeur.

Attirer les talents est un travail constant

Aujourd'hui, la plupart des industriels butent sur un levier majeur de développement : le recrutement. Pourtant, Innovafeed reçoit plus de douze mille CV par an pour seulement cent vingt recrutements. Comment parvient-elle à ce résultat ? Comme toute start-up, Innovafeed propose évidemment un système de participation au capital. Mais pour Clément Ray, l'attractivité d'Innovafeed repose sur un mix systémique : « Certes, au départ nous avons surtout recruté dans notre réseau proche. Mais ce qui nous rend attractif désormais, c'est la mission que l'on se donne et surtout les valeurs que l'on fait vivre au quotidien avec notre mode de leadership. C'est la satisfaction, l'engagement et l'enthousiasme de nos collaborateurs qui nous fait rayonner et nous rend attractif. » À l'aube d'une nouvelle étape de développement majeure aux États-Unis, Innovafeed est une très belle réussite française dans un secteur où la France excelle, avec un impact durable sur la planète et des équipes enthousiastes et épanouies.

La méthode de Grégoire Hirtz de ManoMano

ManoMano est une belle aventure entrepreneuriale née d'une idée très simple : acquérir les bons outils pour jardiner et bricoler devrait pouvoir se faire en quelques clics. Lancée en 2013, il faudra quelques itérations aux deux fondateurs, Christian Raisson et Philippe de Chanville, pour faire décoller la plateforme qui cumule maintenant 50 millions de visiteurs par semaine et s'est diversifiée entre-temps dans le BtoB. Depuis deux ans, Grégoire Hirtz est chargé de la *business unit* logistique de la scale-up[7].

L'implication des fondateurs pour faire vivre la culture d'entreprise

Encore aujourd'hui, les deux fondateurs sont très présents dans l'organisation. Cela se matérialise par des aspects très concrets. Par exemple, ils voient en entretien jusqu'à 50 % des personnes qui arrivent en fin du processus de recrutement. La raison ? Transmettre la culture d'entreprise de manière directe à chaque nouvelle recrue. Les fondateurs ont aussi des points mensuels de trente minutes avec les seniors managers dont une part substantielle est consacrée à faire vivre la culture d'entreprise à travers le modèle de management : l'un des fondements du modèle de ManoMano est notamment la responsabilité aussi bien en interne que vis-à-vis du client, ce qui passe par un engagement fort pour la planète. Sur ce dernier point, les dirigeants ont une cible ambitieuse de réduction de 40 % de l'empreinte carbone de l'entreprise et ils s'en donnent les moyens avec une méthode et un suivi précis des indicateurs. Le sujet est tellement important à leurs yeux que la communication interne qui s'y rapporte est quasiment quotidienne.

Le passage à l'échelle est d'abord une question d'équipe

L'effectif de ManoMano est de plus de 1 200 personnes en 2022. Pour Grégoire Hirtz, qui n'en est pas à sa première aventure en start-up, le passage à l'échelle est ainsi d'abord un sujet de ressources humaines. « Clairement, embaucher les bonnes personnes permet de faire des phases d'accélération qu'on n'aurait pas imaginées possibles. » Il ne s'agit donc pas seulement de trouver les bonnes compétences, mais aussi de se focaliser sur les personnes qui témoignent d'un état d'esprit particulier. « Ce sont ceux qui sont capables de faire confiance à la vision des fondateurs et qui se remettent en cause en permanence qui font la différence pour accélérer la croissance de l'entreprise. »

---

7. Une scale-up est une entreprise qui se conçoit comme une start-up ayant réussi sa première phase de croissance.

Cette exigence a toutefois son revers. « Le *turn-over* est important, même s'il l'est plutôt moins que dans la plupart des start-up », explique Grégoire Hirtz. Selon lui, il ne faut pas en faire un drame et accepter que cela fasse partie des règles du jeu. Toutefois, des moyens sont mis en œuvre pour fidéliser. « Nous essayons de faciliter au maximum les évolutions de poste et de codifier le plus possible le rôle de chacun pour faciliter l'agilité. » La codification des postes est très importante dans cette entreprise en forte croissance, passée en un an et demi de 600 à 1 200 personnes. Ces embauches massives impliquent de rendre les personnes opérationnelles le plus rapidement possible.

Construire l'avion et voler en même temps

« Construire l'avion en même temps que tu voles. » L'expression utilisée par Grégoire Hirtz résume bien le défi posé au créateur de start-up et à l'équipe qui, progressivement, l'accompagne. « Comme le modèle d'affaires n'est pas rentable au départ, plus tu grandis et plus tu perds d'argent en volume. Il faut donc redoubler d'efforts en permanence pour se développer et trouver le point de rentabilité, mais cela a des conséquences. »

La nécessité d'aller vite amène parfois à sacrifier la robustesse. Grégoire Hirtz donne l'exemple de certains processus de facturation qui sont encore trop manuels et dont la modernisation n'a pas suivi le rythme de la croissance. « Les données sont piochées dans des tables improbables avec des requêtes SQL mais qui ne sont pas faites pour cela. » De fait, seules quelques personnes sont capables de comprendre et maîtriser le flux de bout en bout, avec une grande difficulté à les remplacer et des risques d'erreurs importants. Il devient donc urgent de reprendre ce process, de le standardiser et de l'automatiser, ce qui prendre au moins neuf mois. « On a trop repoussé cette décision en se disant que ça pourrait attendre la prochaine évolution et maintenant on a une petite bombe à retardement », conclut Grégoire Hirtz.

Parvenir à synchroniser les ventes, le produit et les opérations, est une autre des difficultés rencontrées. Pour le résoudre, ManoMano a introduit l'une des grandes méthodes à succès des managers de la Tech : les OKR (*Objectives Key Results*) qui permettent d'aligner les objectifs de toute l'organisation, des plus stratégiques aux plus opérationnels, via un emboîtement qui rappelle les poupées gigognes. « C'est la Tech qui donne le diapason », confie Grégoire Hirtz. Tous les plannings sont donc alignés sur ceux de l'équipe Tech de manière à tirer la vitesse de toute l'organisation, pouvant parfois conduire à un léger ralentissement dans une fonction donnée, chacun n'étant plus libre d'avancer dans son propre couloir. Toutefois, globalement, cela permet d'avancer groupés et d'aller plus vite sur l'ensemble de l'organisation.

Grégoire Hirtz, qui a été manager chez Siemens et connaît bien le terrain, donne ainsi un conseil aux industriels qui voudraient avancer vers le mode start-up : « Pour moi, le plus gros changement, c'est de comprendre que la vitesse est reine : il vaut mieux prendre une mauvaise décision que ne pas décider. » Disruptif ?

Chapitre 6

Retrouver l'esprit pionnier

Points-clés des tactiques 9 à 14

- Les grandes entreprises industrielles sont souvent devenues des bureaucraties qui doivent retrouver l'esprit pionnier des fondateurs, tel qu'il anime aujourd'hui les créateurs de start-up. Pour ce faire, le dirigeant joue un rôle clé : concevoir une vision inspirante et la communiquer à chaque occasion, mettre les mains dans le cambouis de la Tech, discuter les choix technologiques et décider des options structurantes, s'ouvrir aux feedbacks des équipes, des clients et des partenaires, rayonner pour jouer un rôle d'attracteur (de talents notamment). Cela implique de se rendre nettement plus accessible qu'auparavant, mais aussi de s'initier à la donnée comme s'il s'agissait d'un sport de combat. L'hérésie consisterait à considérer la *data* comme un sujet technique à confier à un CDO ou à un DSI. En se rendant plus accessible, le dirigeant multiplie les opportunités de communiquer avec l'équipe pour inspirer, partager sa vision et en même temps transmettre le sens de l'urgence. Le changement ne peut fonctionner s'il est porté par la seule équipe dirigeante.
- Au-delà du rôle attracteur du dirigeant, les usines devront elles aussi se rendre attractives en travaillant sur leur hygiène et sécurité, ainsi que sur l'esthétique de leurs locaux et l'expérience utilisateur (UX) de tous les équipements et outils proposés.

- Dans une logique de cohérence et d'attractivité, l'usine veillera à proposer des conditions de travail, d'emploi et d'évolution de carrière attrayantes, en les élargissant aux cols bleus et pas seulement à l'encadrement et aux métiers de la Tech. Proposer des compensations à ceux qui ne peuvent pas bénéficier de la flexibilité spatio-temporelle (télétravail, horaires flexibles) devrait être un souci du monde industriel. Cela peut aller jusqu'à intéresser toutes les équipes aux résultats par une participation au capital.
- Enfin, le dirigeant doit adapter son propre agenda pour faire plus de place à l'activité reine dans une période de mutation profonde des compétences : la chasse et le recrutement des talents. Cet investissement en temps peut aller jusqu'à 50 % pour les dirigeants dans le cas de start-up. Cela permet à la fois d'augmenter les chances de recruter des ressources rares, mais aussi de transmettre la culture à tous les nouveaux entrants de façon directe.

Édouard et André Michelin, André Citroën, Armand Peugeot dans le secteur automobile, Ferdinand de Lesseps, Gustave Eiffel ou Francis Bouygues dans le secteur de la construction, Gérard Mulliez ou Édouard Leclerc dans la distribution… Quel est le point commun entre ces fondateurs des grandes entreprises françaises du XXe siècle ? La volonté d'entreprendre, mais aussi l'audace, la capacité à prendre des risques, la proximité des équipes et l'implication personnelle très forte dans le quotidien des opérations sont indéniablement des marqueurs de leur ambition. Au XXIe siècle, les fondateurs célèbres s'appellent Steve Jobs, Bill Gates, Jeff Bezos, Elon Musk pour les géants de la Tech, ou encore Alexandre Prot (Qonto) ou Romain Moulin (Exotec) pour les licornes en devenir. Qu'est-ce qui différencie ces fondateurs d'aujourd'hui de ceux d'hier ? Certes, la méthode d'innovation a radicalement changé et les marchés évoluent plus vite, mais sur le fond les différences sont minimes. L'impact des fondateurs sur une culture d'entreprise est immense. Cependant, cette empreinte peut disparaître avec le temps, diluée par la succession des dirigeants ou par la financiarisation de la gouvernance.

Comment retrouver l'énergie, l'envie et la vitesse d'exécution qui caractérisent les débuts d'une aventure entrepreneuriale ? Comment retrouver cet esprit pionnier, si vivant dans les start-up, dont les mammouths pourraient s'inspirer pour retrouver le chemin de l'innovation radicale ?

Tactique 9 : agir ensemble comme les fondateurs

Le rôle d'un fondateur de start-up est fondamentalement différent de celui d'un dirigeant de grand groupe : une start-up est, par définition, une organisation provisoire dont l'objectif est de trouver un modèle d'affaires rentable et qui passera à l'échelle. L'objectif principal du dirigeant est donc de tout mettre en œuvre pour expérimenter et faire la preuve que son modèle d'affaires existe et qu'il permet de résoudre un problème concret. Dans ce contexte, les actionnaires, les équipes et les clients attendent principalement de lui qu'il se jette dans la fosse aux lions et qu'il contribue au développement quotidien à un niveau de détail équivalent à celui de ses équipes, mais en étant en outre capable de saisir les sujets prioritaires en permanence. Le dirigeant a le fervent devoir d'impulser une vision forte afin de motiver chaque personne pour continuer l'aventure dans un environnement extrêmement incertain.

Comment transposer cela dans un groupe industriel ? La première difficulté est d'agir ensemble. Bien souvent, dans les groupes, chaque fonction s'est structurée pour accomplir au mieux sa mission, parfois en perdant le sens du business et le lien avec le client final. Cela crée des silos qui ralentissent les décisions et qui favorisent les guerres politiques intestines. Point n'est besoin d'être très grand pour que cela se produise : beaucoup de PME vivent cet écueil, alors qu'elles ne comptent pas plus de cinquante personnes.

Pour retrouver le sens de l'action collective, le rôle du dirigeant est fondamental. Retrouver la ferveur du fondateur, c'est d'abord avoir la charge de la vision, d'une vision inspirante qui doit être réitérée autant de fois que possible lors de chaque opportunité. Comme dans une course sportive où la foule qui applaudit donne au coureur un regain d'énergie, le fondateur est celui qui impulse en permanence cette énergie positive en revenant à la vision fondamentale et en réinjectant du sens dans l'action quotidienne.

Comment créer une culture de l'action et du risque calculé ? Il ne s'agit pas de prendre des risques inconsidérés, bien entendu. Mais chacun doit personnellement s'engager en permanence à atteindre un objectif ou à répondre à une question souvent basée sur des hypothèses. Par exemple : « Je pense qu'il est possible de vendre ce produit 1 000 € par mois et je vais le prouver en décrochant trois clients d'ici à la fin du trimestre. » La somme de ces petites prises de risque crée une culture de l'action. Celle-ci incite chacun à s'engager sur des objectifs concrets devant ses pairs, créant une motivation intrinsèque bien supérieure que des objectifs fixés par la seule hiérarchie. Le dirigeant montre alors l'exemple. Très concrètement, lorsqu'un nouveau modèle d'affaires est à l'étude, il s'implique personnellement : il aide à résoudre les problèmes pour accéder au marché, participe le cas échéant à la recherche utilisateurs et aux ateliers d'idéation sur le produit. La tâche n'est pas déléguée à un CDO ou, en tout cas, pas intégralement. Comme le dit Brian Chesky, fondateur d'Airbnb : « La Tech est le nouvel Ops et il n'y a plus de stratégie sans excellence dans les opérations. » La stratégie déconnectée de l'exécution opérationnelle n'a plus de sens. Et l'exécution opérationnelle ne peut plus se concevoir sans la Tech. Le dirigeant devient donc le *Chief of Technology* de l'entreprise : il ne délègue pas cette responsabilité.

Chez Space X, c'est Elon Musk qui continue à faire les grands choix de produit aux côtés de ses équipes. Lorsque les premiers lanceurs Falcon ont été dessinés, par exemple, plusieurs options étaient sur la table : quel moteur ? Quel système de fixation entre les différents étages ? Quels matériaux ? Quel type de soudure ? Le choix de remplacer l'aluminium par l'acier, par exemple, n'allait pas de soi car le matériau est plus lourd et doit être laminé de manière plus fine. Mais avec les progrès constants des techniques de soudure, le choix de cette option s'est révélé préférable pour des questions de coût et de résistance aux grandes chaleurs quand un lanceur doit passer plusieurs fois le mur de l'atmosphère. Cette décision très structurante a été prise par Elon Musk lui-même, car il avait depuis le début la vision que ses lanceurs devaient être réutilisables. S'impliquer personnellement, cela veut dire avoir un avis éclairé sur ce type de sujet, un avis de technicien, mais forgé par la vision.

La force des patrons de la Tech est aussi d'impulser une relation très différente au client. Satya Nadella a réussi, par exemple, à redresser totalement Microsoft au tournant des années 2015. Sa recette ? Interrogé sur le sujet, il met en avant sa proximité avec les clients : chaque semaine, il réserve au moins 30 % de son temps à des discussions avec les clients et se donne comme objectif d'avoir au moins deux discussions hebdomadaires approfondies avec certains d'entre eux.

Tactique 10 : descendre dans l'arène et transmettre le sens de l'urgence

Aujourd'hui, très peu de dirigeants du CAC40 sont accessibles. Bien entendu, ils rencontrent de temps en temps leurs troupes lors des grandes messes, mais il est plus rare de voir l'un d'entre eux se déplacer sur le terrain, sans escorte et sans équipe, pour faire un tour d'usine, participer à une revue de produit ou aller vendre le produit avec des commerciaux. Tout le système est organisé pour que le dirigeant se concentre sur les sujets de long terme : préparer les prochaines acquisitions, définir la stratégie internationale, penser l'organisation et les synergies entre les différentes filiales, préparer la prochaine réunion du comité de surveillance… Culturellement, en France, le roi se fait discret et doit se positionner au-dessus de la mêlée. Ainsi la communication du grand chef est exceptionnelle et très policée, préparée pour que toutes les parties prenantes soient rassurées et confortées.

Au contraire, le fondateur de start-up se lance quotidiennement dans l'arène. Chaque jour, il est avec des clients, aide l'équipe produit dans ses réflexions incertaines, discute avec ses partenaires et fournisseurs, s'engage personnellement sur des décisions de court terme et prend le risque de se montrer vulnérable ou de faire une erreur de communication. Il est aussi accessible facilement sur les réseaux sociaux, mais cela n'est pas lié à la taille de l'entreprise, car même chez les géants de la Tech, les dirigeants ont ce type de comportements. Comment opérer cette transformation ? L'idée n'est pas de basculer d'un mode de comportement à un autre en quelques jours. Le plus important est de faire évoluer son état d'esprit : se mettre à participer davantage, en sachant que l'on va potentiellement se montrer vulnérable, mais avec l'intime conviction que l'on va apprendre énormément et que l'erreur est permise ; adopter un langage plus informel pour briser la glace avec les équipes de terrain ; admettre qu'on a besoin d'aide aussi et consulter les équipes lors de chaque nouveau palier de développement, à l'instar de ce que fait Clément Ray chez Innovafeed ; accepter et accueillir les feedbacks des équipes, des clients et des partenaires.

Avec ce type de fonctionnement, la distance hiérarchique diminue, produisant une plus grande responsabilisation de chaque fonction et de chaque personne. En effet, la condition pour pouvoir innover de façon continue est de donner suffisamment de marges de manœuvre pour que les décisions soient prises en boucle courte. Comme nous l'avons vu, les fournisseurs qui travaillent avec Tesla témoignent à quel point les décisions sont prises rapidement par leurs interlocuteurs directs, sans avoir à remonter vers des comités de décision. Pour résumer cet état d'esprit, Jeff Bezos répète souvent à ses équipes que « c'est tous les jours le premier jour de l'aventure ».

Le premier effet positif de cette implication forte du dirigeant dans le quotidien de l'entreprise est la meilleure compréhension des causes-racines qui bloquent le développement de l'activité et donc la possibilité d'insuffler une exigence plus forte à toute l'organisation. Le second effet de cette présence fréquente du dirigeant sur le terrain, qui m'a été rapporté par plusieurs dirigeants de la Tech, est de transmettre un sentiment d'urgence. Dans une start-up, le besoin permanent de financement exerce naturellement une pression sur le temps, car le cash s'épuise rapidement. Cela incite à prendre tous les raccourcis possibles et à être extrêmement véloce. Comment transposer cette urgence dans une organisation traditionnelle ? Les dirigeants de scale-up parlent unanimement du besoin permanent d'entretenir le « sentiment de la plateforme qui brûle » (*burning platform*). Cette expression anglo-saxonne, inspirée des risques encourus sur les plateformes pétrolières lors d'accidents, est une image pour faire comprendre qu'il faut trouver une issue rapide à un problème, sous peine d'aller à la catastrophe, voire d'y perdre la vie (de disparaître pour une entreprise). Renaud Heitz chez Exotec explique par exemple que des mécanismes ont été mis en place pour renforcer en permanence le besoin d'urgence et assurer la connexion entre le client et les équipes : cela passe par un point de dix minutes quotidien avec des équipes pluridisciplinaires où le client est représenté par les personnes qui font le support, puis un point par métier dans lequel les fondateurs interviennent.

Quand une start-up grandit, l'esprit d'origine peut tendre à se dissoudre, les nouvelles recrues perdre de vue la vision et la mission, et le sentiment d'urgence s'atténuer car l'hypothèse de la disparition devient de moins en moins probable. Bref, l'organisation se normalise. Les fondateurs doivent alors sans cesse rappeler le besoin de vitesse à tous les étages, voire aller jusqu'à disrupter leur organisation pour lui donner un nouvel élan, comme le conseille Luc Leroy, ex-directeur technique chez Tesla, devenu dirigeant de la start-up Full Speed Automation. Cela peut passer par des changements dans l'organigramme ou les processus, voire par un renouvellement complet des équipes[1]. Les entreprises industrielles *legacy* gagneraient à s'inspirer au moins en partie de ces réflexes comportementaux. C'est une condition *sine qua non* pour la vélocité de l'exécution et la capacité de l'organisation à suivre le rythme des meilleurs.

1. En prenant le contrôle de Twitter en octobre 2022, la première décision d'Elon Musk a été de licencier trois dirigeants du réseau social : le PDG, le directeur financier, la directrice des affaires juridiques et de la sécurité, et d'annoncer un profond remaniement des équipes.

Tactique 11 : s'initier à la donnée pour augmenter le pilotage d'entreprise

« La donnée est super importante. C'est le rôle de mon CDO de la faire vivre pour créer de la valeur. » La plupart des entreprises industrielles ont désormais dépassé la croyance que les systèmes d'information reposent exclusivement sur la DSI. Certaines ont même fusionné la direction des opérations et la direction des systèmes informatiques, à l'instar de L'Oréal, précurseur sur le sujet. Mais une nouvelle hérésie s'empare des comités exécutifs : croire que le *Chief Digital Officer* (CDO) est responsable de tout ce qui concerne le digital et la donnée. Le risque d'une telle approche est alors que les métiers ne s'emparent pas du sujet et encore moins le dirigeant de l'entreprise.

Aujourd'hui, les dirigeants et managers ne peuvent plus faire l'économie de se former à la donnée, ni de comprendre les outils de base que leurs équipes vont devoir utiliser : remplacer les tableurs par de la *business intelligence*, utiliser le *low-code* pour simplifier les processus de base et gagner du temps au quotidien, automatiser le plus possible les tâches sans valeur ajoutée, etc. Une bonne façon de commencer consiste à se créer son propre tableau de bord, en temps réel, connecté aux données sources. Faire cet effort permet en général de toucher du doigt les difficultés d'accès, de transformation puis de mise à jour en continu des données. Le cercle vertueux de la donnée que nous avons déjà évoqué plusieurs fois n'est en effet que très rarement en place dans les entreprises industrielles. Dès lors, il n'y a rien de tel que de rechercher soi-même une information pour comprendre les difficultés dans lesquelles les équipes de terrain se débattent quotidiennement. Un ex-manager chez Amazon raconte l'anecdote suivante : « Lorsque je suis arrivé, j'ai tout de suite été en charge d'une *service line* importante au niveau de toute l'Europe. On m'a fixé des objectifs très ambitieux de croissance. J'avais besoin d'un tableau de bord de façon urgente pour comprendre l'impact de mes décisions sur les ventes. Mais lorsque j'ai demandé au service IT, ils m'ont répondu que j'avais accès aux requêtes SQL, et qu'il me suffisait de créer moi-même mes propres indicateurs. » Dans cet exemple, on retrouve tous les ingrédients attendus du management en mode start-up : des objectifs ambitieux, un fort niveau de responsabilisation et d'autonomie, une attente de la part de chaque manager de se prendre en main pour accéder aux données qui lui permettront de prendre les bonnes décisions.

Il est frappant de constater que très peu de dirigeants d'entreprises ont accès aux données qui leurs permettraient d'arbitrer ou n'y ont pas accès à la bonne fréquence. Disposez-vous d'un suivi du retour sur investissement de chaque grand projet qui a été lancé ? Avez-vous un suivi P&L détaillé par famille de produits qui vous permettrait d'arbitrer sur les nouveaux lancements à exécuter ? Disposez-vous des indicateurs de performance qui vous permettraient de challenger votre directeur industriel ou votre directeur de la supply chain ? Rares sont ceux qui disposent de tout cela de façon simple et directe sans passer par une armée d'intermédiaires qui moulinent la donnée, chaque semaine ou chaque mois. Même au niveau d'une usine, rares sont les dirigeants locaux qui visualisent en temps réel le chiffre d'affaires de la veille et la productivité fine des hommes et des machines. Grâce à la Tech et avec les bons « tuyaux », les données peuvent pourtant être structurées pour largement augmenter le pilotage de l'entreprise. Cela permet de gagner en précision pour prendre de meilleures décisions, mais aussi d'avoir une vision plus fréquente de ce qui se passe sur l'exécution afin de vérifier que les décisions sont mises en œuvre ou pour les modifier si les résultats ne sont pas conformes aux prévisions. Je ne compte plus le nombre de dirigeants qui me confient avoir des doutes sur la réalité de ce qui se passe en bout de chaîne, sur le terrain. Car les équipes tendent à embellir la situation et les dialogues directs sont rares.

La donnée permet d'enrichir cette compréhension quotidienne du dirigeant sur la performance et sur les conséquences des décisions qui sont prises à son niveau.

Enfin, c'est aussi l'ensemble du système managérial qui doit évoluer : au-delà des indicateurs et des données, maintenir la mobilisation de tous implique de revoir en profondeur les routines de performance, de présence sur le terrain et les exercices de résolution de problèmes. Cela commence par une fréquence plus élevée de fixation et de revue des objectifs. Typiquement, il s'agit de passer d'un mode annuel à un mode trimestriel pour les objectifs individuels, de battre la mesure une à deux fois par jour pour les indicateurs de process issus du terrain et *a minima* une fois par semaine pour les indicateurs stratégiques. Cela implique aussi d'utiliser la Tech à tous les étages pour que les revues de performance soient digitalisées afin de mieux partager les actions d'amélioration entre services, d'accélérer la résolution de problème dans une véritable logique de capitalisation entre les machines, les zones, les usines, les fonctions et, enfin, pour animer la performance en temps réel au plus près du terrain.

L'idée est « d'augmenter » les responsables de terrain pour qu'ils perdent moins de temps sur des tâches administratives et puissent le réallouer à des tâches à plus forte valeur ajoutée comme le développement des équipes, le recrutement ou la résolution des problèmes. Au final, la donnée permet d'augmenter la culture *lean* pour passer d'une culture managériale du XXe siècle à celle du XXIe siècle.

Figure 6.1 – La donnée, nouveau paradigme de la culture managériale

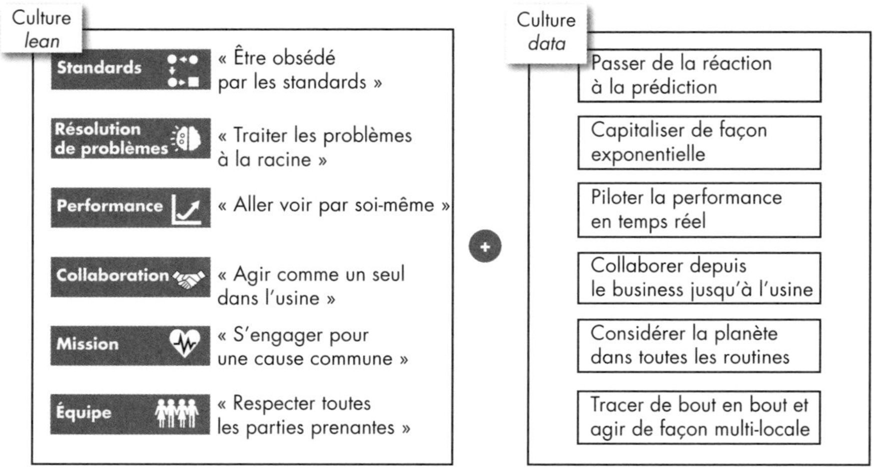

Tactique 12 : bichonner son usine comme sa propre maison

« Toutes les usines ne peuvent pas ressembler à un laboratoire comme une usine Tesla. » Cette remarque, je l'ai entendue de nombreuses fois depuis cinq ans. L'erreur classique, héritée du XIXe siècle, consiste à considérer que le cadre de travail doit être avant tout fonctionnel, sans aucune considération portée à l'esthétique et à l'atmosphère des lieux. Et cela ne concerne pas que les murs de l'usine, mais aussi les outils. Ainsi, on glisse facilement de « il ne faut pas que l'usine soit belle » à « il ne faut surtout pas donner des smartphones aux équipes, sinon elles vont jouer avec ». Et vos cadres, ont-ils des smartphones ? Êtes-vous sûrs qu'ils ne jouent pas avec ?

Considérer que l'esthétique n'a aucune importance crée une énorme dissonance entre les discours tenus à l'extérieur pour attirer les meilleurs et les conditions de travail réelles ressenties à l'intérieur. Symétriquement, cela n'aurait aucun sens d'avoir la plus belle des usines sans considération apportée aux autres conditions de travail et d'emploi. Dans ce domaine, la notion fondamentale qui peut vous guider est celle de la confiance accordée sans conditionnalité. Les personnes prennent soin des choses qui leur appartiennent. Dans les années 1980, la TPM (*Total Productive Maintenance*), développée par Toyota, reposait déjà sur ce principe simple : pour que chacun prenne soin d'une machine, il faut que chaque personne développe envers elle un sentiment de responsabilité ; l'utilisateur de la machine s'assure qu'elle reste propre et se responsabilise sur ses défaillances potentielles, car c'est comme si elle lui appartenait. Dans mon travail de consultant, je visite plusieurs usines par semaine. Les plus avancées dans le digital sont aussi les plus propres ; ce sont aussi celles qui ont le plus travaillé le management visuel des processus, les flux de déplacement des personnes et la qualité des zones de vie (restaurant, salle de repos, vestiaire). Damien Marc, PDG de JPB Système, résume sa vision des choses en ces termes : « Je suis un maniaque de mon usine, les lignes doivent être peintes de la même couleur, avec un marquage visuel très clair ; j'y apporte le même soin qu'à ma maison. » Lorsqu'on foule le sol de son usine à Montereau-sur-le-Jard, l'effet « waouh » est garanti. Cette première impression n'est ensuite pas démentie par les investissements réalisés pour automatiser les lignes et continuer à fabriquer en France, et par l'effort qui est fait pour que le management visuel se mette au service de la performance.

Si on fait le parallèle avec le monde des start-up, ce dernier est souvent perçu comme un environnement de jeunes en baskets qui jouent au baby-foot. La réalité, c'est que les personnes qui y travaillent s'investissent beaucoup plus que la moyenne des salariés pour la réussite de l'entreprise. Il y a de multiples facteurs qui expliquent cette différence, dont l'intéressement au capital ou la rémunération. Mais l'un d'entre eux est clairement lié aux conditions matérielles du lieu de travail et à l'effort particulier qui est fait pour que les bureaux ressemblent à une extension de la maison, avec un cadre particulièrement agréable, où il fait bon vivre et où l'on peut partager des moments de convivialité entre collègues. La dimension sociale du travail est l'un des facteurs clés de motivation. C'est d'ailleurs la principale raison invoquée par les salariés lorsqu'on les a interrogés sur leurs motivations à revenir au bureau après l'expérience du télétravail de confinement[2]. Il faut donc que l'aménagement des espaces se mette au service du besoin fondamental de convivialité. Pourquoi les usines seraient-elles traitées différemment ?

Dans les sites industriels que j'ai eu l'occasion de visiter et d'accompagner, beaucoup sont constitués de multiples strates architecturales qui se sont superposées dans le temps. Il est d'ailleurs frappant de constater combien les bâtiments exercent une influence sur l'organisation du travail, très silotée ou au contraire plus collaborative. De nombreux bâtiments dans le secteur de l'électronique et de la défense sont, par exemple, organisés un peu comme des écoles, avec de multiples salles fermées. Récemment, dans un projet pour le secteur de la pharmacie, le comité de direction était isolé dans un bâtiment à 300 mètres du centre de fabrication, y compris les personnes ayant un rôle directement opérationnel à jouer. En général, dans ces contextes, la solution consiste à travailler sur les flux et le décloisonnement, si ce n'est physique, au moins managérial, grâce à un pilotage de performance très fréquent, prévoyant des interactions formelles régulières entre services, ce qui permet de compenser l'absence de contacts informels directs entre les personnes. À l'inverse, quand on visite des entreprises comme Sodistra, Agronutris ou Sew Usocome, pour n'en citer que quelques-unes, on constate que la conception de l'espace a été mûrement réfléchie et que les zones de détente ont été particulièrement travaillées pour que les équipes s'y sentent bien. Investir sur ces thèmes n'a rien de futile ; cela compte énormément pour l'attractivité et la rétention des talents.

---

2. Baromètre annuel du télétravail de Malakoff Humanis, février 2021.

Tactique 13 : s'assurer que tout le monde gagne

« Bien entendu, nous avons des gestionnaires de carrière. » Dans les grands groupes, la politique RH est souvent une source de fierté. Et il est vrai que bien des cadres s'épanouissent en changeant régulièrement de fonctions et en étant mobiles géographiquement. Mais qu'en est-il des techniciens et des cols bleus ? La catégorie ETAM (employés, techniciens et agents de maîtrise) est souvent le parent pauvre des plans de développement RH. Or, pour faire pivoter un groupe industriel en mode start-up, la contribution de chacun est nécessaire et doit être reconnue. C'est ce qui fait la force des entreprises de la Tech, comme Google, Apple ou Tesla. Si 80 % des ressources vives de l'entreprise se sentent déconnectées de son résultat, comment mobiliser le groupe ?

Nombre d'opérateurs de production, de techniciens ou d'agents de maîtrise ont une activité à côté de leur travail en usine : artisanat, agriculture, services à la personne, activités associatives, éducatives… Cette énergie est trop souvent ignorée par les entreprises au lieu d'être fléchée vers le projet commun. C'est pourquoi le chercheur François Pellerin[3], lui-même ancien directeur de site industriel, suggère de recruter non seulement sur les compétences, mais aussi et surtout sur les appétences, en tenant compte du hors CV. On se contente encore trop d'utiliser les mains et les cerveaux de ses équipes, en laissant leur cœur et leurs capacités créatives s'épanouir en dehors de l'entreprise. C'est un énorme gâchis. Pour impliquer et motiver, le premier outil dont nous parle Clément Ray, consiste à solliciter fréquemment les feedbacks de la base pour que l'entreprise progresse, en acceptant les remarques qui dérangent et en les prenant en compte. Les mécanismes de participation des salariés à l'amélioration continue et à la vie de l'organisation doivent être creusés.

3. Pellerin F. et Cahier M.-L., *Organisation et compétences dans l'usine du futur*, Les Notes de la Fabrique/Presses des Mines, 2019.

Impossible ensuite de ne pas évoquer la question des rémunérations à une époque où l'inflation repart, avec des augmentations de prix de l'ordre de 5 à 10 % selon les États. Comment réussir à augmenter les rémunérations sans pénaliser la performance de l'entreprise, et donc sa capacité à investir pour l'avenir, alors même que les industriels sont pris en étau entre des coûts qui augmentent inexorablement et leurs difficultés à les répercuter sur le prix de vente ? Il n'y a pas de recette miracle, mais le principe de la participation équitable aux résultats de l'entreprise reste un guide assez sûr. L'idée dans le cas d'une start-up qui croît très vite est ainsi de rémunérer le risque mais aussi d'inciter toutes les forces internes à contribuer à l'hyper-croissance qui se traduit par l'évolution de la valorisation de l'entreprise, souvent exponentielle. La plupart des dirigeants de start-up ou de scale-up que j'ai interrogés considèrent ainsi que l'actionnariat des équipes est un principe de base indispensable. Certains groupes comme Louis Vuitton ou L'Oréal appliquent d'ores et déjà l'actionnariat salarié, en plus de la participation et de l'intéressement. Cela fonctionne bien dans les groupes où la dynamique de croissance et la rentabilité sont relativement stables, mais l'actionnariat salarié, comme l'actionnariat en général, présente toujours un risque. Un autre angle d'attaque consiste à travailler sur la nature de l'objectif commun. Même si toutes les entreprises n'ont pas vocation à devenir « à mission », il existe un consensus et une demande sociale de plus en plus marquée des salariés sur le fait que l'entreprise doit jouer un rôle élargi à l'égard de la société. Autrement dit, elle ne poursuit pas seulement un objectif économique (créer de la richesse et de l'emploi), mais aussi des objectifs environnementaux et/ou sociaux. Si la rentabilité est évidemment nécessaire à sa pérennité, il peut être mobilisateur pour les troupes de savoir que l'entreprise investit aussi d'autres objectifs tels que la décarbonation de l'économie, la circularité des chaînes de valeur, le développement économique des partenaires locaux, le développement personnel de chacun dans le système… Cela contribue à donner du sens à l'action et à construire un sentiment d'utilité sociale du travail qui fait parfois défaut aux salariés dans le cadre de leur travail quotidien. Cette colonne vertébrale fédératrice a donc un rôle important à jouer, à un moment où les entreprises industrielles peinent à recruter et à fidéliser autant sur des métiers classiques que sur les métiers de la Tech. Comme le résumait de façon presque biblique l'un des dirigeants de Schneider Electric avec qui j'en parlais : « Ce qui est à la terre doit revenir à la terre. » Encore faut-il qu'il ne s'agisse pas que de gesticulations déclaratives au service de la « marque employeur », mais que ces engagements soient perceptibles dans les actes autant que dans l'organisation du travail.

Un axe de travail important concerne le développement des compétences ou *upskilling*. Le développement des compétences, c'est-à-dire le sentiment d'apprendre des choses nouvelles qui renforcent la maîtrise de l'individu sur le monde, est selon de nombreuses recherches non seulement un facteur de motivation intrinsèque, mais également un vecteur du « sens » que l'individu attribue à son travail. La « *data literacy* » est ainsi l'un des domaines où l'on peut faire monter les équipes en compétences, tout en répondant à un besoin immédiat de l'entreprise. Michelin, par exemple, montre la voie en parvenant à faire monter en compétences d'anciens techniciens de maintenance, automaticiens, responsables de supply chain ou responsables de marketing vers des métiers liés à la Tech ou à la *data*. Un autre axe d'apprentissage consiste à faire passer une « ceinture jaune » au plus grand nombre de salariés sur le sujet de la *business intelligence* ou encore d'initier assez largement au « *no code* » comme le fait L'Oréal. Chez eux, ce sujet en émergence est positionné au sein de l'*employee experience center*, porté à la fois par les RH et leur *tech factory*. Leur parti pris est d'accroître la productivité en augmentant l'autonomie et les compétences des employés grâce aux outils « *no code* » qui devraient leur permettre d'automatiser des tâches ou de créer eux-mêmes des petits outils numériques qui leur facilitent la vie.

Enfin, un dernier axe de travail intéressant pour rendre tout le monde gagnant consiste à explorer de nouveaux modes de travail et d'organisation. Le télétravail expérimenté à grande échelle pendant le Covid, et qui s'est maintenu après la pandémie sous la forme du travail hybride, représente un exemple de ces nouvelles formes d'organisation du travail. Chaque organisation doit donc trouver sur ce sujet son curseur en nombre de jours et modalités, en veillant aussi à trouver des solutions ou compensations pour les professions qui sont peu ou pas éligibles au télétravail (travail posté ou travail en relation directe avec le client). S'il n'y a pas de solution unique, l'expérimentation élargie du télétravail a souvent révélé qu'il existait dans les organisations des marges de souplesse et de flexibilité qui restaient insoupçonnées auparavant. Cependant, le télétravail montre aussi des limites : certaines réunions de pilotage de la performance se sont révélées moins efficaces à distance ou difficiles en hybride, quand une partie des participants est présente et l'autre à distance[4]. J'ai aussi en tête une entreprise pharmaceutique qui a eu bien de la peine à sortir de la période Covid, car les équipes de terrain se sentaient orphelines de leur management, celui-ci ayant pris l'habitude de réaliser les revues de performance à distance, même lorsque certains d'entre eux étaient présents sur site. Il y a donc des figures imposées et des figures libres, mais l'essentiel est de générer un dialogue permanent autour de ces questions.

Tactique 14 : passer la moitié de son temps à recruter

« J'ai des tas de postes ouverts mais je n'arrive pas à recruter. On a asséché notre bassin d'emploi. On subit des départs. Ce sont les meilleurs qui partent. » Les difficultés de recrutement dans

4. Canivenc S. et Cahier M.-L., « Le travail hybride : plus facile à dire qu'à faire », *Repère Futurs du travail*, n°2, novembre 2021.

les métiers industriels classiques, dits « en tension » (chaudronniers, tourneurs-fraiseurs, maintenanciers, peintres industriels), ne datent pas d'hier, mais semblent s'être encore aggravées dans la période post-Covid. Ce qui est nouveau, c'est que même la main-d'œuvre non qualifiée est devenue plus difficilement accessible. Un grand constructeur automobile me confiait récemment avoir abandonné la référence aux diplômes pour les postes faiblement qualifiés : « Le bac pro n'est plus du tout un *must* chez nous, nous privilégions le savoir-être et nous embauchons n'importe qui, du moment que la personne est motivée et veut apprendre. »

En France, avec 7 % de chômage, nous ne sommes plus loin du talon structurel : en prenant l'hypothèse simpliste que les équipes changent d'entreprise tous les dix ans, avec trois à quatre mois de carence entre chaque expérience, l'équivalent du chômage structurel serait d'environ 3 à 4 %. Si on ajoute à cela le problème d'adéquation des compétences requises avec celles qui sont disponibles, on comprend pourquoi la machine est grippée et pourquoi le rapport de force s'est modifié en faveur des employés. Cela renforce le besoin d'une machine d'intégration et de formation interne performante pour bien accueillir ceux qui rentrent (*onboarding*) et rattraper leurs éventuelles carences de compétences. Cela montre aussi que le recrutement ne peut plus être uniquement l'affaire des ressources humaines. Travailler sa marque employeur, sourcer les candidats, leur faire passer le processus interne de recrutement et les accompagner dans leurs premiers pas, ne peut plus être une affaire gérée uniquement par une fonction support. Cela doit redevenir une priorité des dirigeants et des fonctions cœurs de l'entreprise.

Pour un dirigeant, cela passe d'abord par un véritable investissement personnel, c'est-à-dire du temps réservé à cette mission dans son agenda. Les quelques patrons de la Tech que j'ai interrogés sur ce sujet sont unanimes : c'est au minimum 25 % de leur temps et pour certains jusqu'à 50 % qu'ils consacrent aux différentes tâches énumérées ci-avant. Les dirigeants « médias » qui s'exposent sur les réseaux sociaux ne le font pas que par narcissisme, ils visent avant tout à devenir visibles aux yeux du plus grand nombre, de manière à rendre leur entreprise désirable. Chez ManoMano, par exemple, les fondateurs voient en entretien environ la moitié des nouvelles recrues, alors que l'entreprise compte désormais plus de 1 200 personnes. Toutefois, l'implication du dirigeant ne s'arrête pas là : lorsque les ressources sont intégrées à l'entreprise, il est fondamental de les accompagner. En particulier lorsqu'elles ont la lourde charge de la transformation culturelle. Un dirigeant d'un grand groupe de commerce de détail français me confiait récemment qu'il était parvenu à embaucher un ex-Google. Problème ? La personne a été extrêmement soutenue par la direction pour prendre des initiatives en rupture, mais pas du tout accompagnée pour faire passer les messages sur le terrain et permettre à la courroie de transmission de fonctionner. Un CDO, même brillant et provenant d'un Gafam, ne peut à lui seul transformer une entreprise. Pour cela, il faut une fonction RH qui soit dans un état d'esprit de partenariat et un engagement de l'ensemble des managers à accueillir et accélérer la montée en compétence des nouveaux.

Aujourd'hui, l'expérience n'est plus la seule façon d'apprendre et de contribuer au développement. Le digital rééquilibre la balance et, parfois même, produit l'inverse : des jeunes recrues de 25 ans peuvent être plus douées que toutes les personnes expérimentées de l'entreprise pour manier la donnée et pour aller chercher des solutions d'automatisation. L'apprentissage peut donc se faire rapidement et dans les deux sens.

La méthode d'Eloa Guillotin, Hugo Tarlé et Valentin Chomel de Beyond Aero

Le Tesla de l'aéro ? Ne cherchez plus, on l'a trouvé ! Depuis 2019, Eloa Guillotin, Hugo Tarlé et Valentin Chomel, les trois fondateurs français de Beyond Aero, ont créé la première entreprise qui développe et commercialise des avions d'affaires à hydrogène pour remplacer les jets privés polluants. Un projet incroyablement ambitieux et excitant pour le trio de jeunes entrepreneurs qui avait déjà partagé auparavant quelques autres aventures entrepreneuriales.

Itérer sur un produit physique complexe et réglementé ? Chiche !

Créer un avion à partir de zéro représente un sacré pari. Eloa Guillotin le répète à l'envi : « Au début, on nous prenait véritablement pour des fous. » En son temps, Elon Musk aussi est passé pour un illuminé lorsqu'il a commencé ses premiers essais de lanceurs dans un hangar de San Diego. Les trois fondateurs s'accrochent à leur idée : construire un projet ultra-ambitieux et avancer pas à pas. « L'idée n'est pas de faire un prototype et de s'arrêter là, nous voulons faire un avion centré sur le client et révolutionner le transport aérien. » Cela vous rappelle quelqu'un ?

Derrière ce rêve, il y a une volonté de fer et un travail acharné. Pour se financer et obtenir la confiance des investisseurs, il n'y a qu'un chemin : obtenir très vite des preuves de marché. Cela passe par des approches itératives, à la fois sur le produit, les infrastructures, l'implantation industrielle et avec les futurs clients. Un avion est un objet complexe, qui plus est dans un secteur réglementé et avec une technologie nouvelle comme l'hydrogène. Comment parvenir à créer un prototype suffisamment vite ?

L'une des difficultés rencontrées est que le prototype comporte forcément des sous-ensembles achetés. Or, le secteur aéronautique n'est pas spécialement réputé pour sa ponctualité, surtout quand vous êtes un petit donneur d'ordres et que vous passez après les gros mastodontes du secteur. « On nous a déjà annoncé des retards de plusieurs mois. Dans une start-up comme la nôtre, c'est juste le bout du monde », explique Eloa Guillotin. « On doit donc s'adapter en permanence et pivoter, même sur notre sourcing. »

Avec du recul, le principe d'itération s'applique en réalité à tous les process de la jeune entreprise. « On regarde à huit ans car on a besoin de voir grand, mais cela ne nous empêche pas de faire des scénarios et de les revoir très régulièrement. Le plus important n'est pas de tenir la *roadmap* qu'on avait écrite il y a deux ans, mais de prendre la bonne décision maintenant avec tout ce qu'on a appris depuis, tout en gardant le cap. »

Équilibre personnel et prise de risques : deux fondamentaux

Tenir tous les bouts d'une start-up qui prépare son passage à l'échelle est éprouvant. Quelle recette les trois fondateurs de Beyond Aero utilisent-ils pour résister à la pression ? D'abord, il s'agit de « processer » le pilotage. « C'est capital », confie Eloa Guillotin. Et c'est par les fondateurs que cela commence. Les trois se parlent quotidiennement, de façon formalisée, ce qui « pousse à un alignement permanent » ajoute Valentin Chomel.

Mais la relation à trois va plus loin : « On a un dialogue permanent sur nos besoins personnels, nos aspirations et notre ambition pour l'entreprise. On parle de tout sans tabou, y compris de nos contraintes familiales. Pour être certains de ne pas laisser la situation se déliter, on se prend de vrais temps à trois en dehors du travail. » Eloa Guillotin explique aussi qu'il faut savoir reconnaître les talents des autres et pas seulement parler de ce qui ne va pas. Cela tire tout le monde vers le haut.

C'est à ce prix que les valeurs promues par les fondateurs peuvent infuser dans le reste de l'organisation. Eloa Guillotin et Valentin Chomel se remémorent ainsi un moment où un membre de l'équipe a essayé de comprendre si les deux fondateurs étaient alignés en parlant séparément à chacun d'eux d'un même sujet. « Dans ces moments-là, le fait que l'on ait une confiance totale et que l'on se parle aussi souvent permet de souder profondément l'équipe et d'éviter qu'elle se déconcentre de l'essentiel qui est la croissance. »

Une fois que la confiance est là, il est beaucoup plus facile de prendre des risques. Et c'est ce que font tous les jours les trois entrepreneurs. Eloa Guillotin se souvient par exemple d'une situation ubuesque où ils ont commandé des pièces pour la production du prototype alors que l'argent pour les payer n'était pas encore arrivé dans les caisses.

Un fondateur doit savoir mettre son ego de côté

Les fondateurs de Beyond Aero sont des polytechniciens surdiplômés. On pourrait imaginer qu'ils n'ont pas de difficultés de recrutement. Pourtant, même chez eux, rien n'est simple. Il faut trouver des compromis entre l'expertise et le *cultural fit*. Ils ont déjà dû se séparer d'une pointure du secteur qui n'arrivait pas à s'adapter à la culture. « On ne transige pas sur ces sujets, même si la décision a été très difficile à prendre », explique Eloa Guillotin. Elle confie n'embaucher que des personnes recommandées et passe beaucoup de temps à comprendre ce qui les motive dans leur vie. Le recrutement nécessite beaucoup d'humilité : « On est capable de mettre notre ego de côté car le court terme ne compte pas. Quand on ne sait pas, on demande à notre écosystème. Cela nous arrive souvent pour comprendre les qualités indispensables pour tel ou tel poste que l'on est en train de créer. » Elle insiste aussi sur le besoin de cohérence entre le discours tenu et les comportements au quotidien. Pour témoigner de leur engagement sociétal, le moindre petit geste compte, comme accorder à l'équipe des subventions pour l'achat de vélos électriques. Les trois fondateurs réfléchissent aussi à se faire labelliser *BCorp* pour graver leur engagement dans le marbre.

N'ayez pas peur de faire confiance aux jeunes !

Pourquoi les groupes industriels ne vont-ils pas plus vite ? Valentin Chomel, qui a travaillé pour un gros acteur aéronautique, et Eloa Guillotin, qui a une expérience des groupes, sont formels : « Dans une start-up, si tu fais tes preuves, tu prends des responsabilités. Dans les groupes, on ne fait pas assez confiance aux jeunes. » Les deux fondateurs sont persuadés que quelqu'un qui se donne à fond abat le travail de trois à quatre personnes. Il faut donc casser les organigrammes basés sur les dates de naissance. Et il faut aussi accepter la naïveté, car la création *ex nihilo* passe souvent par des idées qui paraissaient intenables au départ. « Parlez-en à l'inventeur des roues triangles : il fallait penser à utiliser des chenilles ! », conclut Eloa Guillotin.

Travailler sur son mental, laisser de la place aux jeunes, faire confiance, prendre des risques et se fixer une ambition démentielle dès le départ ... On a beaucoup à apprendre des start-up de la génération de Beyond Aero. Assurément l'une des futures licornes françaises !

La méthode de Luc Leroy de Full Speed Automation

Full Speed Automation est la première plateforme *low-code* pour digitaliser et automatiser la production. La solution répond à un problème que chaque industriel *legacy* doit gérer : comment pallier la diversité des couches d'automatismes industriels qui se sont empilées les unes sur les autres au fil de l'histoire de l'entreprise ? Un vrai casse-tête pour quiconque essaie d'extraire de la donnée de chacune de ces machines ! En créant une surcouche standardisée et ouverte au-dessus du réseau d'informatique industriel, Full Speed Automation permet de casser les rigidités et de créer un système agile, sans pour autant devoir se débarrasser de l'existant. Mais Luc Leroy, le CEO fondateur de la jeune start-up, a un autre objectif plus important encore en tête : « Je veux aider à rapprocher la production des consommateurs. On parle beaucoup du carbone et des avions mais les portes containers font tout autant de mal à la planète avec le dioxyde de soufre qu'ils émettent. » Ancien directeur de l'ingénierie chez Tesla, Luc Leroy s'est largement inspiré du modèle d'Elon Musk pour construire son organisation.

Le CEO doit disrupter l'organisation interne en permanence

Luc Leroy n'en est pas à sa première aventure entrepreneuriale. Après son passage chez Tesla et avec son expérience, sa vision du rôle du fondateur a maturé. Il souligne en particulier l'importance des complémentarités avec le reste de l'équipe dirigeante. Luc Leroy est en effet plus technique, plus process, alors que le cofondateur est plus porté sur la communication et les opérations. L'organisation ne doit jamais rester statique : « Il faut être confortable avec le fait d'être inconfortable. ».

Dans une organisation classique, plus on est haut dans la hiérarchie, plus les responsables voient loin : l'opérationnel s'occupe de l'horizon de la semaine, les managers intermédiaires gèrent au mois et les dirigeants à l'année. Dans une start-up, c'est totalement différent : tout le monde doit avoir en tête l'ensemble de la ligne d'horizon. En particulier, le dirigeant doit en permanence combiner le court terme et le long terme et disrupter l'organisation : il ne doit pas hésiter à se plonger dans un sujet opérationnel qui bloque l'organisation. Au départ, par exemple, Luc Leroy a dû reprendre la main sur un bloc de code intégrant du *machine learning* qui devenait un frein au développement. Mais ces interventions doivent rester subtiles : « Dans le *framework*, pour moi, il faut que le dirigeant s'implique, mais il ne faut pas qu'il plonge trop tôt sinon l'équipe peut passer à côté d'un cycle d'apprentissage : c'est en vivant les erreurs qu'on progresse, il ne faut pas empêcher ce processus d'avoir lieu. »

C'est avant tout en responsabilisant qu'on obtient la performance

Ce qui compte le plus dans une start-up est l'engagement des équipes. Luc Leroy a appris cela chez Tesla, mais aussi de ses expériences plus anciennes, quand il était en contact avec Apple : « Il n'y avait pas que des top talents, ce qui comptait était le niveau d'implication de chacune des personnes de l'entreprise, avec un objectif commun très puissant. » L'organisation doit permettre à tout le monde de réussir. Pour de faire, il faut responsabiliser et s'assurer que chacun a vraiment « les mains dedans ». Typiquement, chez Tesla, un *product manager* passe 50 % de son temps à coder. Chez Full Speed Automation, Luc Leroy a conservé ce principe : il faut que chacun soit assez technique pour être responsable de tout son périmètre et être capable de comprendre tous les problèmes personnellement.

Les process jouent un rôle clé : l'organisation est rythmée à la semaine avec les initiatives et chaque trimestre avec la « *big wave* ». Cet exercice « maison » s'apparente à une grande remise en question au cours duquel chacun pointe trois forces et trois faiblesses sur lesquelles travailler, avec une logique de cercles pour que les discussions puissent se faire en petit groupe avec de vraies actions concrètes à la clé. C'est par ce moyen que les fondateurs se démultiplient, amplifiant ainsi leur voix et leurs feedbacks.

Se concentrer sur la création de valeur et chasser le syndrome du « *not invented here* »

Full Speed Automation a trois valeurs : intégrité, détermination, ingéniosité. Mais pour Luc Leroy, même les valeurs doivent rester agiles : « Dans un an, on en aura peut-être remplacé une ou deux, ça n'est pas important. Ce qui compte, c'est qu'elles soient adaptées à la phase de développement dans laquelle se trouve l'entreprise. » Le mode agile est évidemment aussi appliqué au développement du produit. Car l'ambition de FSA est de devenir une plateforme. Il faut donc à la fois standardiser les briques de base et toutes les interfaces, tout en faisant les bons choix technologiques en permanence : être à l'affût des publications, des évolutions de protocoles... C'est ce que Luc Leroy appelle la « découvrabilité ». Toutefois, il faut rester vigilant sur le fait de ne pas réinventer la roue. Le syndrome du « *not invented here* » est alors une menace permanente. Il ne faut réinventer que ce qui apporte de la valeur. Pour le reste, il vaut mieux acheter tout ce qui est standard et se concentrer sur les véritables points différenciants pour l'innovation. Résultat : en un an, la start-up a déjà quatre produits à son catalogue.

Créer la *burning platform*, seul moyen de faire changer les choses

Comment recréer l'esprit start-up dans un groupe ? La réponse de Luc Leroy fuse sans hésitation : recréer un esprit de survie, un sentiment d'urgence. « Une start-up n'a que quelques mois à vivre, c'est ce qui fait sa vitesse et sa capacité à se développer. » L'idée est donc de fonctionner avec des budgets très restreints et des ressources limitées pour atteindre des objectifs ambitieux.

La méthode d'Adrien Laurentin et de Kevin Rouvière de Mercateam

Mercateam est l'une des belles pousses qui a su faire le pont entre la French Tech et la French Fab. L'idée de départ ? Aider les usines à cartographier les compétences des cols bleus et à assurer leur montée en compétence grâce à des solutions logicielles proposant différents types de fonctionnalités (matrices de compétence et de polyvalence, outils de planning et de suivi des formations, outils d'autodiagnostic, etc.). Les deux fondateurs, Adrien Laurentin et Kevin Rouvière ont traversé pas mal de tempêtes depuis leur lancement en mars 2020. « On a créé Mercateam le jour du plus gros crash du CAC40 de toute l'histoire », raconte ironiquement Adrien Laurentin, le CEO, indiquant ainsi qu'on peut vaincre l'adversité. Aujourd'hui, la start-up est un beau succès, avec une levée de fonds prévue prochainement et plusieurs gros clients du CAC40 à son portefeuille.

Avoir le courage de prendre des risques et d'accepter les mauvaises nouvelles

« Ne vous lancez pas là-dedans maintenant ! » Rétrospectivement, il est facile de comprendre pourquoi la plupart de leurs contacts essayaient de les dissuader de se lancer en mars 2020. Adrien Laurentin confie avoir douté un instant : « Quand on se prive de salaire pendant plus d'un an, il faut une sacrée force de conviction pour remettre l'ouvrage sur le métier. » Le premier des courages est donc d'y croire et d'affronter les vents contraires. Mais d'une façon générale, c'est en réalité chaque jour qu'il y a des mauvaises nouvelles dans la vie d'un entrepreneur : clients mécontents, avis divergents, personnes dont il faut se séparer... Adrien Laurentin souligne notamment la complexité du développement du produit. Les clients demandent beaucoup de fonctionnalités spécifiques, alors qu'il est nécessaire de garder le produit étroit et facile à déployer plutôt que large et difficile à transposer d'un client à l'autre. Et, pourtant, il n'est pas toujours facile de dire non à un client. En adoptant un état d'esprit itératif, « cela rend les décisions moins graves si on sait qu'elles ne sont pas irrémédiables », précise Adrien Laurentin. Il y a aussi quelques choix douloureux à opérer : « Nous avons dû nous séparer de certaines personnes. C'est arrivé trois fois en deux ans. C'est une des expériences les plus compliquées, même si rétrospectivement nous savons que c'est ce qu'il fallait faire. »

Pour retenir les talents, il faut responsabiliser !

Heureusement, se séparer de quelqu'un n'est pas si fréquent. Le véritable enjeu pour les fondateurs est surtout de recruter et de faire le maximum pour que les talents se sentent épanouis. Y a-t-il une recette « Mercateam » ? Oui et même plusieurs !

D'abord, il s'agit de responsabiliser. « Les projets dans les grands groupes sont souvent sur-staffés et les décisions trop lentes. Ici, on privilégie les équipes de très petite taille, mais avec beaucoup de marge de manœuvre pour chacun. » L'idée générale est qu'il est possible à tous de monter dans l'organisation, très vite, et que cela ne dépend que de ce que chacun fait, pas du statut ni de l'ancienneté.

Ensuite, il faut rester aligné avec sa mission : c'est par l'exemple de fondateurs engagés et cohérents qu'on donne envie aux autres de les suivre. Kevin Rouvière, dont la grand-mère était opératrice de production dans une usine du Nord, prend régulièrement la parole pour rappeler en quoi l'objectif de Mercateam est important pour lui et comment il fait vibrer sa propre conception du monde du travail. « Développer un système qui permet aux cols bleus de valoriser leur savoir-faire, ce n'est pas juste créer une énième application pour livrer de la nourriture à domicile, cela a vraiment du sens. »

Enfin, pour que les valeurs vivent au quotidien, il faut savoir créer des moments où l'authenticité de chacun peut s'exprimer. Kevin Rouvière et Adrien Laurentin organisent ainsi régulièrement des événements « en dehors du cadre habituel » pour que les énergies se croisent et pour que les parcours personnels de chacun s'expriment avec plus de liberté qu'au bureau.

Le pilotage au service d'une compétence clé : la capacité à hiérarchiser

Une start-up ne ressemble en fait guère à l'image d'Epinal d'une bande de copains qui jouent au baby-foot. Chez Mercateam, « ce qui fait vivre nos objectifs, c'est une animation rigoureuse quotidienne. On affiche tout au mur ou sur des outils et on se donne des objectifs serrés chaque trimestre. Ensuite, il s'agit de battre la mesure. Bien entendu, on peut pivoter, mais cela ne veut pas dire que c'est un permis pour ne pas exécuter. La réalisation des tâches doit être millimétrée, surtout dans une start-up ». Au stade de développement actuel de Mercateam, Adrien Laurentin insiste sur la capacité à hiérarchiser les tâches, tout le temps et avec tout le monde, au risque sinon d'un éparpillement dommageable. « C'est, de mon point vue, la chose la plus critique concernant le rôle des fondateurs : être capable en permanence d'aider à simplifier, de décider et de prioriser ce qu'il faut faire ou ne pas faire. Je ferais un piètre dirigeant du CAC40 ! », ajoute Adrien Laurentin avec humour. « J'anticipe trop peu !

En revanche, je suis très à l'aise avec l'incertitude et avec le fait de prendre des engagements sur la base de données récentes dont je dispose. Même si je sais que ces données sont imparfaites et peuvent encore changer dans un futur proche. »

Plusieurs milliers d'utilisateurs se connectent chaque mois à Mercateam qui compte à présent plus de 25 salariés. La fierté d'Adrien Laurentin ? « Si vous portez un parfum Dior, Givenchy ou Guerlain, il a été fabriqué par des personnes qui utilisent Mercateam. Si vous prenez un Doliprane, c'est la même chose ! » N'est-ce pas un superbe *elevator pitch* ?

Chapitre 7

Transformer en profondeur avec une approche systémique

Points-clés des tactiques 15 à 17

- Pour transformer une entreprise, il faut organiser un mouvement bidirectionnel (ascendant et descendant) entre le top management et le terrain. Aucune transformation digitale ne réussira si elle est déconnectée du terrain. La méthode est capitale et doit donc faire l'objet de la plus grande attention.
- On commencera ainsi par effectuer un diagnostic d'ensemble, afin d'identifier les forces et faiblesses du système existant. Cela pourra permettre d'identifier une zone pilote pour initier la transformation, disposant de certaines caractéristiques favorables (management ouvert au changement, maturité du système de production et de ses routines, gains potentiels conséquents). Pour éviter les objections de la DSI, gardien du temple, il pourra être utile de « débrancher » temporairement la zone pilote afin d'expérimenter, avant de la rebrancher au reste de l'organisation.

- La transformation sera ensuite mise en œuvre en cycles courts et rapides : les sprints. Chaque sprint fournira des apprentissages qui seront capitalisés pour le cycle suivant. Dans chacun de ces cycles, il faudra néanmoins profiter de la création de la valeur locale pour anticiper le passage à l'échelle sur toute l'entreprise en travaillant sur la structure de données, sur l'architecture des systèmes informatiques, sur la mise à disposition de ressources dédiées et sur une gouvernance qui permettra, à terme, d'arbitrer les adaptations ou les nouveaux cas d'usage qui remonteront du terrain.
- Selon sa complexité, le déploiement pourra ensuite s'effectuer : a) en mode « big bang », b) en déploiement par grappes, c) en mode sur-mesure. Dans tous les cas, la vitesse devra être une fin en soi. Le flux d'innovation à déployer sera toujours tiré par les besoins des utilisateurs finaux (ici, de l'usine).
- Enfin, on veillera à ce que l'approche soit toujours systémique et ne perde pas de vue la finalité qui n'est jamais la mise en place d'un outil, mais une création de valeur. Il est donc vital de travailler mains dans la main, entre les équipes Tech et les équipes de métiers dites Ops. Travailler les outils sans travailler les standards opérationnels, les routines, l'agenda des managers, les modes de réaction et de résolution des problèmes, les formations et les compétences, serait voué à l'échec. Les managers intermédiaires sont ainsi les clés du succès de cette transformation car c'est grâce à eux que la vision de la direction pourra réellement devenir concrète et c'est par eux que convergeront les améliorations en provenance du terrain.
- De façon très concrète, cela signifie que dans chaque projet la DSI fait un pas vers le métier pour devenir plus agile et permettre une transformation profonde du modèle de données, et que les opérationnels du métier concerné font également un pas pour se former et se responsabiliser sur la donnée et sur les applicatifs afin de créer de la valeur sur le terrain en étant de plus en plus autonome, tout en respectant les règles proposées par la DSI.

Environ 80 % des dirigeants avec lesquels OPEO travaille affirment avoir lancé un projet de transformation digitale de leurs opérations. Très souvent, ce plan a d'abord été impulsé par les fonctions les plus proches du client : création d'un site d'e-commerce, travail sur la relation client, puis transformation progressive du réseau de distribution et de la supply chain. C'est en tout cas le schéma classique dans les secteurs BtoC. Dans le BtoB, il est généralement plus complexe d'améliorer la connexion au client grâce au digital, même si les enjeux peuvent être colossaux. Dans tous les cas, l'usine est souvent le parent pauvre de ces plans de transformation.

Une fois quelques preuves de concept apportées dans le champ de la relation client ou de la gestion du réseau de distribution, se pose la question de s'attaquer à l'appareil industriel lui-même ainsi qu'au développement de produit. Pour ce faire, l'enjeu de la méthode employée est crucial. En effet, l'histoire industrielle s'est bâtie sur la technique et sur des modes de gestion de projet de plus en plus structurés, notamment sous l'impulsion des secteurs fabriquant des systèmes techniques tels que les constructeurs de machines, les constructeurs automobiles, de trains, d'avions, etc. Les techniques de gestion de projet se sont ainsi affinées au fil du temps, en découpant les projets en petites tranches afin de garantir une réponse complète et presque parfaite aux attentes du client. L'archétype de ce mode projet sophistiqué est le cycle « en V », inventé dans l'automobile pour partir des spécifications du client, descendre dans chaque sous-système et chaque composant de la voiture, en comprendre les implications, puis réintégrer l'ensemble pour en vérifier la cohérence. Ce mode de travail a fait ses preuves pour faire collaborer des métiers très divers et techniques, tout en assurant une cohérence d'ensemble. Ce type de méthodes se heurte cependant à deux écueils : d'abord, l'exécution est ralentie par le caractère séquentiel des tâches ; ensuite, il est très difficile de continuer à innover tout au long du projet, car la tendance naturelle est de figer rapidement le plus de spécifications possible. C'est pour répondre à ces problèmes qu'ont été créées les méthodes agiles. Enfin, un dernier écueil rencontré par les projets de transformation digitale dans l'industrie est que la gestion des actifs physiques, machines, usines, entrepôts, moyens de manutention, process industriels... a longtemps été découplée de la gestion des logiciels qui les accompagnent. Impliquer la direction des systèmes informatiques de façon aussi intense que les directions métiers est donc un des principaux facteurs clés de succès.

Pour résumer, il s'agit de transformer tranche par tranche l'entreprise, en ayant comme objectif d'aller vite localement, d'où la notion de « débranchement » provisoire du reste du système, mais en intégrant à chaque fois la notion de passage à l'échelle dès le début pour pouvoir « rebrancher » ensuite de façon fluide.

Tactique 15 : penser grand et commencer par le terrain

« Ma transformation digitale est bloquée, cela fait six mois qu'on a défini notre feuille de route et depuis il ne se passe rien. » « On a fait des tonnes de PoC un peu partout, mais je ne vois aucun impact sur les résultats. » Lorsqu'on discute avec des dirigeants de leurs plans de transformation digitale, ce sont ces deux situations que l'on retrouve le plus souvent. Travailler trop exclusivement par le haut en pensant que le top management sait ce qu'il faut faire ou, au contraire, compter sur l'énergie du terrain pour créer un effet de transformation, se révèlent deux impasses.

La toute première clé est de ne pas déconnecter le terrain et la direction. Les entreprises qui réussissent le mieux sont celles qui organisent des allers-retours permanents entre ces deux niveaux : aller chercher de l'inspiration tout en haut, identifier les grands enjeux auxquels le digital et la donnée peuvent répondre, et immédiatement réaliser un pilote sur le terrain pour voir comment cela se transcrit concrètement dans la vie quotidienne et le fonctionnement des équipes.

Choisir la bonne zone pour faire un pilote n'est pas du temps perdu. Dans ce but, réaliser un diagnostic rapide d'ensemble est une bonne pratique. Cela permet à la fois d'identifier le potentiel d'amélioration de l'ensemble du système pour tirer l'ambition, de prioriser les zones intéressantes pour commencer et d'identifier les points de faiblesse du système en vue de sa transformation : compétences, accès aux données, standardisation de l'infrastructure IT, pratiques opérationnelles et managériales… Une bonne zone candidate pour un pilote doit ainsi répondre à au moins trois critères : un potentiel de gain conséquent en lien avec les enjeux identifiés par le top management ; un management prêt à se remettre en cause et ouvert au changement ; un certain niveau de maturité du système de production. Si l'un de ces critères manque à l'appel, le risque d'échec est fort. En particulier, si le niveau de standardisation opérationnelle et managériale est trop faible, ajouter du digital risque d'amplifier la désorganisation au lieu de l'améliorer. Comme le répète souvent le chercheur François Pellerin en conférence, « on ne digitalise pas les gaspillages ».

Deuxième clé : pour que la transformation soit efficace, il faut limiter le nombre de sujets traités avec une approche par sprints courts et impactants. L'idée est de s'engager sur un résultat tangible en quelques semaines. Cela permet à la fois de montrer qu'un vrai changement est possible, mais surtout de rassurer le top management. Il est toutefois important d'intégrer le passage à l'échelle dès le début de la réflexion. La vitesse de déploiement après le pilote en dépend. Je ne compte plus le nombre d'usines qui se plaignent d'avoir mis plus de six mois à digitaliser par exemple un indicateur de base comme le TRS (taux de rendement synthétique) et qui ont en outre le sentiment de repartir de zéro pour chaque nouvelle ligne à transformer. Une bonne façon de faire est alors de réfléchir en diagonale (voir figure 7.1). Commencer par sélectionner un à trois sujets importants, par exemple le rendement machine. Ensuite, travailler à la fois sur le terrain pour simplifier la vie de l'utilisateur de l'application, mais réfléchir simultanément aux implications pour l'ensemble de l'entreprise : quelle structure de données pour les pertes ? Quel lien entre l'application de suivi du TRS et les autres systèmes ? Comment homogénéiser la définition du TRS entre lignes de production et sites pour avoir un système de production standardisé ? Comment responsabiliser les différentes fonctions sur la saisie et la robustesse des données ? Comment connecter la définition du TRS avec les standards existants au niveau de la qualité, de la maintenance, etc. ? Comment faire évoluer les compétences dans tout le système pour que l'application et les données qui en découlent créent la valeur attendue ? Comme l'illustre le schéma, l'intégration doit se faire au niveau du management intermédiaire qui va non seulement adapter ses pratiques pour que cela fonctionne, mais aussi s'assurer que le passage à l'échelle fonctionnera sur d'autres zones, avec l'appui de la structure projet.

Figure 7.1 – Transformation par tranches : partir du terrain avec une perspective d'entreprise

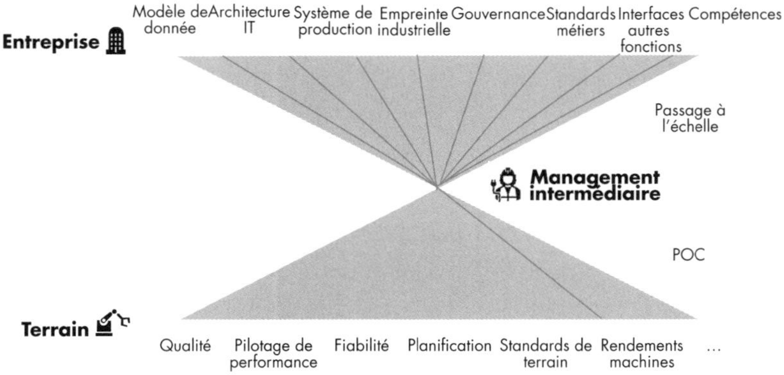

Notre expérience montre qu'un cas d'usage de terrain peut ensuite se déployer à l'échelle selon trois modes.

S'il y a peu de gestion du changement et que les composantes du passage à l'échelle sont simples, il est possible de déployer en mode « big bang ». Cela veut dire que toute l'entreprise bascule dans de nouvelles pratiques en quelques jours. C'est ce qui s'est passé avec Teams ou Zoom pendant les confinements par exemple. Ces applications étant quasiment autoportantes, et le syndrome de la plateforme qui brûle étant évident, la croissance de l'usage a été généralement extrêmement rapide.

Si la gestion du changement est relativement simple et que le passage à l'échelle n'est pas trop complexe, notamment pour ce qui concerne la structure des données, un mode de déploiement par grappe est envisageable : un principe de « formation-action-coaching », en regroupant les managers de plusieurs zones à la fois, permet de le déployer en évitant d'être séquentiel. L'idée est ensuite d'utiliser les zones phares pour déployer le cas d'usage sans support important des fonctions centrales. C'est le cas pour la mise en place de nombreux SaaS ou pour la mise en place d'outils de *business intelligence*.

Enfin, pour les cas d'usage complexes où l'accompagnement doit être quasiment sur-mesure, ou parce qu'il faut travailler en profondeur la structure de données ou le lien IT/OT, alors le déploiement sera forcément séquentiel, par vagues de transformation. C'est le cas pour les modules les plus avancés tels que le *machine learning*, ou encore pour réaliser des applications en mode « pâte à modeler » grâce au *low code*.

Dans tous les cas, la vitesse doit être une fin en soi. Il est souvent préférable de réduire le périmètre fonctionnel d'une application pour pouvoir la déployer vite, plutôt que de ralentir pour viser large d'emblée. En effet, les gains incrémentaux que l'on ira chercher en sophistiquant l'application sont de moins en moins intéressants et de plus en plus coûteux, alors que le déploiement des gains qui ont déjà été capturés localement sur un périmètre global à toute l'usine ou à toute l'entreprise rapporte très gros pour un minimum d'efforts.

Tactique 16 : aller vite, itérer et anticiper le passage à l'échelle

« Faire bon du premier coup. » Cette injonction a permis à des milliers d'usines d'améliorer la qualité de bout en bout de la chaîne, en responsabilisant chaque maillon. Ce principe reste largement valable lorsqu'il s'agit d'exécuter un plan préétabli, à l'instar de la plupart des activités de production lorsqu'elles sont stabilisées. En revanche, cela conduit à une impasse quand il s'agit d'innover. Je ne compte plus le nombre d'organisations qui, s'étant donné comme objectif d'améliorer les processus transverses ou de piloter la performance en temps réel, se sont lancées tout de suite dans la mise en place d'un gros système de type ERP ou MES[1]. Le défaut de cette approche, qui passe souvent par la définition d'un cahier des charges, par une consultation et tout ce qui s'ensuit, est qu'elle applique non seulement un cycle « en V », comme évoqué précédemment, mais aussi et surtout qu'elle ne produit aucun effet d'apprentissage. C'est comme si vous investissiez sur une nouvelle machine d'usinage à cinq axes, en achetant tout de suite la plus sophistiquée, sans vous être assuré du besoin réel et des usages que vous en ferez. Le résultat est décevant dans la majorité des cas : ces projets dérivent en moyenne de 60 % dans le temps et ne satisfont que 40 à 50 % des fonctionnalités qui étaient attendues au départ. Le système est sous-exploité ou carrément rejeté par ses utilisateurs principaux. Ce mode de décision conduit en outre à éloigner fortement les acteurs du projet des personnes du terrain. Récemment, par exemple, une équipe dédiée aux ERP dans une grande maison de luxe nous confiait qu'elle n'avait jamais parlé à l'utilisateur final.

La question n'est pas ici de critiquer les gros systèmes, mais bien de questionner les besoins initiaux, puis la façon de mettre en place les solutions. Il est important de toujours tirer le besoin

1. *Manufacturing Execution System* : logiciel de pilotage de la production.

à partir de l'utilisateur final. Cela signifie qu'une solution digitale, quelle qu'elle soit, doit toujours répondre à un problème concret, qu'il convient de qualifier. Nous avons vu qu'il existe une panoplie d'outils pour le faire : les interviews, les *user journey*, les *user stories*, le prototypage rapide, etc. (voir tactique 2). Il s'agit ensuite de mettre rapidement entre les mains des équipes une première version de la solution, d'en mesurer l'impact et le taux d'engagement à son égard. Pour maximiser ce taux, l'idée est de se débarrasser le plus possible de la « friction », cette barrière qui joue comme un frein à l'adoption : typiquement, réduire le nombre de clics, réduire la charge mentale associée à la recherche des fonctions, se focaliser sur les actions les plus fréquentes, définir les fonctionnalités sur l'écran en fonction des habitudes cérébrales, etc. Le design est une science qu'il faut savoir mobiliser à bon escient.

Il est aussi fondamental de penser « itératif », comme le fait Elon Musk : il ne s'arrête jamais d'améliorer et c'est notamment pour cela que ses lanceurs sont aussi performants par rapport à la concurrence et que les services qu'il propose à ses utilisateurs de voitures ne sont jamais statiques. Il a redit très récemment qu'il souhaitait par exemple atteindre la même célérité dans les interventions de réparation sur les Tesla que celles d'une écurie de Formule 1. Bien entendu cela ne se fait pas du jour au lendemain mais, pour l'utilisateur, ce qui est important est que l'expérience change et s'améliore à chaque passage de la voiture en concession.

L'autre avantage du mode itératif est qu'il permet d'éviter l'effet du lapin dans les phares de la voiture et de libérer l'énergie de l'organisation vis-à-vis de la prise de risque. En fonctionnant par hypothèses, la priorité est donnée à l'action et non à la réflexion en chambre. Découper le problème en sprints très rapides permet de poser des échéances courtes et ainsi de mobiliser l'organisation qui doit se forcer à fonctionner différemment. Par exemple, mettre en place un SaaS dans un atelier de fabrication prend une semaine maximum ; un sprint pour mieux utiliser la donnée grâce au *machine learning*, quatre à huit semaines ; mettre en place de la *business intelligence*, quelques jours tout au plus. Ensuite, il faut bien périmétrer l'exercice pour que ces durées restent réalistes. Maintenir une logique de sprint est une fin en soi, car il s'agit avant tout d'apprendre : apprendre ce qui marche pour l'utilisateur afin de créer le cercle vertueux de la donnée et apprendre comment débloquer tous les ingrédients du passage à l'échelle.

Lorsque plusieurs sprints se sont succédé, il faut alors préparer le passage à l'échelle. Plus l'apprentissage aura été important au cours des sprints, plus la logique de « *compound interests*[2] », c'est-à-dire construire en permanence sur l'étage précédemment posé, deviendra puissante. Un sujet classique de capitalisation est, par exemple, la réutilisation d'un même actif physique d'un cas d'usage à l'autre : un lecteur à code-barres, un smartphone, un écran ou tout autre actif qui peut être utilisé pour rendre plusieurs services. Multiplier les « objets technologiques » ou les *devices* est une hérésie. Il est pourtant fréquent d'observer des ateliers de fabrication où des écrans ont été mis en place pour un usage, par exemple un MES, mais où ces mêmes écrans sont inutilisables pour l'usage suivant. C'est comme si on spécialisait les tables de travail dans un atelier d'assemblage par type de tâche ; cela n'aurait aucun sens.

Pour les organisations plus matures, déjà engagées dans une transformation avec des cas d'usage passés à l'échelle, il est vital de mettre en place une gouvernance des projets digitaux. En effet, la donnée devient un sujet de discussion quotidien dans le dialogue de performance. Si un problème est identifié ou si une idée d'amélioration est suggérée par la base, elle doit rentrer dans un

2. Image tirée du fonctionnement des intérêts composés où les intérêts de chaque période sont incorporés au capital pour l'augmenter progressivement et porter intérêts à leur tour.

tunnel permettant de remonter très vite jusqu'à une instance d'arbitrage qui étudiera le problème, examinera si une solution existe déjà dans le système de production étendu, et allouera un budget et une équipe au projet si le besoin est effectivement nouveau et jugé suffisamment important. Les très grandes organisations structurent déjà cette tour de contrôle par zone géographique ou par type de business, avec un principe de « *lighthouse* » ou phare : une entité jugée plus mature fait office de filtre vis-à-vis des autres entités de l'organisation locale. Il n'y a pas de solution unique et simple, mais la réflexion sur la gouvernance doit être poussée dès les premiers sprints pour garantir la continuité d'une pensée itérative et pour éviter que le système ne diverge. Des ressources au niveau *corporate* peuvent aider à cet exercice, depuis la gestion du système de production avec des experts des métiers jusqu'au modèle de données avec des architectes de la donnée.

Tactique 17 : transformer Tech et Ops en même temps, avec ses meilleurs talents

« On a mis en place un nouvel outil. Et c'est fini ! » Bien des projets peuvent se résumer à cette synthèse peu glorieuse. Une fois passés le *momentum* du projet et les quelques visites du top management se félicitant d'avoir digitalisé l'appareil industriel, la réalité est souvent plus plate : l'outil n'est pas ou peu utilisé et aucun impact tangible n'en découle. Comment inverser la balance ?

D'abord, le choix d'un cas d'usage ne doit jamais être isolé d'un objectif de performance mesurable. Si la méthodologie est bien appliquée, les *user stories* permettent de lister de nombreuses situations désirées qui créeront de la valeur sur le terrain. Tout l'art du *product manager* consiste alors à faire les bons croisements pour regrouper ces *user stories*, soit en travaillant par périmètre fonctionnel (par exemple, sur la connexion et l'automatisation des échanges de données), soit en travaillant par verticale métier ou encore par processus (par exemple, digitaliser la planification industrielle).

Dans tous les cas, la clé du succès réside dans une approche systémique. Travailler l'outil sans travailler les standards opérationnels associés à la tâche que l'outil améliore, les routines managériales associées, les agendas des utilisateurs, les formations à actionner, les compétences à faire évoluer, les modes de réaction du système et les modes de résolution de problèmes que l'outil va permettre de faire remonter, conduit inévitablement à l'échec. Car il est impossible d'isoler l'outil du quotidien des utilisateurs qui, par définition, effectuent mille et une autres tâches dans une journée. Il faut aussi réfléchir aux indicateurs qui permettront de définir le succès. Le premier de tous étant d'assurer un effet « brosse à dents », en mesurant simplement le taux de connexion à l'outil. Cela fonctionne exactement de la même façon que lorsqu'un nouveau standard opérationnel est produit : il ne sert à rien de le lancer si les personnes ne comprennent pas pourquoi il est adapté, s'ils ne sont pas formés et si une boucle d'audit du standard n'est pas lancée au même moment pour faire du *Process Management Control.*

Ensuite, il faut s'assurer que l'outil réponde effectivement au besoin et faire pivoter, le cas échéant, les fonctionnalités jusqu'à ce que l'utilisateur éprouve une réelle amélioration de la manière dont il effectue le travail. Même chez les champions du *lean*, c'est-à-dire les constructeurs automobiles japonais les plus avancés, mettre en place une brique digitale ne se décrète pas : l'un d'entre eux qui souhaitait digitaliser toutes ses routines managériales sur un site de production en Europe a tablé sur un travail de fond de plusieurs semaines afin de garantir que la boucle de mise en place de l'outil digital soit augmentée par une boucle d'adaptation des standards opérationnels, des comportements, du pilotage de performance et du système de management.

Enfin, pour que cela fonctionne, il ne faut pas négliger l'importance de booster la transformation par des ressources dédiées : les *product managers* ou *data managers* sont des rôles clés pour y arriver. Ils font l'interface en permanence entre les utilisateurs d'un côté, la voix du business portée par le management et le métier, et de l'autre le service IT qui met à disposition les interfaces ou les accès permettant à la nouvelle brique de s'intégrer harmonieusement dans le paysage applicatif existant. Le DSI et le responsable du métier concerné doivent alors, en principe, travailler main dans la main, mais cela n'a rien d'évident. En effet, pour faire fonctionner le digital, le DSI doit accepter de faire pivoter sa fonction, en passant de gardien du temple à moteur de la transformation (voir tactique 3). La tentation est souvent grande pour cette fonction, qui n'a pas toujours été « incentivée » sur de nouveaux objectifs, de sortir le parapluie, en affirmant que : « on ne peut pas prendre de risque », « les SaaS coûtent trop cher », « mon système risque de diverger », « je ne peux pas vous donner accès aux données sources », etc. Cette impuissance de façade dissimule en fait deux réalités. La première est évidemment l'inconfort éprouvé par l'IT devant le chamboulement de son rôle, qui doit passer d'administrateur d'infrastructure à *business partner*. La seconde, c'est l'obligation pour les DSI de mettre bien davantage qu'auparavant les mains dans le cambouis, à l'image de l'ensemble de l'entreprise. Or, beaucoup de DSI sont en réalité pieds et poings liés avec des intégrateurs ou des fournisseurs de systèmes auxquels ils doivent s'adresser pour effectuer la moindre adaptation. Leur manque d'autonomie n'est donc pas feint. Dès lors, freins réels et peurs plus ou moins fantasmatiques se conjuguent, pouvant aller jusqu'à bloquer totalement la transformation.

Comment faire pour créer un dialogue constructif ? Une possibilité intéressante consiste à se « débrancher » du système, le temps de tester la solution. Une fois que la preuve de « marché » est faite, cela permet de faire une liste de tous les besoins qui seront nécessaires pour connecter le prototype à l'infrastructure existante, et aussi de créer un *backlog* pour la DSI qui a alors le choix de réagir soit positivement en mode *business partner*, soit négativement en mode « gardien du temple » strict. Dans tous les cas, l'idée est de s'appuyer sur les utilisateurs, d'un côté, et le top management, de l'autre, pour montrer l'intérêt des outils et ainsi prendre la DSI en tenaille. Souvent, cela débouche sur une transformation de la DSI elle-même. Car il n'y a pas de transformation sans un minimum de tension dans l'ensemble de l'organisation. Comme le disent Barrère, Cherkaoui et Gohari dans leur ouvrage[3], « si ça ne fait pas mal, c'est que ça ne se transforme pas ! ».

Une fois cette barrière importante franchie, il s'agit d'armer correctement le projet. Il faut alors réfléchir à la fois en local et en global. Localement, les *product managers* ou *data managers* deviennent la ressource clé. Il en faut au minimum un pour cent équivalent temps plein. Idéalement, ces personnes ont à la fois une casquette technique et une casquette de gestion du changement. Elles ont aussi besoin d'être renforcées par des *data engineers* ou experts de l'Internet des objets (IoT), par des *data analysts* et quelques *data scientists*.

En central, il est important de créer une force de frappe qui assure la convergence du système et le déploiement du plan de transformation qui mesure les gains et qui assure la gouvernance des nouveaux cas d'usage qui se présentent. *A minima*, un architecte de la transformation est requis, doublé d'un architecte *data* et d'un expert de l'architecture des systèmes.

3. *Le nouvel horizon de la transformation digitale. 9 piliers pour une stratégie data-driven*, Dunod, 2022.

La méthode de Garrett Dalton de Savencia Gourmet

Avec une quinzaine de maisons renommées comme Valrhona, Weiss, Sosa, Révillon ou Bordeau Chesnel, Savencia Gourmet est la branche spécialisée dans les services premium du groupe Savencia, l'un des leaders mondiaux du secteur du lait et de sa transformation. Garrett Dalton en est le *Chief Digital Officer* depuis cinq ans. Dès son arrivée, d'abord chez Valrhona en 2017, il a lancé un plan de transformation digitale autour de dix piliers qui a permis de vrais succès sur le terrain, notamment sur la partie commerciale. Depuis deux ans, les maisons se sont spécifiquement attaquées à la partie industrielle, avec l'aide de Garrett Dalton et celui de son binôme, le directeur industriel, Sébastien Baudry. Aujourd'hui, l'intérêt de la démarche a été prouvé et l'organisation est en pleine mutation avec d'importants défis autour de la donnée et du passage à l'échelle.

Des premières victoires de terrain dans les fonctions commerciales

« La première chose que j'ai impulsée fut un travail sur la digitalisation du business. » Pour Garrett Dalton, la transformation digitale ne peut pas être décorrélée des objectifs business de l'entreprise. « Parce que le support du top management est essentiel dans une transformation, nous avons commencé par des enjeux business visibles d'en haut. Par exemple chez Valrhona, il s'est agi d'outiller les équipes commerciales pour qu'elles soient plus efficaces : mettre en place des tablettes et outiller les équipes avec des données adaptées. Cela a permis dans un premier temps de leur faire gagner du temps pour se concentrer sur la relation au client. Mais surtout, dans un second temps, cela a aussi permis d'accélérer le e-commerce. Nous avons triplé le volume de transactions et prévoyons de le doubler encore », souligne-t-il.

La vraie transformation : le « *end to end* » connecté au business

Avec ces premiers cas d'usage, les vrais défis ont commencé lorsque l'équipe a travaillé sur l'expérience utilisateur dans l'entreprise, car cette étape a permis de débuter une transformation profonde sur la donnée. Les fonctions informatiques ont d'ailleurs été rattachées à Garrett Dalton dans cet objectif. « Aujourd'hui, nous avons réussi à digitaliser ces process de prise de commande de bout en bout, avec une approche totalement *data* centrique, connecté à notre colonne vertébrale informatique [souvent l'ERP] qui fonctionne sous SAP. » Dans cette vision, il insiste sur le décloisonnement des fonctions : travailler sur le commerce a amené à revoir les processus de la supply chain, du marketing et ceux de la finance. Cela a nécessité dans quelques maisons, et notamment avec les fonctions d'ensemble, de former et de dédier des ressources dans chacune, appelées les « *data* champions ». L'autre bénéfice induit est la standardisation des règles autour de la sémantique, de la connexion et de la structuration des bases de données pour ces métiers.

Un passage à l'échelle sur dix piliers dans quinze maisons

Malgré cette première victoire, le défi pour Garrett Dalton a été de travailler pour un groupe qui abrite quinze maisons différentes. « Le *backbone* est le même, mais chacun a des besoins et des priorités qui sont potentiellement différentes. » Avec l'apprentissage des premiers cas d'usage, dix piliers ont été codifiés, correspondant à des leviers pour chacune des fonctions de l'entreprise. Mis à part des points fondamentaux comme la cybersécurité, chaque maison garde la liberté de choisir les piliers qui permettent de répondre à ses enjeux business : en moyenne, sept piliers sont utilisés dans chacune d'entre elles, avec des programmes plus ou moins matures.

La partie industrielle reste celle où le niveau de complexité est le plus élevé car la fonction peut paraître trop loin des préoccupations du business, en général parce que les équipes industrielles ne sont pas assez intégrées au reste de l'entreprise. « Cela s'explique aussi par le fait qu'ils partent de plus loin que le reste de l'organisation sur l'aspect digital », nuance Garrett Dalton. En outre, la transformation des usines nécessite une méthodologie robuste, avec un fort investissement de départ pour réussir le passage à l'échelle après les premiers PoC (*Proof of Concept*). Il faut donc y travailler spécifiquement. Mais Garrett Dalton reste optimiste et enthousiaste sur le potentiel que la démarche va apporter dans les usines du groupe : « La *smart factory* va permettre de remettre la fonction industrielle au cœur de l'entreprise. Et c'est bien logique, car 70 % de mes collègues dans le groupe travaillent pour l'industrie. »

Sur la partie industrielle, le défi de quitter la culture « ingénieur traditionnel »

Aujourd'hui, le groupe a réussi à déployer plus d'une vingtaine de cas d'usage dans les usines avec des premiers succès encourageants sur le taux de rendement synthétique. Des enjeux sont clairement identifiés autour de l'agilité, de la capacité, de la traçabilité, de l'empreinte carbone ou de l'attractivité de l'entreprise. Mais le passage à l'échelle est loin d'être encore atteint. « La *smart factory* est un peu comme la dernière frontière dans Star Trek », s'amuse Garrett Dalton qui renoue volontiers avec sa langue natale lorsqu'il s'agit de montrer la complexité de la transformation tech-industrielle des usines du groupe. En effet, c'est bien une nouvelle planète qu'il faut aller découvrir. « La culture de l'ingénieur traditionnel s'accommode mal du paradigme digital : dans des maisons de luxe comme les nôtres, la notion d'itération s'oppose parfois trop à l'objectif de faire parfait du premier coup. » Pour certains managers industriels, cela remet en cause tout ce qu'ils ont appris à l'école. L'autre écueil est de croire que la transformation devrait forcément se faire en séquence nette : d'abord renforcer les pratiques opérationnelles et managériales puis seulement digitaliser. « Si on avait tout le temps, cela pourrait peut-être s'appliquer, mais aujourd'hui il faut absolument avancer et donc passer d'un à quatre (nos niveaux de maturité en *smart factory*) en travaillant de façon systémique, pour améliorer les process existants, le système de management et, en même temps, aller chercher des performances de rupture grâce au digital. »

Garder l'intérêt du top management et rester attractifs

Pour que ce changement puisse s'accomplir, la méthodologie de Savencia Gourmet consiste à injecter de nouvelles ressources digitales dans les usines, en provenance par exemple du marketing, et de travailler en petites équipes trinômes (IT, digitales et industrielles) très agiles pour opérer un changement en profondeur avec une vitesse bien plus importante. Il faut aussi être capable d'attirer des talents de l'extérieur. Pour cela, le groupe est engagé dans de nombreuses initiatives, à l'instar de « Viva Fabrica » qui promeut justement les métiers industriels auprès des jeunes générations. Mais Garrett Dalton insiste aussi sur la visibilité interne du projet : « La clé est de rester dans le radar du top management pour garantir leur soutien. » Aujourd'hui, cela n'est possible que si chaque fonction s'interroge sur ce qu'elle apporte directement au business et à la stratégie du groupe afin de mettre la transformation digitale au service des bons enjeux. « C'est ce qui créé l'approche *"end to end"* et ce qui permet au vaisseau de Star Trek d'être bien piloté. » Dans certaines fonctions, l'objectif est déjà sur la bonne voie ; pour les usines, il y a encore des défis à surmonter. « Mais je suis confiant et nous allons y arriver tous ensemble ! », conclut Garrett Dalton.

La méthode de Denis Laforest et Jean-Philippe Ollier de Michelin

Leader mondial du pneumatique, le groupe Michelin a connu de multiples transformations depuis sa création il y a 133 ans par le visionnaire Édouard Michelin. Lors de chacun de ces cycles économiques, il a fallu être capable de se remettre en cause profondément. Et c'est ce que l'entreprise est en train de faire à nouveau depuis une dizaine d'années pour s'adapter à l'émergence de la Tech et profiter de toutes les opportunités qui en découlent. En France, Michelin représente un pionnier : c'est l'un des groupes qui a le mieux réussi à travailler sur la transformation profonde de terrain afin de gagner de la compétitivité grâce au digital, tout en se lançant avec succès sur de nouveaux modèles d'affaires pour créer de nouvelles sources de revenus et conquérir des marchés. Denis Laforest y est en charge du déploiement du programme digital pour le manufacturing, tandis que Jean-Philippe Ollier est l'ex-PDG de l'Amérique du Sud, zone pionnière pour le lancement du concept de « *Tyre as a Service* ».

« *Think big, start small* » : déployer rapidement pour capturer la valeur

Avant de penser à passer à l'échelle, le programme de transformation des usines est passé par deux étapes importantes. Premièrement, il y a eu beaucoup d'activités d'acculturation avec des visites d'entreprises et d'usines ayant un coup d'avance dans leur transformation digitale et ce, en interne comme en externe. Cette étape a permis d'appréhender le fait que cette transformation ne devait pas se limiter à une affaire de spécialistes mais qu'elle devait embarquer très en amont l'ensemble des personnes du manufacturing pour mieux anticiper et préparer les changements dans les métiers. L'équipe projet s'est ensuite concentrée sur des victoires rapides (PoC) pour confirmer l'intérêt de la démarche. Pendant cette première phase, sur le terrain, il s'agissait d'abord de répondre à des « *pain points* » pour créer l'adhésion des équipes. « Pour prouver que cela marchait, on l'a d'abord fait de proche en proche », explique Denis Laforest. « Chacune des initiatives devait permettre de libérer du temps aux équipes et ce temps était réinvesti immédiatement dans le projet pour lancer d'autres initiatives. » Pour résumer la philosophie du programme, Denis Laforest a ainsi une formule parlante : « *Think big, start small,* déployer rapidement pour capturer la valeur. » Au commencement, ce sont les petites victoires qui ont été importantes. Denis se souvient par exemple d'un technicien de maintenance qui cherchait depuis vingt ans à mieux maîtriser les paramètres de température et de débit d'eau d'un circuit de refroidissement d'une machine. Rapidement, la donnée est devenue accessible et cela a créé un véritable catalyseur du programme pour cette personne.

Une fois qu'un nombre critique de PoC a été réalisé avec succès, l'équipe à la tête du programme a pris ses responsabilités : « Nous avons présenté à la direction générale le résultat de ces PoC ainsi que la structure et les conditions du succès pour le passage à l'échelle », se souvient Denis Laforest. Cela a permis au projet de prendre de l'ampleur et d'entrer dans sa seconde phase. Pour donner de la visibilité sur les enjeux du programme, celui-ci a été structuré autour de cinq axes : la qualité, les actifs, les flux, les équipes et l'automatisation. Sur chacun de ces items, un catalogue de cas d'usage « basiques » a d'abord été priorisé. Le déploiement de ces basiques est toujours en cours avec plus de soixante-cinq cas d'usage génériques déployés dans soixante-dix usines. Aujourd'hui, l'équipe projet engage la phase suivante qui est basée sur la mise en place de cas d'usage de type « avancé ».

Une organisation tournée vers le passage à l'échelle avec des rôles dédiés

Le premier prérequis pour passer à l'échelle est le déploiement de ressources qualifiées en nombre suffisant. Chez Michelin, trois rôles ont été définis. Le *data engineer* est « celui qui connecte les tuyaux » explique Denis Laforest. Concrètement, il s'agit de techniciens du bureau d'études ou des experts de l'automatisme qui couvrent la connectique de terrain, depuis les actionneurs des machines jusqu'au réseau industriel en passant par les automates industriels. Le second type de rôle est le *data manager* : ce sont les chefs de projet pour le déploiement des cas d'usage qui sont en général issus de la fonction d'amélioration continue. Le *data manager* permet de garantir la structuration et la cohérence des données. Enfin, le dernier rôle est tenu par les *data analysts* qui viennent plutôt de métiers comme la qualité, la maintenance ou la supply chain et qui accompagnent la mise en place des cas d'usage, en apportant un savoir-faire produit-process. Le minimum pour chaque usine est alors d'identifier et de rendre disponible les ressources nécessaires à l'exercice de ces missions. En termes de séquence, le management de chaque site est formé à la démarche et incité à conduire son autodiagnostic. L'équipe locale priorise pour cela les cas d'usage les plus pertinents. Chaque site rédige enfin sa propre feuille de route en fonction de son ambition et l'équipe du programme est surtout présente pour accompagner la mise en œuvre des premiers cas d'usage afin de répondre aux questions des usines. Certains sites ont ainsi décidé d'investir plus que les trois ressources clés pour aller plus vite.

Une fois qu'un certain volume de cas d'usage a été déployé en multisites, il faut canaliser l'innovation et assurer une convergence d'ensemble. Pour ce faire, trois principes ont été posés : 1) imposer la technologie, la solution et l'infrastructure sur les cas d'usage déjà validés ; 2) ne pas transiger sur la sécurité ; 3) définir une structure de données qui soit la même pour tous, avec des structures de découpage procédé fournies par la fonction centrale. En complément de ces principes, six usines leaders ont été désignées (trois en Europe, deux en Amérique et une en Asie). Ces usines disposent de ressources dédiées pour aider leurs consœurs géographiques et jouer un rôle de tour de contrôle sur les nouvelles idées qui remontent du terrain.

Tech et Ops en même temps

Comment développer plusieurs dizaines de cas d'usage dans une infrastructure IT qui reste majoritairement basée sur de gros systèmes de type *legacy* ? Denis Laforest et son équipe ont trouvé une parade qui permet de préserver l'existant sans sacrifier la vitesse : « L'IT est avec nous depuis le départ. On a construit une infrastructure de données à côté de l'IT. Le *data lake* vient se sourcer sur les applications existantes qui sont toutes APIsées. » Aujourd'hui, le programme entre dans une seconde étape dans laquelle il s'agit de faire converger et standardiser les systèmes qui alimentent le *data lake*. L'autre élément important consiste à équilibrer ce qui est fait en interne et ce qui est sous-traité. « Quand une application concerne un grand nombre d'utilisateurs, on va plutôt la faire nous-mêmes pour minimiser les coûts », explique Denis Laforest.

Cependant, à côté des volets techniques, la transformation s'appuie aussi sur les valeurs culturelles très fortes de l'entreprise et sur un système de production mature, codifié sous la forme du « *Michelin Manufacturing Way* ». « Chez nous, la responsabilisation est fondamentale. Au début de ma carrière, on en parlait et on l'appliquait déjà dans nos organisations industrielles. » La digitalisation ne fait que renforcer ce principe. Ainsi, 90 % des routines managériales sont maintenant digitalisées, ce qui fait gagner une heure par jour en moyenne à chaque manager de terrain pour qu'il puisse mieux piloter son activité et ses équipes.

Le prochain défi ? Connecter le plan de transformation des usines à celui des autres métiers. Un certain nombre de bonnes pratiques sont déjà partagées, mais le lien commence à se faire de façon plus tangible à présent grâce à la structuration de la donnée. Celle-ci permet de faire aussi le lien avec les nouveaux modèles d'affaires sur lesquels Michelin a pris plusieurs longueurs d'avance.

De nouveaux modèles d'affaires pour de nouveaux marchés

Jean-Philippe Ollier, qui a eu la responsabilité de toute l'Amérique latine, a eu l'occasion de constater par lui-même l'intérêt de développer des approches innovantes pour s'adresser au marché. « Il n'y a aucun débat sur le fait que nos pneumatiques sont plus performants que ceux de nos concurrents, mais dans un marché qui raisonne en prix, il faut totalement adapter la stratégie. » Il explique ainsi comment, dans le BtoB, une meilleure compréhension des attentes du client a fait naître l'idée de vendre l'utilisation du pneumatique. « Nos arguments de vente sur la meilleure durabilité de nos pneumatiques n'étaient pas suffisants. Les clients comprenaient ce que nous disions, mais n'étaient pas toujours prêts à débourser le supplément de prix correspondant à cette meilleure performance. Après de nombreuses interactions, nous avons compris que c'était une question de gestion : nous parlions investissement alors que nos interlocuteurs ne rangeaient pas les pneumatiques dans cette catégorie. » Les équipes ont alors lancé plusieurs solutions différentes pour tester l'appétence du marché vis-à-vis d'une offre qui permettrait une dépense progressive. C'est ainsi que l'idée de facturer l'utilisation du pneu et non le produit lui-même a fini par émerger et par réussir.

La servicisation pour mieux comprendre son client et innover sur les bons sujets

En Amérique du Sud, ce sont surtout les compagnies minières qui en ont d'abord bénéficié puis les poids lourds. Jean-Philippe Ollier explique notamment qu'il existe une multitude de contrats possibles, car la performance peut se mesurer sur de nombreux indicateurs : durée de vie du pneu, baisse de la consommation d'essence, amélioration de la performance du process opérationnel, etc. « Dans tous les cas, le *"Product as a Service"* est vertueux, car il permet d'instaurer un dialogue plus approfondi avec le client, ce qui permet ensuite de flécher l'innovation vers ce qui apporte une réelle différence. » En l'occurrence, chez Michelin, cela a permis d'insister sur la recherche de nouveaux matériaux et l'architecture du pneumatique, en ayant une approche « sur-mesure » en fonction des besoins. « Par exemple, avec l'électrification des véhicules de tourisme, nous faisons face à de nombreux défis. Il nous faut alors améliorer la résistance au roulement tout en maintenant l'adhérence et en limitant le bruit de roulement. Continuer à comprendre en permanence les attentes des clients est capital », conclut Jean-Philippe Ollier.

Tourner l'organisation vers une approche servicielle

Cela fait en réalité assez longtemps que Michelin pousse une approche servicielle en complément de la vente de pneumatiques. Mais depuis quelques années, cette approche est devenue très concrète sur une partie de plus en plus importante de la gamme. « Ce que cela change, c'est que toute l'organisation s'oriente toujours davantage vers une approche de service au client. » Cela se traduit, par exemple, par des technologies comme l'Internet des objets embarqué dans les produits et le travail sur les données qui en découlent. Ce changement d'approche se traduit aussi dans l'état d'esprit de chaque collaborateur pour qu'il contribue à améliorer le pneumatique avec une vision claire de son rôle pour le client. « L'excellent apport de la vente de services créé un fort alignement entre les intérêts du client et ceux des équipes.

Nous cherchons tous à optimiser la durée de vie du pneumatique et sa performance. Et c'est aussi une bonne nouvelle pour la planète : moins de pneumatiques produits, c'est moins de matière consommée et moins de capacité industrielle installée, c'est donc un système plus frugal. »

Un conseil pour les industriels ? Travailler sur la transformation par la donnée en usine ou sur les nouveaux modèles d'affaires permet de mieux comprendre les leviers qui génèrent le plus de bénéfices pour les clients et pour la performance interne. C'est donc une excellente façon de prioriser les sujets sur lesquels mobiliser de l'énergie, pour garder en permanence une longueur d'avance.

Chapitre 8

Pivoter vers un modèle circulaire

Points-clés des tactiques 18 à 20

- Dérèglement du climat, raréfaction et renchérissement des ressources militent pour l'avènement d'un nouveau modèle économique : le modèle circulaire, qui permet d'économiser de l'énergie et des ressources à toutes les étapes du process, depuis le sourcing des matières jusqu'à la consommation finale. L'économie circulaire promeut également la conception de nouveaux modèles d'affaires, dont le potentiel est encore trop souvent sous-estimé par les industriels.
- Limiter l'impact des usines et de leurs opérations est un premier objectif évident : décarbonation, traitement de l'eau et des déchets, etc. Le potentiel sur le sujet est encore immense, notamment grâce à la *data* et au *machine learning*. Toutefois, 95 % de l'empreinte carbone d'une chaîne de valeur industrielle se produit en dehors de l'usine.
- L'un des premiers leviers pour passer au circulaire consiste donc à travailler sur sa chaîne de valeur, notamment sur les modes et les sources d'approvisionnement. Un deuxième levier consiste à créer de nouveaux services, généralement numériques (plateformes) qui permettent de faire durer les produits plus longtemps (partage de produits, réemploi, seconde main, etc.). Enfin, un troisième levier consiste à éco-concevoir le produit afin qu'il diminue à la source les consommations de matières ou encore qu'il autorise le démontage, la réparation aisée, le remanufacturing et *in fine* le recyclage des composants. Le choix de process de fabrication moins gourmands en énergie entre aussi en ligne de compte dans l'éco-conception.

Selon WWF, le 28 juillet 2022 est la date à laquelle nous avons collectivement consommé l'ensemble des ressources que la planète peut renouveler en un an. Cette date ne cesse de reculer chaque année, à l'exception de l'année 2020 sous l'effet de la crise pandémique. En d'autres termes, il nous faudrait 1,75 planète par an pour soutenir le niveau actuel de production et de consommation de l'humanité. Même sans vouloir être alarmiste, il est impossible de ne plus s'intéresser à ce défi majeur du XXIe siècle. Au-delà du réchauffement climatique, ce sont bien toutes les ressources dont nous disposons qui sont potentiellement en péril, avec un impact sur l'homme et sur la biodiversité.

Le secteur industriel est l'un de ceux qui disposent des plus forts leviers d'action pour agir sur cette situation. Prenons un exemple : actuellement, l'alimentation compte pour près de la moitié dans cet excès de consommation des ressources, avec un tiers de gaspillages tout au long de la chaîne, du producteur au consommateur. Vu sous un angle positif, cela signifie aussi que ce secteur peut peser considérablement s'il réoriente ses choix à tous les maillons de la chaîne. Mais pourquoi parlons-nous ici de consommations de matières plutôt que d'effet climat ? La décarbonation de l'économie est évidemment un combat crucial, mais il tend à éclipser le débat sur la surconsommation des ressources de la planète, tout aussi crucial. Au demeurant, les deux champs sont intrinsèquement liés. L'économie circulaire est l'une des réponses possibles à l'épuisement des ressources.

Pour bien comprendre la différence entre décarbonation et circularité, prenons l'exemple de la transition vers le véhicule électrique. L'impact positif d'un choix industriel se mesure par rapport à l'ensemble du cycle de vie d'un produit. Aujourd'hui, en fonction du mix énergétique (plus ou moins décarboné) du pays dans lequel vous roulez avec une voiture électrique, il faut entre 50 000 et 100 000 kilomètres parcourus pour amortir les émissions de CO_2 générées par le début du cycle de fabrication de la voiture. Une voiture thermique produit surtout des émissions dans sa phase d'usage, alors que la voiture électrique consomme des ressources (notamment des terres rares pour la fabrication des batteries) principalement dans sa phase de fabrication amont. Les infrastructures nécessaires aux véhicules électriques (bornes de recharges, nouvelles stations) sont également consommatrices de matières. Au-delà des progrès de la science susceptibles de diminuer le besoin en matériaux polluants ou rares de la filière, l'industrie circulaire offre de nombreux leviers pour diminuer l'empreinte matière (et donc aussi carbone) du véhicule électrique : sourcer des matières premières plus proches des lieux de production comme commence à le faire Imerys dans l'Allier avec le lithium ou utiliser des batteries recyclées comme le propose NorthVolt en Suède ; prolonger la durée de vie des voitures en rendant les batteries réparables ; partager les voitures pour réduire le nombre en circulation grâce à des plateformes numériques ; enfin, remanufacturer les voitures en fin de cycle comme commence à le faire Renault sur son site de Flins par exemple. En résumé, la voiture électrique n'est pas par elle-même une solution entièrement satisfaisante si on n'y ajoute pas la pensée « circulaire » capable de réduire de bout en bout les consommations de matières et d'énergie.

L'ambition de l'industrie circulaire est donc de transformer l'appareil industriel en une machine circulaire, en créant des boucles de matières et d'énergie permettant de consommer des ressources de façon plus frugale et responsable parce qu'elles seront issues du recyclage ou du réemploi. La circularité implique aussi de prolonger la durée de vie des produits, de maximiser l'usage de chaque actif grâce à l'économie de la fonctionnalité et de régénérer les produits ou les sous-systèmes des produits.

À l'heure actuelle, seule 8,6 % de l'économie mondiale fonctionne en mode circulaire d'après le *Circularity Gap Report 2022*. Autrement dit, nous jetons plus de 90 % des matières que nous extrayons pour nos besoins de production et de consommation. Ce taux s'explique par un niveau d'extraction et une constitution de stocks élevés, ainsi que par de faibles niveaux de réemploi et de recyclage des produits en fin de vie. Selon l'*International Resource Panel*, si nous ne changeons rien à nos façons de produire et de consommer, l'extraction de matières premières devrait augmenter de plus de 70 % par rapport au niveau actuel[1].

L'enquête réalisée par l'INEC[2] et OPEO en 2021 montre également que si 84 % des industriels considèrent la circularité comme une opportunité de s'ouvrir à de nouveaux marchés, seulement 22 % l'ont réellement intégrée dans une feuille de route stratégique. Le potentiel d'innovation est donc immense, autant que l'urgence à changer. Comment s'y prendre ?

Il s'agit d'être pragmatique et de montrer les bénéfices de l'industrie circulaire souvent sous-estimés : au-delà de l'impact sur la planète, il y a de véritables gains à aller chercher sur les coûts, la sécurité des approvisionnements, la réactivité face au marché, l'attractivité et la rétention des talents. Bien entendu, le voyage au pays de la circularité n'est pas forcément simple. Pour éviter la tétanie, il y a trois grands domaines sur lesquels agir : revoir les chaînes de valeur, penser le produit différemment et décarboner l'appareil industriel.

Tactique 18 : considérer la chaîne de valeur de bout en bout

La logique d'un plan stratégique centré sur la planète et les coûts veut qu'on agisse d'abord sur ce qui dépend directement de soi.

1. Ce paragraphe doit beaucoup aux données rassemblées par Grégory Richa et Emmanuelle Ledoux (*Pivoter vers l'industrie circulaire*, Dunod, 2022).
2. Institut national de l'économie circulaire.

En l'occurrence, pour un industriel, l'évidence est de s'attaquer à ses usines d'autant que la part de l'énergie dans les coûts de revient industriels oscille entre 10 % (industrie manufacturière) et 50 % (industrie de process)[3]. Le travail opéré depuis vingt ans sur les cœurs d'usines en matière d'optimisation des consommations de matières et d'énergie a permis des gains économiques de l'ordre de 30 à 50 % par rapport à la situation initiale. Pour autant, les émissions mondiales, si l'on excepte l'année 2020, ne cessent d'augmenter. À l'échelle de la France par exemple, explique Frédéric Sanchez, le PDG de Fives, on a réduit de 40 % notre empreinte carbone apparente entre 1995 et 2015, mais cela s'est fait en « exportant » à l'étranger les parties les plus polluantes des chaînes de valeur amont (désindustrialisation). Prise de bout en bout, l'évolution réelle de l'empreinte carbone aurait plutôt fait un bond de 17 %. C'est pourquoi, il est aujourd'hui question d'une tarification du carbone aux frontières de l'Union européenne.

Les chiffres sont donc têtus : en moyenne, 95 % de l'empreinte carbone d'une chaîne de valeur industrielle est générée en dehors de l'usine. Dans l'industrie lourde ou de process comme la chimie, ce sont surtout les mines et l'extraction des matériaux de base qui polluent, et donc plutôt l'amont de la chaîne de valeur. Pour le secteur des biens de consommation, c'est plutôt l'aval qui concentre l'essentiel des émissions, à l'instar de la voiture thermique, comme nous l'avons vu précédemment. Pour inverser la tendance, il faut dès lors considérer la chaîne de valeur dans son ensemble. Une bonne cartographie des flux amont et aval, avec une vision de cycle de vie du produit, permet de débroussailler les enjeux et de hiérarchiser les priorités. Il existe ensuite plusieurs leviers plus ou moins structurants.

Premier levier : un travail de fond sur les approvisionnements. Cela peut se faire en changeant le sourcing, mais aussi par

3. Richa G. et Ledoux E., *op. cit*, 2022.

un travail en commun avec les fournisseurs pour qu'ils adaptent leurs propres process de production ou qu'ils se rapprochent géographiquement de leurs clients. Une grande partie du *reshoring* actuellement en cours dans le secteur du textile vise ainsi à aider des fournisseurs asiatiques à s'implanter en Europe de l'Est, au Maghreb ou en Europe du Sud pour créer des boucles plus courtes comme première étape vers la circularité. Ce type de démarche s'attaque aux émissions de carbone liées au transport. Cette approche permet aussi d'augmenter la résilience et la réactivité face au marché, deux avantages concurrentiels non négligeables. En revanche, il n'est pas forcément simple de passer à l'action, car les filières industrielles, les compétences associées et les capitaux pour soutenir les investissements sont dans ces pays proches encore généralement à l'état de balbutiements ; la prise de risque est donc importante. Par exemple, l'ensemble de la production de ballons sportifs est concentré sur une seule zone géographique dans le monde, au Pakistan. Qui prendra le risque de commencer à les produire ailleurs ? Il faut une très forte implication du donneur d'ordres et un changement d'état d'esprit de tous les acteurs de la chaîne avec une vision des coûts totaux de bout en bout : en effet, si un produit coûte plus cher à fabriquer en France mais que votre système est suffisamment agile et réactif localement pour éviter des ruptures en magasin que vous auriez subies si le produit avait été fabriqué ailleurs, alors la production en France peut redevenir rentable car vous aurez vendu un produit que vous n'auriez pas pu vendre dans l'ancien système.

Une réflexion en profondeur sur le « *make or buy* » peut ainsi aboutir à une réintégration d'une partie des sous-ensembles ou de certains métiers qui avaient été jugés non stratégiques par le passé. Par exemple, certaines tâches réalisées par des humains sont en train d'être robotisées, toujours dans le textile. Le digital lorsqu'il est déployé de façon « *data* centrique » dès le départ permet aussi de réduire le coût lié à la main-d'œuvre indirecte et d'améliorer les rendements ou de diminuer les pertes. Dans les deux cas, cela contribue à un *reshoring* rentable autant qu'à une amélioration de l'empreinte carbone.

Deuxième levier radical : les nouveaux modèles d'affaires. Créer de nouveaux services pour faire durer les produits plus longtemps, à l'instar des algorithmes de maintenance prédictive, ou raisonner en mode plateforme pour mieux partager un actif comme le fait Airbnb dans l'hébergement, sont deux moyens circulaires permettant de consommer moins de ressources pour une activité équivalente. Dans l'automobile, l'autopartage participe du même mouvement. Tesla va faire une mise à jour de ses véhicules pour que tout utilisateur ayant un « profil » puisse emprunter la voiture d'un autre utilisateur via son smartphone et avec un simple code. À l'échelle mondiale, l'autopartage se développe grâce à des plateformes dédiées comme Drivy, Ouicar ou Blablacar, permettant de diminuer le besoin de voitures en circulation. Le même type de réflexion peut être opéré pour tout type d'actif : par exemple, partager des machines de fabrication, comme le propose Factoryz, une plateforme française de partage de capacité entre sous-traitants. Et cela se fait déjà à l'échelle locale entre industriels ingénieux. Anne Vetter, par exemple, la dirigeante de Velum, a investi dans une cabine de peinture pour réduire la durée de son cycle de production, mais comme le retour sur investissement n'était pas assez bon, elle a décidé de mettre cette cabine de peinture en partage avec d'autres industriels locaux en Alsace.

Enfin, dernier levier très structurant : anticiper un maximum les boucles de logistiques inversées pour proposer du réemploi de composants, sous forme de pièces de rechange, ou alors du remanufacturing pour remettre des produits d'occasion sur le marché avec un bon état d'usage. L'exemple le plus connu de ce type de business est BackMarket, mais le principe est en train de se mettre en place dans de très nombreux secteurs BtoC : le groupe Seb le fait depuis plusieurs années sur ses poêles à haute valeur ajoutée, par exemple. D'autres exemples existent depuis plus longtemps sans forcément que cela soit hautement structuré, simplement parce que cela est rentable sans investissement majeur : par exemple, toute la filière de gestion des pièces de rechange automobiles utilise des pièces d'occasion, souvent récupérées dans les casses. Le même principe est transposable dans le BtoB où les fabricants de machines et leurs exploitants entrevoient des potentiels de marché importants dans la collecte et le réemploi de pièces de rechange pour assurer une meilleure réactivité en cas de panne et pour baisser les prix pour les clients finaux, la plupart du temps industriels, sans faire baisser la marge et sans consommer de matière première supplémentaire.

Tactique 19 : penser le produit modulaire, circulaire et connecté

80 % des impacts environnementaux d'un produit dépendent de sa conception. Cela fait maintenant une bonne vingtaine d'années que l'on parle d'éco-conception et c'est effectivement un bon point de départ. Minimiser la consommation de matières, se focaliser sur des matériaux recyclables et poser des jalons dans la conception pour assurer que ces matériaux soient séparables lors d'un éventuel démontage afin de pouvoir être recyclés plus facilement, sont des critères importants pour diminuer les consommations de matières et engager des boucles de retour logistiques.

Face aux enjeux actuels, il faut néanmoins pousser la démarche plus loin. Tout d'abord, on peut réfléchir à l'utilisation de matériaux recyclés en entrée de process, c'est-à-dire concevoir le produit pour qu'il soit fabricable à partir de déchets retraités, recyclés ou remanufacturés. On peut aussi intégrer dans la réflexion la réduction de l'empreinte carbone du procédé de fabrication lui-même, depuis la mine jusqu'à l'assiette. Cela signifie que le critère « empreinte carbone » devra peser dans les arbitrages en faveur d'une technologie par rapport à une autre, au moins autant que la prise en compte du coût unitaire. Par exemple, si l'on prend des arbitrages typiques de choix entre étampage et usinage, entre forge et laminage, etc., le critère de coût est habituellement le seul déterminant. En revanche, si ces questions de choix technologique sont posées dès la conception du produit, on peut décider de sacrifier un optimum de coût pour un optimum global incluant la planète.

La modularité appliquée au développement produit s'avère particulièrement vertueuse pour la planète. En standardisant un maximum des sous-systèmes ou des fonctions du produit, un peu à l'image d'un jeu de LEGO, on minimise les redéveloppements ; on garantit aussi que, si un module est éco-conçu, il n'y aura plus de questions à se poser à chaque fois qu'on utilisera ce module dans le développement d'un nouveau produit complet. Quand on se lance dans cette approche, les premiers projets ne sont pas forcément rentables, car standardiser implique parfois de légèrement surdimensionner le produit. En revanche, plus on multiplie les développements de nouveaux produits et plus cela est intéressant, car les modules seront réemployés et des stocks inutiles dans toute la chaîne seront évités, ainsi que des heures de redéveloppement, des pertes de matières ou des pertes de rendements machines. Tous les process seront plus stables et l'ensemble de la chaîne sera gagnant : après un certain nombre de boucles, l'apprentissage pour faire un même module avec les mêmes spécifications progresse et, par défaut, l'efficacité industrielle aussi.

L'industrie automobile a notamment pu prospérer grâce à ce principe depuis les années 1990 jusqu'à aujourd'hui : il y a en réalité peu de différences entre une Peugeot, une Citroën et une DS, car la plupart des pièces non visibles sont similaires et pèsent pour environ 70 % de l'ensemble. Cette massification a l'avantage de gommer les effets de seuil et de réduire les pertes à tous les niveaux. Ainsi, chaque nouveau module développé peut bénéficier d'une enveloppe supérieure et intégrer d'entrée de jeu ces critères de circularité qui ont un talon de coût au départ, mais qui sont ensuite amortis avec le volume. Outre cet avantage, le fait de modulariser permet aussi de standardiser les opérations et donc de créer l'effet réseau que nous avons déjà évoqué sur l'appareil industriel, aussi bien sur les machines que sur la donnée. Aujourd'hui, ce concept est renforcé par une nouvelle orientation forte du design circulaire : la différenciation par le logiciel. Non seulement les modules physiques du produit vont être les plus standardisés possible, mais surtout on limitera le nombre de versions physiques possibles à quelques dizaines au maximum, contre plusieurs centaines auparavant, puisque la vraie différenciation se fera par les options logicielles offertes. Encore une fois, l'automobile est un bon exemple de cette évolution, dans la lignée de ce que propose Apple avec l'iPhone : vous pouvez choisir la couleur et la coque, le reste est identique. Si vous achetez une Tesla, vous avez le choix entre deux carrosseries, quatre à cinq teintes, deux ou trois sortes de jantes, la couleur et le nombre de sièges, et c'est à peu près tout. En revanche, vous pourrez acheter de l'autonomie additionnelle, des options de conduite autonome, un système de divertissement plus développé, etc. En conséquence, le choix peut se faire en trois clics, ce qui simplifie largement le mode de distribution. Dans le cas d'une voiture classique, l'immensité de combinaisons d'options débouche sur quasiment un million de modèles dès le choix de départ, qui se fait le plus souvent en concession. Cela rend tout le processus industriel plus complexe et augmente aussi très largement les pertes tout au long du flux puisqu'il n'est pas sûr que la peinture moutarde imaginée par le marketing soit finalement un succès, ni l'option de volant rose de la série spéciale. Pourtant, tout a été mis en stock pour anticiper d'éventuelles ventes.

La conception circulaire doit aussi intégrer dès le départ une notion de connectivité ou, en tout cas, favoriser l'émergence future de modèles d'affaires différents, permettant d'utiliser le produit pour vendre des services. C'est ce qu'a fait Nest, par exemple, avec ses caméras bon marché qui s'installent en trois clics partout où vous le souhaitez. Chacune de ces caméras comporte en réalité neuf capteurs, ce qui peut sembler surdimensionné. On pourrait le voir comme de la surconsommation potentielle. En réalité, il s'agit de dimensionner l'infrastructure qui servira ensuite à créer une couche de sur-traitance pour monétiser les données et prévoir de nouveaux usages avec cette même caméra : compter et reconnaître des personnes, identifier des flux, faire tourner des algorithmes de reconnaissance visuelle pour prendre des décisions, etc. Tesla a fait de même en intégrant une caméra orientée vers le conducteur afin de surveiller si celui-ci s'endort, dans la perspective de la conduite autonome ou d'autres usages encore inconnus. Cet arbitrage entre le dimensionnement du produit qui permettra d'augmenter sa surface d'usage et la frugalité nécessaire à une industrie circulaire est si fondamental qu'il faut qu'il puisse remonter très vite et très haut dans l'organisation pour que le dirigeant s'y implique.

Enfin, un dernier élément fondamental à intégrer dès la conception concerne la traçabilité tout au long du cycle de vie du produit. Aujourd'hui, tout le monde « trace ». Mais le diable se niche dans les détails. Même chez les plus grands industriels, il est rare que la traçabilité se fasse pour chaque composant unitaire et de bout en bout, depuis la mine jusqu'à l'assiette. Or, avec l'industrie circulaire, la traçabilité sera loin de s'arrêter à l'assiette. Si on imagine un réemploi ou un remanufacturing sur plusieurs cycles, certains composants pourront être réutilisés des dizaines de fois. Il faut donc anticiper des systèmes qui permettront à la fois de suivre chaque élément de façon unitaire, mais aussi d'en décrire « l'état de santé » pour que chaque acteur de la chaîne aval puisse prendre les bonnes décisions de régénération.

Tactique 20 : décarboner l'usine

Décarboner l'usine n'est pas la mère des batailles, nous l'avons vu, mais est symboliquement essentiel pour mettre le système en mouvement. C'est l'équivalent du tri des déchets : on ne va pas sauver la planète avec, mais cela pousse à un changement d'état d'esprit et à adopter des comportements nouveaux. Les gains sont également mesurables, même si on ne traite que 5 % de la perte totale. Par ailleurs, comme nous l'avons dit, il y a un réel enjeu à faire accepter à nouveau les usines à proximité des lieux d'habitation pour créer des circuits courts. Et cela ne sera possible qu'avec des usines radicalement renouvelées, vertueuses et fières de le communiquer.

Plusieurs sujets environnementaux sont déjà traités de façon systématique dans les grands pays industrialisés : le traitement de l'eau et la gestion des déchets sont la plupart du temps réglementés. Nos observations montrent ainsi que ces sujets sont bien pris en compte et respectés par les entreprises industrielles. Mais comment aller plus loin ? Sur l'eau comme sur les déchets, il est parfaitement possible d'aller plus loin que ce qu'impose la loi, par exemple en traitant l'eau en circuit fermé ou tout autre liquide utile au process. Le groupe Lisi à Saint-Ouen-l'Aumône est ainsi passé au recyclage de 10 à 100 % de son huile de coupe. L'Oréal traite quasi systématiquement tous ses déchets de process en venant séparer l'eau et en la recyclant. Pour les déchets, il est fondamental de les trier et de les valoriser. Toutefois, on peut aussi réfléchir dès le départ à de la création de valeur locale en collaboration avec l'écosystème. Les industries de process font cela depuis plusieurs dizaines d'années, en proposant de la cogénération d'électricité grâce à la vapeur d'eau issue de leur process. Avec les filières de recyclage ou de réemploi qui sont en train de fleurir dans de nombreux secteurs, comme le papier, le métal, l'électronique, les pièces de rechange, l'électroménager, le plastique ou encore les batteries, valoriser les déchets devient de plus en plus facile. Il faut néanmoins pour ce faire s'équiper d'un excellent système, avec une architecture de flux qui, *by design*, traite non seulement du flux classique, mais aussi des flux annexes pour qualifier et aiguiller tout ce qui « sort » du process : rebuts, surstocks, pertes de matières structurelles, etc. Bien évidemment, pour que la circularité fasse son chemin, il est indispensable d'inclure dans les indicateurs de performance et dans les routines de chaque manager une dimension associée à la circularité. Cela permet de s'assurer que tout fonctionne au quotidien, mais aussi et surtout d'enclencher une dynamique d'amélioration continue autour de ce sujet. Le site de Lisi à Saint-Ouen-l'Aumône réussit désormais à recycler presque 100 % des copeaux d'usinage de son process, grâce aux multiples améliorations proposées par les ingénieurs et par les équipes de terrain.

Pour booster ce système, il faut également une mesure de performance la plus fiable et précise possible. Je me souviens d'un jeune ingénieur qui venait de prendre la direction d'un site sidérurgique et qui était très motivé par l'idée de pousser son comité de direction à réduire drastiquement la consommation d'énergie. Il est vrai que l'enjeu est de taille, indépendamment du climat, car l'énergie peut représenter jusqu'à 50 % de la structure de coût dans l'amont industriel, surtout depuis le début de la crise en Ukraine et la montée de l'inflation. Le seul indicateur dont disposait notre jeune ingénieur était la consommation hebdomadaire totale en kWh de l'usine. Comment piloter quoi que ce soit avec ce seul chiffre ? Lors de la revue de performance, les conversations sur le sujet oscillaient entre la discussion de comptoir, les conjectures issues du passé et des débats d'experts décorrélés du terrain. Le site a alors commencé à équiper de compteurs chaque machine et chaque maille du réseau, puis a ajouté des surcouches logicielles pour mesurer les consommations ; enfin, il s'est mis dans une logique de prédiction grâce au *machine learning*… Le site a ainsi rapidement fait des gains de plusieurs millions d'euros en ne travaillant que sur le seul item énergétique.

Une fois que l'eau, les déchets, l'énergie sont entrés dans une logique d'amélioration continue, on peut s'attaquer au cœur du réacteur : les rebuts et les pertes matières sont en général de bons candidats, car les équipes sont habituées à travailler dessus. Ajouter une couche de *data* et de *machine learning* sur ces sujets permet alors généralement de faire des gains à deux chiffres. C'est le cas dans l'amont de l'agro-alimentaire, de la chimie, de la cosmétique, de la pharmacie et dans toute l'industrie de process. Sur l'industrie aval, caractérisée par des hautes cadences de flux et un haut niveau de taux de service attendu, la prédictibilité du process est fondamentale et il s'agit d'éviter les petits incidents qui peuvent coûter très cher en arrêts de ligne et donc en pertes potentielles au moment du redémarrage. Dans la conceptualisation de l'hyper-manufacturing, nous avons dès lors qualifié huit types de gaspillage qui permettent à chaque manager de l'usine d'aller chasser ces pertes qui contribuent à détériorer la performance avec souvent un impact négatif sur la planète : surconsommation, attentes, bureaucratie, travail pénible et répétitif, silos, indécision, mauvaise expérience utilisateur, données non exploitées. Comme les huit gaspillages du *lean*, cette nouvelle grille de lecture est une bonne manière de créer un consensus pour observer la situation en temps réel et se mettre d'accord sur ce qui est normal et ce qui ne l'est pas. Plus le système devient mature et plus la réaction peut avoir lieu en temps réel et ainsi éviter que les problèmes ne prennent une trop grande importance. C'est donc sur ces points que le digital converge avec la recherche de circularité en usine : il permet de détecter, d'alerter et de faciliter la collaboration entre les fonctions afin d'éviter les pertes, y compris la surconsommation de tout ce qui détériore la planète.

Certaines fonctions sont des nœuds potentiels à traiter en priorité pour accélérer le système. C'est le cas par exemple de la maintenance : standardiser les machines et les modules pour réduire le stock de pièces de rechange, travailler sur les recyclages de fluides en continu, réutiliser le plus possible les pièces avec une logique de réparation constante, aider à mettre en place les solutions de mesure de la consommation d'énergie et de matières premières, extraire les données et créer des surcouches pour tendre vers des modèles de maintenance prédictive sont autant de leviers qui permettent à toute l'usine de devenir plus vertueuse et qui sont entre les mains des maintenanciers.

Il faut par ailleurs penser l'usine dans sa chaîne de valeur. Ainsi, dès le départ, des flux de remanufacturing, de réparation, de maintien en conditions opérationnelles doivent être réfléchis, avec une logique agile qui permet de croître au fur et à mesure du besoin, en respectant la logique d'optionalité que nous évoquions dans la tactique 7 sur l'empreinte industrielle. La plupart des systèmes industriels incluent déjà des flux de réparation, de démontage et d'analyse pour comprendre les défauts qualité en aval. Il s'agit maintenant d'industrialiser ce principe, car réintégrer un produit dans le système pour régénérer ses composants va devenir la norme.

L'interface entre l'usine et la supply chain est aussi déterminante : travailler avec des approvisionnements responsables, consommer au plus juste et minimiser les stocks amont, intégrer une réflexion sur le transport et la distribution dès la création de l'usine, raisonner pour massifier les flux aval afin de limiter l'empreinte carbone, travailler en juste à temps pour éviter de consommer trop de surface et d'entretien sont autant d'éléments qui doivent animer la réflexion autour de l'usine circulaire qui ne se limite pas aux interfaces physiques de l'appareil industriel comme nous le disions dans le paragraphe précédent.

Pour finir, le chemin vers l'usine circulaire est une transformation profonde qui passe par de nouveaux comportements. Il faut donc expliquer, communiquer, impliquer chaque membre de l'équipe et permettre que la performance soit comprise, que les écarts soient visibles par tous afin que les problèmes soient traités avec un objectif commun. Il y a un chantier culturel fort à engager, dans lequel le leadership local doit prendre toute sa part, avec un état d'esprit pionnier, et le top management de l'entreprise s'impliquer de façon déterminée en se montrant exemplaire.

La méthode de Clément Barthe de Flying Whales

Fondé en 2012, Flying Whales est l'un des premiers acteurs à s'être sérieusement intéressé au secteur du transport aérien décarboné. En remettant au goût du jour le dirigeable pour transporter des charges lourdes pour des marchés de niche, tels que le génie civil, les travaux forestiers ou encore le sauvetage en milieu hostile, l'entreprise prend un pari risqué mais qui prend de plus en plus de sens au moment où tous les acteurs de l'aéronautique investissent massivement dans la décarbonation de leur secteur. Clément Barthe est le directeur manufacturing de la société qui compte cent trente personnes en 2022. Il revient sur cette formidable aventure : un projet inspirant et risqué dans un secteur ultra-réglementé.

Sans proximité avec les collectivités, le projet n'aurait pas vu le jour

Comme bien des projets dans le secteur du transport, Flying Whales a été confronté à un besoin d'investissement important dès son lancement : en effet, il ne s'agit pas uniquement de concevoir un dirigeable de nouvelle génération, mais de penser toute l'infrastructure autour. Pour cela, il est indispensable d'inclure dans la réflexion l'ensemble des futures parties prenantes, à commencer par les collectivités territoriales. La start-up échange donc fréquemment avec les autorités locales des lieux où elle compte s'implanter, notamment pour trouver un terrain d'implantation industrielle, mais aussi pour traiter des nombreux aspects réglementaires associés au transport aérien. Clément Barthe estime ainsi que la relation avec l'écosystème est de plus en plus importante pour réussir et cela passe parfois aussi par une bonne capacité d'adaptation aux spécificités locales : « En France, les rôles sont répartis entre les Régions qui ont la puissance financière et les communes qui ont la compétence d'aménagement, et en outre le système de taxation des surfaces industrielles est plus défavorable que celui des surfaces commerciales. Il faut savoir s'adapter à ces états de fait. » Pour se donner le maximum de chance de réussir, il faut itérer plusieurs fois et anticiper le plus possible : le dialogue a été engagé depuis le début de l'aventure par l'organisation qui compte construire son premier site industriel à partir de 2023.

Créer une culture d'entreprise dès le départ

Mais avant ce jalon important qui matérialise véritablement le lancement de l'aventure industrielle, Clément Barthe insiste sur le travail de fond qu'il a fallu abattre. « La difficulté dans une start-up, c'est qu'on crée l'entreprise en même temps qu'on lance le projet. » Pour lui, le plus important est de ne pas négliger la culture d'entreprise. Au-delà des process normés de l'aéronautique, il faut s'y prendre très tôt pour bâtir la bonne culture et mettre en place des actions concrètes pour éviter de dériver par rapport à l'objectif de départ. Chez Flying Whales, l'idée de départ était de bâtir une entreprise sur trois pieds : R&D, production et exploitation. Les premières étapes du projet ont été axées sur le développement produit. Pour contrebalancer, il a été décidé très tôt d'embaucher un responsable industriel, en la personne de Clément Barthe, qui a lui-même constitué une partie de son équipe. Celle-ci a déjà commencé à travailler sur des sujets comme la sécurité et la qualité en fabrication, qui seront importants pour la suite de l'aventure. L'embauche de personnes chevronnées permet en effet de challenger l'organisation.

Itérer dans un secteur réglementé est une vraie difficulté

Côté technique, quel a été le plus gros challenge pour l'organisation ? Chaque levée de fonds est un gros défi, surtout dans un secteur où les acteurs publics sont des financeurs majeurs. Quand on est un « petit », il est difficile de se rendre visible à côté de groupes comme Airbus ou Safran. Il faut aussi beaucoup de résilience et d'itération pour embarquer l'autorité européenne, ainsi que celle de chaque pays. Sur la partie commerciale, les *insights* recueillis auprès des clients permettent de coller à leurs besoins. C'est notamment de cette façon que le mode de propulsion a été challengé, incitant Flying Whales à travailler sur une pile à combustible. « Nous utilisons beaucoup l'analyse du cycle de vie pour nous préparer aux évolutions futures. »

Un conseil pour les industriels ? « On devient une start-up quand on a du temps pour réfléchir à des choses nouvelles. Il faut arriver à isoler des équipes, ne pas les brider avec des process dès le début mais les créer au fil de l'eau. » Clément Barthe met aussi en garde : il ne faut pas confier la création de start-up aux experts.

La méthode de Yann Vincent de ACC (Automotive Cells Company)

ACC est le fruit d'une joint-venture entre Saft, filiale de TotalEnergies, Stellantis et Mercedes. Fondée en 2020, la start-up, qui a pour mission d'accélérer la transition vers des transports plus propres et plus écologiques, compte déjà sept cents personnes avec un centre de R&D qui fonctionne et une entité de fabrication de batteries qui va commencer à décoller prochainement dans le Nord à Billy-Berclau Douvrin. Yann Vincent, directeur général, et Matthieu Hubert, secrétaire général, tirent les leçons de leurs deux premières années d'existence dans un contexte d'affaires particulièrement chahuté par la crise sanitaire.

On est obligé de faire de « l'essai-erreur »

Comment se lancer quand on commence une activité avec une technologie qu'on ne maîtrise pas encore ? Ancien directeur industriel du groupe PSA, Yann Vincent a déjà traversé de multiples projets de lancement d'usines ou de « *ramp-up* » de nouveaux produits. Toutefois, la difficulté dans le cas d'un business totalement innovant est qu'il n'y a pas de références existantes. « On a quelques concurrents, mais ils sont très largement implantés en Asie », explique Yann Vincent en insistant sur le fait que cette compétition est plutôt mature mais qu'elle se situe trop loin pour qu'il y ait un effet d'entraînement en termes de compétences dans le bassin d'emploi européen.

La solution ? Procéder pour partie par « essai-erreur ». D'abord, parce que le temps joue contre les équipes et parce qu'il serait contre-productif de vouloir qualifier les process avec les outils classiques, alors même qu'on n'a pas encore les compétences pour agir ainsi : les compétences techniques sur des métiers nouveaux se créent forcément au fil de l'eau. La conséquence, c'est qu'il faut investir un temps important dans l'amélioration : « On a conscience du fait que ça ne sera pas bon *"right first time"*. On se concentre donc sur les ressources à mobiliser pour que cela progresse chaque jour, sur la base de l'expérience et des données que l'on récolte en avançant. »

Éviter à tout prix les silos

Grâce à cette approche pragmatique, le point de maturité industrielle du produit est désormais atteint. Mais comment aller vite pour passer à l'échelle sur la partie industrielle ? Les effectifs vont bientôt passer de zéro à deux mille personnes dans chacune des unités de production à venir. Il faut alors être capable de recruter, former et intégrer toutes ces personnes. La réponse interne est alors multiple : une école interne ACC a notamment été créée pour les aspects techniques et managériaux. Mais au-delà, la clé est aussi d'éviter les silos et d'inciter les gens à sortir de leurs réflexes antérieurs. Comme une partie de l'effectif est habituée aux groupes qui ont une vitesse de croisière établie, il faut impulser la culture de la mise en œuvre rapide, en mode ouvert, entre les fonctions produit, industrielles et commerciales. Cela concerne les équipes mais aussi les actionnaires : dans la gouvernance, la préoccupation constante est de s'assurer que les échanges entre les trois actionnaires de la start-up restent fluides. Yann Vincent a une formule pour expliquer aux équipes qu'elles doivent se remettre en cause en permanence : « On a la chance d'avoir deux actionnaires qui souhaitent acheter nos produits, qui sont donc aussi des clients. Mais cela suppose que nous soyons compétitifs. Il ne faut pas l'oublier. »

« Désexpertiser » et travailler le projet pour croître malgré la pénurie de talents

ACC s'est ainsi constituée avec un mix de personnes issues des trois groupes actionnaires, venant de l'automobile et du secteur de l'énergie, mais aussi des totalement externes venant par exemple des « *consumers good* ». Malgré l'accès à ces multiples viviers, recruter reste difficile, même dans un secteur qui a le vent en poupe. Quels sont les leviers dont dispose l'organisation ?

Premièrement, les données bien utilisées permettent d'accélérer la compréhension du process et donc de « désexpertiser » le système de production : dans le secteur automobile, chaque fonction du produit va de pair avec une quantité importante d'expertises pointues. Pour éviter d'être limitée avec des profils de ce type, experts du produit et du process, il faut compenser l'expertise par une maîtrise plus forte et par une capacité d'analyse avancée de cette même donnée. Or, en Europe, on a une population d'ingénieurs qui a un excellent niveau sur la donnée et qui peut très bien répondre à ce besoin.

Pour attirer les jeunes générations, l'emplacement du siège a également été choisi de façon stratégique, Bordeaux étant une ville attractive. La mission de l'entreprise est aussi un facteur d'attractivité : pour Yann Vincent, la production de batteries répond non seulement à l'urgence climatique, mais permet à l'Europe de regagner de l'autonomie dans la transition vers une mobilité durable.

Circulaire dès le départ avec les limites du modèle actuel

Dès le départ, les dirigeants ont porté une attention particulière aux enjeux de l'industrie circulaire : les fournisseurs sont choisis méticuleusement selon un critère de localisation pour minimiser le transport et l'impact lié à leur mix énergétique local. Concernant les matières premières, la réduction des matériaux critiques a commencé, mais il est impossible de se passer de cobalt ou de lithium à court terme. L'objectif sera ainsi de recycler au maximum les cellules de batterie à terme, mais aussi et surtout de consommer des matières recyclées, bien que le cobalt peut notamment être d'ores et déjà recyclé. Tout est fait dès le développement des batteries pour assurer la re-manufacturabilité des produits.

ACC est ainsi une triple preuve que l'Europe peut regagner une partie de sa souveraineté de production : entreprise issue d'une réflexion entre trois grands groupes, avec des ressources formées localement, dans un secteur en pleine mutation où notre continent est essentiellement en concurrence avec la Chine.

Conclusion

Pourquoi transformer nos mammouths en licornes ? Cela a-t-il un sens ?

Je suis né dans les Vosges, dans les années 1970. À l'époque, ce département était le plus industriel du pays en termes de PIB par habitant. En un peu plus de quarante ans, la diagonale industrielle de la France qui part de Dunkerque et descend jusqu'à Saint-Jean-de-Maurienne a basculé du statut de « premier de la classe » à une sorte de désert d'activités économiques avec son cortège de conséquences : augmentation du chômage, disparition des commerces de proximité, déserts médicaux, désertion des talents vers les grandes métropoles, baisse des prix de l'immobilier et, pour finir, sentiment de déclassement débouchant sur une fragmentation territoriale et sociale qui prive la nation de sa capacité à « faire société ».

Comme le rappelle Jérôme Fourquet dans son excellent ouvrage *La France sous nos yeux*[1], le basculement hors des Trente Glorieuses a eu lieu lorsqu'Eurodisney a remplacé Boulogne-Billancourt. Le raccourci est saisissant : le 31 mars 1992, le portail se ferme définitivement sur les usines de Boulogne-Billancourt après soixante années d'existence ; le 11 avril 1992, Eurodisney (qui deviendra par la suite Disneyland Paris) est inauguré au cours d'une émission de télévision internationale diffusée en mondovision, avec défilé de vedettes pendant

1. Le Seuil, 2021.

deux heures de direct. Double symbole de la mondialisation en accélération et du choix idéologique en faveur d'une économie des services et des loisirs. En 1995, Amazon est créé à Seattle et ouvrira en France en 2000. En 2001, la Chine devient membre de l'OMC.

On peut ainsi lire en quelques dates l'histoire d'un double renoncement : pris en tenaille entre les États-Unis et la Chine, le continent européen sacrifie, d'une part, son industrie (si l'on excepte le cas particulier de l'Allemagne) et rate, d'autre part, la révolution digitale qui s'amorce dans les services. L'Europe se contente de devenir le plus vaste marché de consommation du monde. Les Européens se gavent d'articles du quotidien bourrés d'électronique et de plastique fabriqués à bas coût en Asie. Avec 95 % de produits importés, le jouet devient le symbole de cette façon délétère de consommer. En bout de chaîne, ce secteur rejette encore en France 75 000 tonnes de déchets par an, dont une bonne part de plastique non recyclable et d'électroniques en provenance de Chine. 70 % des importations de textiles et de vêtements de l'Union européenne viennent désormais d'Asie (Chine, Bangladesh, Inde, Vietnam, Cambodge, Indonésie). Notre territoire se couvre de zones commerciales périphériques et de parkings géants d'une invraisemblable laideur qui contribuent largement à l'artificialisation des sols. Ce ne sont plus des usines mais des entrepôts qui fleurissent un peu partout à proximité de nos ronds-points. Plusieurs problèmes en découlent : la logistique n'a pas le même effet d'entraînement que l'industrie sur le reste de l'économie ; les emplois associés à ces activités sont moins qualifiés, moins payés et généralement moins intéressants.

La crise des *subprimes* va marquer un premier retournement de conscience en faveur de l'économie productive. Les défaillances en cascade dans l'économie réelle, provoquées par la crise financière et le resserrement du crédit, amène à une revalorisation de la production physique contre l'économie financiarisée. À partir des années 2010, l'état d'esprit et les discours à l'égard de l'industrie, plus particulièrement des usines, commencent clairement à changer, ses bénéfices économiques et sociaux étant mieux compris et reconnus. Signe des temps, le ministère de l'Industrie est renommé ministère du Redressement productif et le ministre, Arnaud Montebourg, s'affiche en 2012 en marinière avec un blender Moulinex entre les bras pour promouvoir le « *made in…* ». Au cours des années suivantes, la chute de la part du PIB industriel est freinée, mais pour autant, on reste loin du grand soir. Enfin, en 2020, la crise pandémique agit comme un électrochoc, ramenant les questions de souveraineté industrielle sur le devant de la scène face aux multiples ruptures d'approvisionnement. Depuis, les projets de réindustrialisation ou de création de nouveaux sites industriels se multiplient en France : Aigle, Ynsect, Innovafeed, Decathlon, Etam, STMicroelectronics… Mais la route est encore de longue haleine.

Parallèlement, une dynamique de rattrapage « Tech » s'amorce. Que mille start-up s'épanouissent comme autant de fleurs ! Des moyens sont injectés pour que l'Europe puisse gagner sa souveraineté numérique par le financement accru de start-up et de scale-up. Dans la droite ligne de la Start-Up Nation promue par Emmanuel Macron en 2017, l'initiative « Scale-Up Europe » est lancée à l'initiative de la France en mars 2021, en lien avec la Commission européenne et les autres États membres. Elle réunit un groupe de plus de trois cents fondateurs de start-up et de scale-up, investisseurs, chercheurs, grands groupes, avec l'objectif ambitieux de créer plus de dix géants technologiques valorisés à plus de 100 milliards d'euros au sein de l'Union européenne avant 2030. En février 2022, lors du second événement lié à cette initiative, Bruno Lemaire déclare : « Il nous faut passer de deux à dix, voire vingt fonds européens capables d'investir 1 milliard d'euros chacun dans les entreprises de la Tech européenne, qui créeront grâce à cet argent la prospérité et les emplois dont nous avons besoin. »

C'est à la confluence de ce double mouvement (réindustrialisation et Start-Up Nation, ou encore French Fab et French Tech) que se situe ce que je me suis efforcé de décrire dans ce livre : l'hybridation de l'industrie et de la Tech. Car il paraît, en effet, de plus en plus évident que l'industrie ne renaîtra pas localement de ses cendres sur le modèle des Trente Glorieuses. Ni en termes de taille des usines, ni en termes d'emploi industriel, ni même en termes de logique économique. J'invite ainsi tous les nostalgiques à remiser sur ce point leurs espérances. En effet, deux nouveaux invités non anticipés et surtout non considérés sont entrés dans la danse avec fracas. Ils s'appellent dérèglement climatique et épuisement des ressources non renouvelables, et réclament la construction d'un modèle économique durablement soutenable pour la planète et les hommes. Et clairement, pour l'industrie, cela va tout changer !

Il n'y a pas à tortiller, c'est le sens de l'histoire : la production de biens par habitant ira forcément en diminuant dans les décennies à venir. Il s'agira non seulement de produire mieux (en consommant moins d'énergie et de ressources), mais aussi de produire moins, ce qui appelle un renouvellement profond des modèles économiques : prolongation de la durée de vie des produits, suppression de l'obsolescence programmée, réparabilité ou séparabilité des composants *by design*, réutilisation plusieurs fois des sous-ensembles de produits via des processus de régénération, bouclages d'énergie et de matière via l'économie circulaire et toutes les formes de recyclage. De manière plus générale, il s'agit de réfléchir à tous les niveaux à une meilleure utilisation des actifs et, sur ce plan, le potentiel est gigantesque. Quelques exemples : le taux de vacance des logements était de 8,4 % en France en 2018[2] malgré les tensions très fortes qui existent sur l'immobilier dans notre pays. Une voiture est utilisée

2. « Le parc de logements en France au 1er janvier 2018 », *Insee Focus*, n°126, 2 octobre 2018.

en moyenne à 5 % de son temps avec un taux d'occupation de 1,4 personne sur les cinq places disponibles[3]. Un calcul de coin de table montre qu'on pourrait avoir besoin de vingt fois moins de voitures au minimum si on arrivait à les partager de façon optimale et le parc industriel installé de machines pourrait aussi être pratiquement divisé par deux à activité quasi constante.

Loin de dessiner une vision catastrophiste de l'avenir, ces perspectives offrent à l'industrie des horizons inédits et réjouissants, à condition (et elle n'est pas des moindres !) de changer complètement de référentiel et de logiciel. Car la bonne nouvelle, c'est que la Tech est un *enabler* à tous les niveaux pour faire advenir ces nouvelles manières de produire et de consommer. Nous avons vu que la Tech permet d'abord de mieux mesurer les émissions, les consommations, les rejets et les rebuts, et d'améliorer de manière générale l'efficience définie comme l'obtention d'un maximum de résultats pour un minimum de ressources, de coûts, d'efforts ou d'énergie. C'est une première étape. Ensuite, s'ajoutent tous les nouveaux services qui découlent et entourent le produit physique : c'est ce que nous avons appelé la recherche de nouveaux modèles économiques. Or, la plupart d'entre eux reposent aussi sur la Tech via la plateformisation et/ou la monétisation de la *data*. Songeons à Leroy Merlin qui s'allie à une start-up pour créer une plateforme de partage de matériel de bricolage, à Petit Bateau et Decathlon qui proposent déjà des offres d'abonnement avec un principe de location de vêtements et de matériel de sport sur une durée déterminée… Imaginons aussi un Google des usines qui permettra de partager la capacité des machines entre secteurs et entreprises, et qui ne saurait tarder à se constituer. Pour y parvenir cependant, un certain nombre de prérequis sont nécessaires : des paliers de connectivité doivent d'abord être franchis au sein des usines ainsi qu'un continuum numérique établi entre l'usine et son écosystème de clients et

3. *La Libre Eco*, 2018.

fournisseurs. L'imagination est au pouvoir et il faut savoir s'en saisir, mais il faut aussi veiller à l'exécution en commençant par les fondamentaux.

Cela fait dix ans maintenant que j'accompagne des clients industriels dans ce voyage compliqué. J'ai vu des dizaines d'entreprises se lancer et certaines s'essouffler avant même de commencer. « Je suis convaincu mais mon DSI n'y croit pas. » « Mon plan de route est bon mais il ne se passe rien sur le terrain. » « Cela fourmille d'initiatives mais c'est désordonné, je n'ai pas la bonne gouvernance. » « J'ai dépensé 2 millions d'euros dans un nouvel ERP et je n'ai plus le budget pour investir à nouveau dans la transformation digitale. » « Mon MES est en place mais je suis très déçu par ce qu'il apporte. » « Je n'arrive déjà pas à recruter les compétences de base pour faire tourner mon usine, ce n'est pas à Bar-sur-Aube que je vais incuber un *data scientist.* » Toutes ces objections sont recevables et les freins souvent réels. Transformer un mammouth en licorne ne se fait certes pas d'un coup de baguette magique ; l'important est aujourd'hui de persister avec enthousiasme, détermination et méthode, et pour les autres de commencer.

Cette hybridation « indus-tech » passera par la création de milliers de start-up, mais aussi par la transformation de nos mammouths via des alliances et des développements en propre. Si l'on songe à la vitesse à laquelle la Chine s'est développée, cette perspective ne paraît ni lointaine, ni inatteignable. Une ville comme Shenzhen a crû de 100 000 habitants en 2000 à plus de 20 millions aujourd'hui. Elle est passée d'une économie de pêcheurs à l'un des écosystèmes les plus prospères du monde. De même, Tesla n'était qu'une start-up avec une infime chance de réussir au début des années 2010. En une dizaine d'années, l'entreprise est devenue l'une des plus grosses capitalisations boursières mondiales et un modèle qui inspire le monde entier par son succès commercial et sa capacité à innover, de façon totalement disruptive. Le titre de cet ouvrage est une invitation pour s'inspirer de ce modèle : nous pouvons, nous aussi, y arriver. Mais pour ce faire, nous devons réussir à faire pivoter notre secteur industriel.

Indéniablement, la puissance publique a un rôle important à jouer : vision stable et continue, construction d'infrastructures, simplification administrative, politique de formation, politique fiscale, aides publiques… Cependant, c'est aussi et surtout dans chaque entreprise, chaque atelier que les femmes et les hommes peuvent se mobiliser pour faire advenir le changement. Nous pensons que c'est à chaque comité exécutif de s'emparer du sujet pour transformer des pans entiers du mammouth et faire émerger une nouvelle génération de licornes « à cheminées ».

Retrouver l'esprit pionnier pour créer de l'enthousiasme et embarquer les meilleurs talents, orienter les développements nouveaux vers l'industrie circulaire, passer d'une culture d'ingénieur à une culture du client, passer du mode linéaire au mode exponentiel pour chaque initiative… Diffusons largement les vingt tactiques dans chaque usine et dans chaque atelier de fabrication. L'industrie européenne peut devenir verte, agile et connectée, c'est une certitude. Soyons les artisans de ce mouvement pour promouvoir cette vision enthousiaste de l'avenir dont nous avons tous tant besoin.

Postface

Les termes « réindustrialisation », « relocalisation » et « souveraineté » ont marqué le débat public depuis le début de la pandémie souvent sans prendre le temps de les définir. Ainsi, la réindustrialisation peut être définie comme le fait de redévelopper des activités industrielles dans des territoires qui ont connu une désindustrialisation, alors que la relocalisation correspond au retour dans le pays d'origine d'unités de production, d'assemblage ou de montage qui ont été délocalisées dans des pays à faibles coûts salariaux. Enfin, la souveraineté peut être entendue comme la qualité d'un État de n'être obligé ou déterminé que par sa propre volonté, dans les limites des principes du droit.

Toutefois, les notions de réindustrialisation et de relocalisation sont généralement comprises comme une volonté de revenir à une situation antérieure aux grands mouvements de désindustrialisation que la France a connue depuis les années 1970. Or, la réalité est bien plus complexe et sous-tend des dynamiques différentes : densification du tissu productif national existant, relocalisation d'activités ou encore localisation de nouvelles activités en France. Les dynamiques territoriales sont également relativement différentes. Par ailleurs, il ne faut pas tomber dans le piège d'opposer anciennes et nouvelles industries. D'une part, parce que les industries traditionnelles et souvent lourdes sont clés pour assurer la souveraineté de la France et, d'autre part, parce qu'elles ont aussi évolué et qu'elles sont loin des représentations qu'on s'en fait.

En effet, les industries évoluent continuellement sur le plan technique avec, par exemple, le passage du moteur thermique au moteur électrique dans l'industrie automobile, sur le plan organisationnel avec les nombreux apports du numérique et de l'industrie 4.0, et sur le plan des marchés avec le développement de nouvelles activités liées aux attentes sociétales. Ainsi, si l'industrie reste l'art de transformer en biens matériels des matières premières, elle se transforme en profondeur allant jusqu'à remettre en cause un de ses fondamentaux qui est la production de masse de biens uniformes pour aller vers une production personnalisée en masse.

Certains souhaiteraient limiter la réussite de la réindustrialisation de la France à une réduction des coûts du travail et de la fiscalité. Or, il faut à la fois que les acteurs, en premier lieu l'État, s'alignent sur une vision nationale de l'industrie que nous souhaitons développer en France. L'objectif n'est pas de réindustrialiser pour réindustrialiser, mais de mettre l'industrie au service d'un projet de société. Cette vision partagée permettra de définir les priorités et le cadre de long terme à mettre en place pour favoriser l'investissement et la prise de risque. Ensuite, les entreprises jouent un rôle clé dans la réindustrialisation via un investissement massif dans l'innovation et dans les sites industriels pour les moderniser et leur donner l'agilité nécessaire pour traverser les crises actuelles et futures. Les femmes et les hommes sont aussi centraux dans l'ambition de réindustrialisation et il est nécessaire d'investir dans leur recrutement, leur formation et leur évolution au sein des industries. Il est également nécessaire qu'ils complètent l'approche « coûts/qualité/délais » avec d'autres facteurs tels que l'environnement et la transparence. Le premier revient à réduire l'impact environnemental des entreprises en intégrant cette question au cœur de leur modèle économique et en ne se limitant pas à leur empreinte carbone. Le second s'applique aussi bien aux fournisseurs de l'entreprise qu'à ses clients, notamment sur les délais, sur l'origine des produits, etc.

Surtout, la réindustrialisation, quelle que soit la nature du projet, nécessite de repenser son positionnement, son produit et sa manière de distribuer ses produits. Contrairement à l'image que certains souhaiteraient véhiculer, elle est une invitation à penser différemment à la fois pour réduire les externalités négatives de ses activités, mais aussi pour faire de l'agilité une nouvelle norme face à l'incertitude et à l'instabilité géopolitique.

Anaïs Voy Gillis

Docteure en géographie/géopolitique, chercheuse associée au sein du CEREGE (Université de Poitiers/IAE de Poitiers) sur les questions industrielles françaises et européennes, auteure de Vers la renaissance industrielle (2020).

Références

Allison G.T., *Vers la guerre : la Chine et l'Amérique dans le piège de Thucydide ?* Odile Jacob, 2019.

Atkinson R.D., « How the IT Sector Powers the US Economy », *Information Technology & Innovation Foundation*, septembre 2022.

Barbieri M., « La baisse de l'espérance de vie aux États-Unis depuis 2014 », *Population et sociétés*, n°570, octobre 2019.

Barrère J., Cherkaoui N. et Gohari P., *Le nouvel horizon de la transformation digitale : 9 piliers pour développer une stratégie data-driven*, Dunod, 2022.

Blanchet M., *L'industrie du 21e siècle*, Eyrolles, 2022.

Bouzou N. et De Funès J. *La comédie (in)humaine*, J'ai lu, 2018.

Bricker D. et Ibbiston J., *Planète vide : le choc de la décroissance démographique*, Les Arènes, 2020.

Cagan M., *Inspire, How to Create Tech Products Customers Loves*, Wiley&Sons, 2017.

Canivenc S. et Cahier M.-L., « Le travail hybride : plus facile à dire qu'à faire ? », *Repère - Futurs du travail*, n° 2, novembre 2021.

Cohen D., *Homo numericus. La civilisation qui vient*, Albin Michel, 2022.

Comte-Sponville A., *Le capitalisme est-il moral ?* Albin Michel, 2004.

De Funès J., *Le siècle des égarés*, Éditions de l'Observatoire, 2022.

Dening S., « Four Different Takes on "Digital Disruption" », *Harvard Business Review*, janvier 2022.

Emlinger C., Jean S. et Vicard C., « L'étonnante atonie des exportations françaises : retour sur la compétitivité et ses déterminants », *CEPII*, n°24, février 2019.

Fourquet J. et Cassely L., *La France sous nos yeux*, Le Seuil, 2021.

GRAHAM A., *Vers la guerre. L'Amérique et la Chine dans le piège de Thucydide*, Odile Jacob, 2019.

HASTINGS R. et MEYER E., *No Rules Rules. Netflix and the Culture of Reinvention*, Penguin Press, 2020.

KUANG C. et FABRICANT R., *User Friendly: How the Hidden Rules of Design Are Changing the Way We Live, Work and Play*, MCD, 2019.

LENGLET F., *Rien ne va mais…*, Albin Michel, 2022.

MIDLER C., ALOCHET M. et DE CHARENTENAY C., *L'odyssée de Spring. Histoire et leçons d'un projet impossible*, Dunod, 2022.

ONFRAY M., *Puissance et décadence*, Bouquins Essai, 2022.

PELLERIN F. et CAHIER M.-L., *Organisation et compétences dans l'usine du futur*, Les Notes de la Fabrique/Presses des Mines, 2019.

RICHA G. et LEDOUX E., *Pivoter vers une industrie circulaire. Construire un futur avec une nouvelle génération d'entreprises*, Dunod, 2022.

RIES E., *Lean Startup : adopter l'innovation continue*, Pearson, 2015.

SIEGEL R. E., *The Brain and Brawn Company. How Leading Organizations Blend the Best of Digital and Physical*, McGraw-Hill, 2021.

STAVIDRIS A. J. et ACKERMANN E., *2034*, Gallmeister, 2022.

THIEL P. et MASTERS B., *From Zero to One: Notes on Startup on How to Build the Future*, Crown Business, 2014.

VALENTIN M., *Le modèle Tesla*, Dunod, 2018.

VALENTIN M., *Hyper-manufacturing : l'après lean*, Dunod, 2020.

VELTZ P., *L'économie désirable. Sortir du monde thermo-fossile*, Le Seuil, 2021.

VOY GILLIS A. et LLUANSI O., *La Renaissance industrielle*, Éditions Marie B, 2020.

WEIL T., « Des histoires de la Silicon Valley », *Entreprises et histoire*, vol. 1, n°58, 2010.

Index

Remerciements

Comme tous les ouvrages professionnels, ce livre est un travail de fond, résultat de centaines d'heures passées au contact du terrain et de toutes les personnes que je côtoie dans le monde fabuleux des usines et de la Tech. Vous l'aurez compris, il s'agit donc avant tout d'une aventure collective. Il serait difficile de nommer chacune des personnes qui m'ont inspiré et qui ont contribué, directement ou non, à cette formalisation sous forme de vingt tactiques. Je tiens néanmoins à vous remercier, toutes et tous, et j'espère que le texte reste fidèle aux expériences précieuses que vous m'avez partagées ou que nous avons vécues ensemble.

Dans cette masse considérable de personnes enthousiastes, je voudrais particulièrement remercier, pour commencer, toutes celles qui ont accepté de témoigner directement dans le livre, en apportant un éclairage direct et concret sur les concepts qui sont évoqués.

Merci aussi à tous les clients, prospects, acteurs du monde institutionnels et partenaires qui enrichissent chaque jour ma vision et ma compréhension des clés pour réussir une transformation dans le secteur industriel.

Un immense merci à Marie-Laure Cahier pour la relecture et le retravail de fond. Sans vous, ce livre n'aurait sans doute pas vu le jour, en tout cas pas avec ce niveau de précision et cette profondeur de détail.

Merci à Guillaume Clapeau de Dunod pour sa confiance et son soutien très enthousiaste, et à Ludivine Le Gall pour son savoir-faire, sa bonne humeur et son expertise dans l'exercice de relecture.

Merci à toute l'équipe OPEO, laboratoire permanent de la transformation de terrain et des leviers organisationnels associés : Juliette, Solène, Aurélie, Laurence, Yasmine, Athyna, Lovely, Zineb, Emmanuelle, Romain, Olivier, Ghalem, Gautier, Paul, Marc, Sébastien, Simon, Arnaud, Léo, Robin, Julien, Vincent, Victor, Adrian, Tancrède, Anass, Aurélien, Antoine, Antoine, Louis, Pierre Emmanuel, Illyas, Julien, Amine.

Merci à tous mes associés qui sont à l'origine de la plupart des concepts énoncés dans le livre : Odile, Frédéric, David, Grégory, Philippe, Antoine, Robin, David, Clément, Teimour, Alexandre.

Merci à tous les alumni d'OPEO qui continuent à nous alimenter en permanence.

Un remerciement très spécial à Renan Devillières avec qui j'ai l'honneur d'avoir cofondé OSS Ventures et qui ne cesse de me faire progresser chaque jour sur tous les sujets liés à la Tech et aux nouveaux modèles d'affaires : tu es à l'origine de beaucoup de principes et d'anecdotes narrés ici !

Merci aussi à Charles Bouygues, mon autre cofondateur chez OSS Ventures, sans qui je n'aurais jamais investigué le modèle Tesla, et à Quentin, Jean Philippe, Élise, Ashok, Léo, Baptiste, Alex ainsi qu'à toute l'équipe de OSS Ventures.

Merci à l'agence Mots-Clés pour son support constant dans la réflexion et la communication sur les idées que nous portons dans le débat public.

Merci à ma femme, Adélaïde, qui m'inspire toujours plus chaque jour et à Inès, Constant, Victoire, Espérance et Félicité, sources intarissables de joie. Merci à Alice et Mathis. Merci à Sylviane, Jean Pierre, Laurent et Roland.

Enfin, pour terminer, j'ai une pensée émue pour tous ces visages que je croise chaque jour. Certains connus, certains totalement inconnus. Au-delà des usines où je fais des rencontres incroyables et qui m'énergisent en permanence, j'ai la chance comme consultant de traverser la France et l'Europe plusieurs fois par an. Je passe beaucoup de temps dans les transports et donc dans des endroits publics, des gares, des aéroports, des stations de métro, des stations de bus, des bars, des petits kiosques à journaux. Ici et là, presque chaque jour, je croise des visages de personnes qui sont dans le besoin. On passe son chemin, pas très fier, mais on ne s'y fait jamais. J'espère profondément que la France et l'Europe réussiront à passer avec succès le prochain virage qui est juste devant nous et que toutes ces personnes retrouveront de l'espoir, un logement, un emploi, une famille. Je suis profondément persuadé que la réindustrialisation est la clé du succès pour y parvenir et j'espère que ce livre y contribuera à sa façon.

84652 - (I) - SOP 90 - BPE - CMU
Imprimerie CHIRAT - 42540 Saint-Just-la-Pendue

Dépôt légal : mars 2023

Imprimé en France